Jürgen Reuß | Cosima Dannoritzer

Kaufen für die Müllhalde
Das Prinzip der geplanten Obsoleszenz

orange●press

Jürgen Reuß, Cosima Dannoritzer:
Kaufen für die Müllhalde – Das Prinzip der geplanten Obsoleszenz

Freiburg, orange-press 2013

© Copyright für die deutsche Ausgabe 2013 bei orange●press
Alle Rechte vorbehalten. Erste Auflage.

Der Film *Kaufen für die Müllhalde* von Cosima Dannoritzer ist eine Produktion von Media 3.14/Barcelona und Article Z/Paris in Koproduktion mit ARTE France, Televisión Española und Televisió de Catalunya.

Gestaltung: Katharina Gabelmeier
Korrektorat: Hans-Ulrich Gierschner
Gesamtherstellung: AZ Druck und Datentechnik GmbH, Kempten

Die im Text angegebenen URLs verweisen auf Internetseiten (abgerufen am 5.2.2013). Der Verlag ist nicht verantwortlich für die dort verfügbaren Inhalte, auch nicht für die Richtigkeit, Vollständigkeit oder Aktualität der Informationen.

Zitate ohne Quellenangabe entstammen Interviews, die von Cosima Dannoritzer für den Film *Kaufen für die Müllhalde* geführt wurden. Bei nichtdeutschsprachigen Quellen haben die Autoren selber übersetzt.

ISBN: 978-3-936086-66-9
www.orange-press.com

Die Wegwerffalle	7
Wie alles begann	13
Der Siegeszug einer Idee	29
Ich kaufe, also bin ich	43
»Grow or die« – Konsum wird zur Bürgerpflicht	67
Öfter mal was Neues	79
Schöne neue Warenwelt?	93
Wachsende Müllberge und Ressourcenknappheit	113
Recycling *revisited*	125
Das Gleiche in Grün	143
Die Designer der Zukunft	167
Alternativen!	187
Über die Entstehung des Films *Kaufen für die Müllhalde*	209
Zum Film	217
Weiterführende Literatur	218
... und noch weiter führende Links	220

Die Wegwerffalle

Der Drucker funktioniert nicht mehr. Sehr alt ist er noch nicht. Der Kundendienst sagt:»Reparatur lohnt sich nicht, die kostet rund 120 Euro. Neue Drucker gibt es ab 39 Euro. Mein Rat: Kaufen Sie einen neuen!« Der neue Drucker wird gekauft. Zwei, drei Jahre später beginnt das gleiche Spiel von vorn, nur dass der Druckerbesitzer sich jetzt den Umweg über den Kundendienst spart, das kaputte Gerät gleich wegwirft und sich ein neues kauft. Ähnliches gilt für Scanner, Monitore, Digitalkameras, Spielkonsolen, DVD-Player. Reparieren? Lohnt nicht.

Kaufen, wegwerfen, neu kaufen. Kaufen, wegwerfen, neu kaufen. Wir haben uns an diesen Ablauf gewöhnt. Wir kennen die Lebenszyklen unserer Geräte: Alle zwei Jahre ein neues Handy, spätestens alle fünf ein neuer PC. Wir haben diesen Rhythmus in unser Leben integriert. Manchmal halten wir uns sogar daran, wenn die Geräte nicht kaputtgehen und mustern sie trotzdem aus, sobald ein Nachfolgemodell auf den Markt kommt. Wir denken nicht groß darüber nach. Wir kaufen für die Müllhalde.

Ende November 2012 vermelden die Nachrichten:»Kurz vor dem Weihnachtsgeschäft hat die Kauflust der Deutschen erheblich nachgelassen. Der Einzelhandel hat im Oktober den stärksten Umsatzeinbruch seit fast vier Jahren erlitten.« Der Nachrichtensprecher muss es gar nicht aussprechen, wir erfassen die Drohung, die in der Meldung liegt, auch so: Wenn wir weniger kaufen, leiden darunter der Einzelhandel und die Industrie und damit unsere Wirtschaft. Leidet die Wirtschaft, sind unsere Arbeitsplätze gefährdet, und dann leiden wir.

Nicht dass wir das bei jedem Einkauf vor Augen hätten. Wir brauchen keine Drohungen, damit wir jede Woche in die Einkaufszentren strömen. Wer geht schon mit dem Gefühl shoppen, erpresst zu werden? Wir kaufen gern ein. Auch Dinge, die Sachen ersetzen, die weder verbraucht noch aufgebraucht sind und im Grunde ihre Dienste gut noch länger verrichten könnten. Sicher gehen wir auch einkaufen, weil wir etwas benötigen. Aber noch lieber tun wir es, weil wir uns auf den neuesten Stand bringen oder uns einfach etwas gönnen wollen. Die Redewendung »Öfter mal was Neues!« ist auf selbstverständliche Art und Weise vom Werbeslogan zur alltäglichen Praxis und zum Selbstzweck geworden.

Was sollen wir auch mit dem alten Handy, wenn das neue einen größeren Bildschirm, mehr Speicherplatz und ein wahnsinnig schickes Design hat und außerdem Fotos in einer vor wenigen Jahren noch unvorstellbar hohen Auflösung macht? Vielleicht haben wir keine Lust, länger als fünf Jahre das gleiche Auto zu fahren, länger als zehn Jahre auf dem gleichen Sofa zu sitzen oder – keine Frage der Mode und Abwechslung, sondern der Bequemlichkeit – nach der Grillparty zu spülen, statt die Pappteller in den Müll zu werfen. Selbst wenn wir mal etwas Neues kaufen müssen, weil das Alte kaputtgeht, regt uns das oft nicht sonderlich auf. Vielleicht ist die Haltbarkeit unserer Konsumgüter inzwischen einfach gut auf unsere Bedürfnisse abgestimmt.

Ist das so? Marcos López hatte so ein Produkt, das eines Tages kaputtging: einen Drucker. Als er plötzlich zu streiken begann, beschloss Marcos, den Verlust des Geräts, mit dem er immer zufrieden gewesen war, nicht einfach so hinzunehmen. Er wollte keinen neuen Drucker kaufen und den alten entgegen der üblichen Gepflogenheiten nicht einfach wegwerfen. Diesmal wollte er genauer wissen, warum das Gerät ohne vorherige Anzeichen des Verschleißes seinen Dienst verweigerte. Marcos lebt in Barcelona. Aber was er erlebte, kann jedem und jeder von uns an einem beliebigen anderen Ort genauso passieren, täglich in Büros und Wohnungen überall auf der Welt. Irgendwann streikt ein noch relativ neues Gerät. Was tun, wenn man es nicht gleich zu Sperrmüll erklären möchte?

Marcos hat es ausprobiert. Er wendet sich zunächst an den Hersteller. Der verweist ihn an den Kundendienst. Marcos klappert einige Elektrogeschäfte ab. Das Ergebnis ist überall mehr oder weniger das gleiche: Eine Reparatur lohnt nicht. Spätestens da folgen die Kunden normalerweise dem Ratschlag der Händler, schmeißen den alten Drucker weg und kaufen einen neuen. Er ist sogar billiger als der alte. Marcos aber bleibt dieses Mal hartnäckig. Er will seinen

Drucker wieder in Gang bringen, auch wenn die Gebrauchsanweisung des Herstellers keinen Anhaltspunkt liefert, um welches Problem es sich handeln und wie es zu beheben sein könnte.

Also recherchiert Marcos im Internet. Dort erfährt er aus Selbsthilfeforen, dass er mit seinem Problem nicht allein ist. Vielen geht es genauso: Die Drucker hören von heute auf morgen einfach auf zu drucken, ohne dass es einen Hinweis auf Abhilfe gäbe. Und das ist nicht auf einen bestimmten Hersteller beschränkt, sondern bei verschiedenen Marken so. Die vielen hundert Forenbeiträge enthalten alle die gleichen Klagen, aber keine Lösung. Marcos versucht weiter, das mysteriöse Phänomen aufzuklären, und findet schließlich eine Fährte. Beim Vergleich verschiedener technischer Anleitungen wird ihm klar, dass es sich nicht um einen Defekt handelt, sondern die Lebensdauer vieler Drucker von den Ingenieuren vorprogrammiert wird. Später mehr dazu, warum sie das tun. Sie erreichen es jedenfalls über den Einbau eines Chips im Schaltkreis des Druckers, EE-PROM genannt, der die Zahl der Druckvorgänge registriert. Wenn die voreingestellte Menge erreicht ist, sorgt der Chip dafür, dass der Drucker nicht mehr druckt.

Damit ist der Schuldige gefunden, aber das Problem nicht gelöst. Was macht man, wenn so ein Chip den Drucker sabotiert? Wiederum bringt die Suche nach Tipps im Internet den entscheidenden Hinweis. Eine Website in Russland bietet eine kostenlose Software an, mit der der Zähler von Marcos Drucker wieder auf null gestellt werden kann. Marcos ist nicht ganz wohl dabei, eine Software aus unbekannter Quelle auf seinem Rechner laufen zu lassen. Zwar erläutert der Programmierer Vitaliy Kiselev online per Videobotschaft sogar persönlich die Beweggründe, seine Kenntnisse gratis mit der Netzgemeinde zu teilen. Sonderlich vertrauenseinflößend wirkt das Ganze dennoch nicht, zumal Kiselev eine ziemlich verschwörerische Atmosphäre um sich verbreitet. Marcos lässt es trotzdem auf einen Versuch ankommen und installiert die russische Freeware auf seinem Computer. Und siehe da, mit ihrer Hilfe lässt sich der Chip in seinem Drucker tatsächlich überlisten. Das Gerät druckt wieder einwandfrei.

Kann man aus Marcos' Geschichte etwas ableiten, vielleicht sogar ein allgemeines Prinzip? Bauen Hersteller möglicherweise bewusst Elemente in ihre Produkte ein, die für das vorzeitige Versagen eines Gerätes sorgen?

Um diese Frage zu beantworten, muss man ein bisschen graben, aber das Graben lohnt sich. Die Recherchen bestätigen nicht nur, dass Hersteller tatsächlich gar nicht so selten an der Lebensdauer ihrer Geräte herumschrauben, sondern dass sie darüber hinaus ein recht imposantes Arsenal an Strategien aufgebaut haben, um ihre Kundschaft immer wieder dazu zu bringen, Altes möglichst schnell durch Neues zu ersetzen – egal, ob es sich dabei um eine Zahnbürste, ein Bett oder ein Auto handelt. Schaut man sich diese Strategien etwas genauer an, kreisen sie alle um einen sperrigen, aber zentralen Begriff: Obsoleszenz. Kaum jemand kennt das Wort, und doch bestimmt das, wofür es steht, in erheblichem Maße unseren Alltag. Selbst wenn wir noch nie etwas von Obsoleszenz gehört haben, sind wir als Konsumenten tagtäglich von seinen Auswirkungen umgeben. Wenn Kundendienste von einer Reparatur abraten und einen Neukauf empfehlen, ist das oft die Folge der sogenannten geplanten Obsoleszenz.

Etymologisch geht Obsoleszenz zurück auf das lateinische Wort *obsolescere*, das so viel bedeutet wie abnutzen, veralten, außer Gebrauch kommen. Der Begriff »geplante Obsoleszenz« wird in der Wirtschaft und im Industriedesign gebraucht und bezeichnet die einem Produkt innewohnende oder eingebaute Eigenschaft, die es vorzeitig altern lässt oder gar unbenutzbar macht. Vorzeitig heißt dabei, dass der eintretende Verschleiß nicht notwendigerweise im Material selber bedingt ist, sondern vom Hersteller bewusst für einen vorbestimmten Zeitpunkt eingeplant und entsprechend implementiert wurde.

Geplante Obsoleszenz steckt praktisch in jedem Produkt – mal in der Sollbruchstelle der zu schwachen Plastikummantelung für die Waschtrommel, mal in der Anschlussschnittstelle der erst vier Jahre alten externen Speicherplatte, für deren Form es leider keine passenden Netzkabel mehr gibt, was das ganze Gerät wertlos macht.

Geplante Obsoleszenz steckt aber auch in der Einbauküche in dunkelroter Hochglanzlackierung, die das Buchenholzimitat der Vorgängerserie alt aussehen lässt.

So fremd der Begriff für die meisten Konsumenten klingen mag: Für die Hersteller von Konsumgütern ist das Nachdenken über Obsoleszenz eine Selbstverständlichkeit. Allein schon, um ihre Produktionsabläufe und -zeiten planen zu können, müssen sie die Lebensdauer ihrer Produkte kalkulieren. Dabei können sie ganz unterschiedliche Schwerpunkte setzen. Wenn ihnen die Zufriedenheit der Kunden wichtig ist, werden sie einerseits abwägen, wie schnell Dinge im Verhältnis zu ihren Anschaffungskosten kaputtgehen dürfen. Andererseits müssen sie im Blick behalten, dass ihr unternehmerisches Bestehen möglicherweise davon abhängt, auch dann noch verkaufen zu können, wenn der Bedarf an ihren Produkten eigentlich bereits gedeckt ist. Unabhängig davon, wie die Überlegungen der Hersteller im Einzelnen aussehen, lässt sich für unsere auf Wachstum beruhende Konsumgesellschaft beobachten, dass die geplante Obsoleszenz ein fest darin verankerter Mechanismus ist, als ihr mal mehr, mal weniger geheimer Motor.

Obsoleszenz markiert darüber hinaus aber auch die Schnittstelle eines großen Dilemmas, das das Leben in einer Konsumgesellschaft mit sich bringt. Auf der einen Seite steht die Wirtschaft, für die sich jede Abweichung von ständigem Wachstum als Katastrophe darstellt. Ständig muss mehr produziert werden, und das, was mehr produziert wird, muss auch ständig jemand kaufen. Auf der anderen Seite werden die Müllberge immer größer und die Ressourcen schwinden. Will man sich diesem Dilemma stellen (und darum kommen wir vermutlich nicht herum), muss man sich auch mit der Obsoleszenz befassen. Es wird interessant danach zu fragen, wie sie funktioniert und wo sie uns begegnet, ob wir sie brauchen oder uns wieder dagegen entscheiden können, ihr diese wichtige Rolle einzuräumen.

Um Antworten darauf zu finden, ist es sinnvoll, einen Blick auf die Anfänge der Obsoleszenz zu werfen, in eine Zeit, in der sie weniger selbstverständlich und in ihrem Wirken deutlicher erkennbar war als heute. Anfangs wurde geplante Obsoleszenz als marktsteuerndes Instrument nämlich nicht ohne Weiteres als selbstverständlich akzeptiert. Ihr Nutzen wurde zeitweise offen diskutiert, und die Positionen der Kontrahenten umfassten ein weites Spektrum. Von den einen wurde sie als Betrug am Verbraucher kritisiert und von anderen bis hin zum Extrem einer Art gesetzlich verordneten Verschleißpflicht verfochten. Und schnell zielte geplante Obsoleszenz nicht nur auf eine Manipulation des Materials, sondern auch auf eine Manipulation unserer Psyche. Kontinuierlich wird seitdem versucht, unser Denken, Handeln und Entscheiden auf den von der Industrie getakteten rhythmischen Wechsel von Markteinführung und geplantem Veralten einzuschwingen. Mit Erfolg. Wir haben die Rhythmen der Modellwechsel verinnerlicht. Wir vermissen sie geradezu, wenn sie ausbleiben. Würde jemand Obsoleszenz abschaffen, wären wir womöglich auf Entzug.

Geplante Obsoleszenz ist heute so mit unserem Leben verschmolzen, dass die Erinnerung an eine Zeit, in der Ideen wie Sollbruchstellen im wirtschaftlichen Prozess noch keine große Rolle spielten, fast völlig verblasst ist. Dabei ist es gar nicht so lange her, dass Güter noch für die Ewigkeit produziert wurden: schier unverwüstliche Autos, die sich mit Material aus dem Eisenwarenladen selbst reparieren ließen; Nylons, mit denen man einen Traktor abschleppen konnte; und Glühbirnen mit einer Lebensdauer von über hundert Jahren. Mit Letzteren hat in gewisser Weise alles angefangen.

Wie alles begann

»Rein statistisch fällt jede so-und-so-vieltausendste Glühbirne technisch perfekt aus, und so sollten wir nicht übermäßig überrascht sein, dass diese Birne hier noch immer in Betrieb ist und hell leuchtet. Die Wahrheit ist aber noch wesentlich erstaunlicher.« In der Tat, die Geschichte der Glühbirne namens Byron, die Thomas Pynchon in seinem Roman *Die Enden der Parabel* auf wenigen Seiten erzählt, ist sehr erstaunlich.

Denn Byron ist unsterblich. Sein Glühfaden brennt nicht, wie sonst üblich, nach 1.000 Stunden durch. Byrons Existenz ruft die Agenten des »Phoebus-Kartells« auf den Plan. Sie haben es sich zur Aufgabe gemacht, nicht nur die Preise zu bestimmen, sondern auch für jede einzelne Glühbirne eine maximale Lebensdauer von 1.000 Stunden durchzusetzen und zu kontrollieren. Dieses Limit ist ein zwischen Netzbetreiber und Glühlampenherstellern ausgehandelter Kompromiss: Eine geringere Leuchtkraft durch einen dickeren Glühfaden nutzt dem Netzbetreiber, verlängert aber die Lebensdauer der Birne, mehr Strahlkraft durch einen dünneren Faden verkürzt die Lebensdauer und nutzt dem Birnenhersteller. Die vereinbarte Lebensdauer sichert beiden etwa gleiche Gewinne.[1] Der Kontrollraum, in dem darüber gewacht wird, »dass nirgends eine Birne Anstalten macht, die durchschnittliche Lebensdauer nach oben aufzuweichen«, befindet sich irgendwo unter einer schweizerischen Alm. Byron ist, klassisches Motiv eines Science-Fiction-Thrillers, ein Betriebsunfall, der versehentlich die festgelegte 1.000-Stunden-Grenze überschreitet. Was dann geschieht, »ist genau geregelt: das Komitee für Leuchtanomalien setzt einen Zerschläger nach Berlin in Marsch«, wo Byron sich aufhält. Doch die Birne entkommt, »verdammt, bis in alle Ewigkeit weiterzuexistieren, wissend um die Wahrheit und doch machtlos, etwas zu verändern.«[2]

Das Komitee für Leuchtanomalien existiert natürlich nur in Pynchons Geschichte. Aber Byron gibt es tatsächlich. Allerdings heißt die echte Birne schlicht *centennial bulb*, also Jahrhundertbirne, und befindet sich nicht in Berlin, sondern in einer Feuerwache im kalifornischen

Livermore. Dort brennt sie entgegen aller Wahrscheinlichkeit seit 110 Jahren nahezu ununterbrochen. Auch auf die Rolle des Phoebus-Kartells werden wir noch zurückkommen. 1972, ein Jahr, bevor Pynchon seine Geschichte veröffentlicht, berichtet der Journalist Mike Dunstan in den Livermore *Herald News* von dieser scheinbar unsterblichen Glühbirne in der Feuerwache und verhilft ihr zu einiger Berühmtheit und einem Eintrag ins Guinness-Buch der Rekorde. Die Begeisterung hält bis heute an. Knapp 900 Menschen versammelten sich im Juni 2001 in der Feuerwache in Livermore, um den einhundertsten Geburtstag der Glühbirne zu feiern. Natürlich hat die Glühbirne mittlerweile alle Feuerwehrmänner überlebt, die ihre Ankunft in der Feuerwache noch miterlebt hatten. Sie waren schon über neunzig, als Dunstan über die Glühbirne berichtete, aber sie bestätigten ihm damals, dass die Birne seit 1901 in Betrieb war. Seit einigen Jahren wird sie von einer Webcam beobachtet. Moderne Technik ist dem jahrhundertalten Dauerbrenner allerdings nicht gewachsen. Die erste Kamera hielt drei Jahre durch. Die zweite ist auch schon ausgetauscht worden.

Wie kommt es, dass die *centennial bulb* heutige Erwartungen an die Lebensdauer einer Glühbirne so sehr übertrifft? Steve Bunn interessiert sich schon lange für ihre Geschichte. Er hat die Webcam samt Website eingerichtet. Auch sonst begeistert er sich für alte Leuchtkörper, was ihm eine umfangreiche Sammlung eingebracht hat. Seine Glühlampen stammen alle aus der Zeit der Jahrhundertwende und sind der Beweis, dass die Livermore-Birne keine exotische Ausnahme ist. Es scheint eine Zeit gegeben zu haben, in der es offensichtlich selbstverständlich war, dass Glühbirnen viele Jahre, mitunter sogar Jahrzehnte leuchteten, ohne durchzubrennen.

Bunn benutzt seine Birnen als zuverlässige Nachtlichter im Flur und ist immer auf der Jagd nach weiteren Exemplaren. »Die Leute entdecken sie im Wandschrank, auf dem Speicher oder in einer Keksdose. Ich kaufe sie im Internet oder auf dem Flohmarkt.« Alle Birnen in der Sammlung funktionieren noch.

Die Birne in der Feuerwache wurde um 1895 in Shelby, Ohio, hergestellt. Den darin verarbeiteten Glühfaden erfand der französischstämmige Erfinder Adolphe Chaillet. Am 23. Oktober 1900 ließ er sich seine Entwicklung in den USA patentieren. Die Zusammensetzung des langlebigen Glühfadens geht aus dem Patent nicht hervor, nur die Art seiner Windung. Chaillets Glühbirnen wurden seit 1897 von der Shelby Electric Company produziert. Auf den Firmenwerbungen aus dieser Zeit steht stolz »*longest life*«. 1914 wurde die Firma von General Electric geschluckt, wie vor und nach ihr noch viele andere kleine Elektrounternehmen, und die Art, wie Shelby Electric Company ihre langlebigen Glühfäden herstellte, geriet in Vergessenheit. »Das Geheimnis nahm Chaillet mit ins Grab«, wie Steve Bunn es pathetisch ausdrückt.

Das Geheimnis um Chaillets Glühfaden ist nicht das einzige Mysterium in der Geschichte der Glühbirne. Das ließe sich mittlerweile mit moderner Analysetechnik lösen. Viel spannender ist die Frage, wie es kommt, dass heutige Glühbirnen *kein* Jahrhundert halten, auch kein halbes oder wenigstens zwei Jahrzehnte – sondern höchstens ein bis zwei Jahre? Sie sind das erste prominente Opfer einer generalstabsmäßigen Einplanung von vorzeitigem Verschleiß in der Massenfertigung und der Beginn eines Paradigmenwechsels: Bis dahin galt als selbstverständlich, dass das Beste und Haltbarste aus Material und Technik herauszuholen, auch das Beste fürs Geschäft sein müsste. Von diesem Prinzip verabschiedete man sich bei der Glühbirne, und der Grundstein für die Entwicklung wurde Ende des Jahres 1924 gelegt.

Wenn Markus Krajewski, Professor für Mediengeschichte der Wissenschaften an der Bauhaus-Universität Weimar, über dieses gut dokumentierte Beispiel geplanter Obsoleszenz spricht, könnte man meinen, er lese aus einem Drehbuch für einen James-Bond-Film vor: »Weihnachten 1924 war ein ganz besonderer Tag. In einem Hinterzimmer in Genf trafen sich einige Herren in Nadelstreifenanzügen, um einem geheimen Plan nachzugehen. Sie gründeten das erste weltweite Kartell, das sich zum Ziel setzte, die Glühbirnenproduktion aller Länder zu kontrollieren und den Weltmarkt unter sich aufzuteilen. Dieses Kartell hatte den Namen Phoebus.« (Phoebus ist der Beiname des Gottes Apoll und bedeutet »der Leuchtende«.

Den Namen eines Unsterblichen für eine Vereinigung zu wählen, die sich die Verkürzung der Produktlebensdauer auf die Fahnen geschrieben hat, ist, nebenbei bemerkt, nicht ohne Pointe.)

Krajewski hat dem Thema seine Dissertation gewidmet. Auch er hat eine Glühbirnensammlung, die das Büro in seiner Altbauwohnung in Weimar schmückt, aber im Gegensatz zu den Birnen von Steve Bunn handelt es sich bei seinen Exponaten um zeitgenössische Nachbildungen, die unter Bezeichnungen wie Edison-Birne seit Kurzem in Heimdekorationsläden ein nostalgisches Revival erleben. Außerdem ist Krajewski Mitherausgeber des *Glühbirnenbuchs*, das die Tätigkeiten dieses Kartells in all ihren Verästelungen aufzuzeigen versucht.[3]

Zur Organisation des Geschäfts mit der Glühbirne schlossen sich zum ersten Mal in der Wirtschaftsgeschichte die führenden Elektrotechnikfirmen der größten Industrienationen weltumspannend zusammen. Markus Krajewski rekonstruiert die Entstehung der komplexen Organisationsstruktur so: Die bereits erwähnten Männer in Nadelstreifen sind Vertreter der größten Glühbirnenhersteller der Welt. Sie kommen von Philips und Osram in Europa, General Electric in den USA und weiteren Herstellern aus Japan, Brasilien und sogar den entlegenen Kolonien in Asien und Afrika. Das von ihnen gegründete Kartell soll – ganz neutral gesagt – Ordnung in den Weltmarkt bringen. Sie legen verbindliche Industriestandards fest, die wie der einheitliche Sockel mit den entsprechenden Fassungen zum Teil bis heute Bestand haben. Für die Verbraucher ist diese Vereinheitlichung ein großer Vorteil. Wer möchte sich schon für jede Glühbirne erst die passende Lampenfassung suchen müssen? Die wesentlichen Absprachen des Kartells sind jedoch weniger kundenfreundlich: Jeder der beteiligten Hersteller soll seine Produkte in einem geschützten, wettbewerbsfreien Raum verkaufen können. Zu dem Zweck werden Exklusivmärkte und Kontingente für die gemeinsamen Märkte festgelegt und den verschiedenen Produzenten zugewiesen. So bekommt Tungsram beispielsweise den heimischen ungarischen Markt zugesprochen und einen Gesamtanteil am europäischen Markt von zirka 25 Prozent.[4]

Aber nicht nur die Claims der beteiligten Konzerne werden abgesteckt, sondern auch die Beschaffenheit der Beleuchtungsprodukte wird genau definiert.[5] Die Vorstellung, dass das eigene Produkt dank technischer Verbesserungen bald noch zuverlässiger und dauerhafter werden könnte, sorgt bei den Glühbirnenproduzenten der Welt offenbar weniger für Euphorie als für Beunruhigung. »Für diese Firmen ist es natürlich umso besser, je regelmäßiger der Verbraucher Glühbirnen kauft. Glühlampen, die lange brennen, sind ein ökonomischer Nachteil«, fasst Krajewski zusammen.

Was das ganz konkret in Zahlen bedeutet, hat das Unternehmen Philips bereits 1928 ausgerechnet: »Jede Überschreitung um nur zehn Stunden bedeutet für das Weltkontingent einen Verlust von einem Prozent oder vier Millionen Einheiten.«[6] Die Lebensdauer der Glühbirne soll fortan auf 1.000 Stunden heruntergeschraubt werden. In einem internen, im Landesarchiv Berlin vorliegenden Dokument halten die Kartellmitglieder diese Zielsetzung unmissverständlich fest: »The average life of lamps for general lighting service must not be guaranteed, published or offered for another value than 1,000 hours.« – Die durchschnittliche Lebensdauer von Glühbirnen für die Allgemeinbeleuchtung darf nicht für einen Wert von mehr als 1.000 Stunden garantiert, beworben oder angeboten werden.[7] Das ist nicht sehr viel, wenn man bedenkt, dass schon die Glühbirnen, die Thomas Edison 1881 auf der Weltausstellung in Paris vorstellte, im Schnitt 1.586 Stunden brannten und die 1926 von Phoebus selbst ermittelte durchschnittliche Lebensdauer von Glühlampen bereits 1.800 Stunden betrug.[8] Aber 1.000 Stunden sind allemal lang genug, um die Kunden nicht unnötig durch ein zu kurzlebiges Produkt zu verärgern und damit trotzdem noch ausreichend Umsatz zu machen.

Solche Ziele hätte jeder für sich auch offen und ungestraft formulieren können, nur eben nicht als Kartellabsprache. Ohne Absprache hätte eine Verkürzung der Lebensdauer allerdings schnell zum Wettbewerbsnachteil werden können. Folgerichtig finden sich in den Dokumenten auch Straftabellen, die empfindliche Strafen festlegen, je nachdem, wie weit das 1.000-Stunden-Limit überschritten wird: Brennen die Birnen über 2.000 Stunden, werden 50 Schweizer Franken pro tausend Einheiten fällig, bei mehr als 2.500 Stunden 100 Schweizer Franken.[9]

1925 wird unter dem Dach von Phoebus dann konsequenterweise das *1,000 Hour Life Committee* gegründet. Seine alleinige Aufgabe besteht darin, die Lebensdauerbeschränkung bei den Kartellmitgliedern auch durchzusetzen und in monatlichen Haltbarkeitsberichten festzuhalten. Es gibt Prüfstände mit vielen kleinen Sockeln, in die zum direkten Vergleich der Brennzeiten Exemplare aus verschiedenen Produktionsreihen eingeschraubt werden. »Firmen wie Osram haben dann genauestens protokolliert, wie lange diese Lampen brannten«, erläutert Krajewski. Es existieren alte Fotos von den Testanlagen, in denen Hunderte von hell leuchtenden Glühlampen in den verschiedensten Formen aufgereiht sind.

Die Absprachen des Glühbirnenkartells sind nicht nur ärgerlich für die Kunden, sondern markieren auch einen bedeutenden Einschnitt für den Ingenieursstand. In der Ausbildung lehrte man angehende Industriedesigner und Ingenieure noch, Produkte so gut wie möglich zu konstruieren. Vor der Gründung des Phoebus-Kartells gab es zahlreiche Hersteller, die ihre Glühbirnen mit einer Lebensdauer von bis zu 2.500 Stunden anpriesen. Nach der Kartellabsprache lautet die anspruchsvolle Aufgabe für die Forschungsabteilungen, das Produkt an die Vorgaben der Verkaufsabteilungen anzupassen, und die Lebensdauer der Glühbirnen – möglichst punktgenau – auf die vorgegebene Dauer herunterzuschrauben.

Mehr als achtzig Jahre nach der Gründung von Phoebus hat der Journalist Helmut Höge Belege für die Aktivitäten des Komitees entdeckt. In schlichten Pappordnern fanden sich interne Dokumente der Gründerfirmen des Kartells, Tausende von lose abgehefteten Blättern, vergilbt und mit den blassen blauen und schwarzen Buchstaben damaliger Schreibmaschinendurchschläge bedeckt: die bürokratische Hinterlassenschaft von Phoebus. Viele bekannte Firmennamen tauchen in den Dokumenten auf, unter anderem Philips aus Holland, Osram aus Deutschland und die Compagnie des Lampes aus Frankreich.

Zu den federführenden Initiatoren gehört auch das dank zahlloser Patente ihres Gründers Thomas Edison zum weltweit führenden Elektrokonzern aufgestiegene Unternehmen General Electric mit Sitz in New York. Laut der Kartellforscherin Mária Hidvégi von der Universität Leipzig war Phoebus das Kernelement einer im Jahr 1919 von General Electric eingeleiteten Strategie für eine weltweite Neustrukturierung der Elektroindustrie.[10] Durch Absprachen mit Herstellern wie Philips, 1924 größter Exporteur von Glühlampen, soll unnötige Konkurrenz vermieden werden. Die europäischen Konzerne wiederum sind an Marktabsprachen interessiert, da der hiesige Markt nicht in dem Maße durch Schutzzölle abgeschottet war wie der in Amerika. Durch Vereinbarungen zu Lizenzen, Erfahrungsaustausch und Kartellabsprachen der weltweit maßgebenden Elektrounternehmen sollten die Heimatmärkte der jeweiligen Kartellmitglieder bestimmt und Kontingente für gemeinsame Märkte festgelegt werden. Um nicht mit der restriktiven amerikanischen Kartellgesetzgebung in Konflikt zu geraten, nimmt General Electric nur durch die überseeischen Tochtergesellschaften an Phoebus teil, sichert sich aber eine führende Rolle durch Beteiligungen an den maßgeblichen Mitgliedern sowie durch ein Monopol für den Leuchtmittelverkauf auf dem US-amerikanischen und kanadischen Heimatmarkt.

Auch andere Länder besitzen zu dieser Zeit bereits Kartellgesetzgebungen zur Verhinderung nationaler Industrieabsprachen. Eine der wenigen Ausnahmen ist die Schweiz, weshalb das Phoebus-Kartell folgerichtig Genf als Stammsitz wählt. William Meinhardt, Vorsitzender des Verwaltungsrates von Phoebus, begründet 1928 die Wahl des Ortes damit, auf diese Weise »so viel als möglich von der Verschiedenheit der nationalen Rechte unabhängig zu werden«.[11] Weniger euphemistisch könnte man auch sagen, es ging den Unternehmen darum, jedwede staatliche Beschränkung zu umgehen.

Phoebus ist schnell außerordentlich erfolgreich. Nicht nur sind die Märkte sauber aufgeteilt, ohne sich in Zukunft unnötig Konkurrenz zu machen. Viel wichtiger ist, dass zwei Jahre nach Gründung des Kartells keine Glühbirne mehr 2.500 Stunden brennt, sondern ihre

Lebensdauer schon auf weniger als 1.500 reduziert worden ist. Und in den 1940er-Jahren ist das Ziel schließlich erreicht: Die Standardlebensdauer einer Glühbirne beträgt nun 1.000 Stunden.

Es dauert fast zwanzig Jahre, bis die Kartellabsprachen im Jahr 1942 schließlich auffliegen. Unvorsichtigerweise treffen sich die Phoebus-Mitglieder in New York – mitten im Zweiten Weltkrieg. Es soll geklärt werden, wie an den kriegsbedingten Handelsbeschränkungen vorbei ein geregelter Nachschub des für die Herstellung benötigten Wolfram für die deutschen Geschäftspartner zu ermöglichen sei. Aber die US-Behörden werden aufmerksam, und die amerikanische Regierung nutzt die Gelegenheit, um Klage gegen General Electric und weitere Glühbirnenhersteller des Kartells zu erheben. Ein elf Jahre während es Verfahren, in dem die weltweiten Verflechtungen des Kartells sorgfältig rekonstruiert werden, wird 1953 schließlich abgeschlossen mit einem Urteil, das den Konzernen General Electric, Osram, Philips und Co. weitere Absprachen und die künstliche Lebensdauerverkürzung von Glühbirnen verbietet.

In der Praxis jedoch hat das Urteil kaum Folgen. Zu einer geforderten Strafzahlung kommt es nicht, und an der 1.000-Stunden-Grenze ändert sich faktisch auch nichts. Das schürt natürlich Vermutungen, dass sich die Unternehmen weiterhin an ihre Absprachen halten oder das Kartell in anderer Form wiederbelebt wurde.

Was nach 1953 tatsächlich aus dem Zusammenschluss geworden ist, darüber gehen die Meinungen sehr weit auseinander. »Nach dem Zweiten Weltkrieg wurde das Glühlampenkartell nicht reorganisiert«, ist zumindest Hidvégi überzeugt.[12] Historiker Krajewski bestätigt, dass sich die Spur des Kartells verliert: »In den Akten datiert der letzte Geschäftsbericht vom ökonomischen Jahr 1940/41.«[13] Er ist dennoch überzeugt, dass die Institution weiterbesteht, sich aber ständig reorganisiert und unter wechselnden Namen aktiv ist, um die eigenen Spuren so weit möglich zu verwischen: »Bis vor Kurzem hieß die Kontrollinstanz für alle Glühbirnen International Electrical Association (IEA); den Firmensitz verschob man kurzerhand über den Genfer See nach Lausanne. Zwar heißt es von dort inzwischen ebenfalls, man sei seit 1989 liquidiert. Doch bedeutet das schließlich nicht, dass altbewährte Absprachen unwirksam werden.«[14] Die im Auftrag des amerikanischen Justizministeriums durchgeführte Untersuchung *Cartels in Action* von 1946 sagt zumindest nichts über eine Auflösung.[15]

Gelegentliches Abtauchen gehört wohl zu den üblichen Strategien. Überhaupt sind die Aktivitäten von Kartellen naturgemäß schlecht dokumentiert. Ähnlich wie eine Briefkastenfirma bietet der Zusammenschluss unter einem bestimmten Namen im Grunde nur für eine Weile das Minimum an formaler Hülle, das notwendig ist, um Vertragliches und Finanzielles zu regeln. Ein bisschen Durcheinander gehört in gewissem Ausmaß zum Prinzip. Im Fall der Kartelle Phoebus und IEA erzielt es den gewünschten Effekt: Ihre Spur ist schwer zu verfolgen. So wurde die IEA am 11. Dezember 1936 gegründet, zunächst in Zürich, mit einem Sekretariat in London. 1941 kam es zu Unruhe unter den Vertragspartnern, weil auf dem amerikanischen Markt General-Electric-Konkurrent Westinghouse Electric International die Zusammenarbeit mit dem Kartell einstellte. Am 5. Juni 1945 jedoch wurde ein neues Abkommen zur Teilung der Weltmärkte erzielt, in dem es in Absatz B heißt: »Hiermit werden alle Verpflichtungen der vor dem Krieg bestehenden International Electrical Association übernommen und erfüllt.«[16]

Zum weiteren Schicksal der IEA schreibt der brasilianische Kartellexperte Kurt Rudolf Mirow, der als Mitinhaber einer Elektrofirma und Direktor der Sektion Elektromaschinen des brasilianischen Elektroindustrieverbandes (ABINEE) selber den Druck multinationaler Kartellstrategen erfahren hat: »Im Februar 1974 beschloss die IEA, vorsichtig und vorausschauend, nach dem britischen Eintritt in die Europäische Wirtschaftsgemeinschaft und möglicher polizeilicher Beschlagnahme kompromittierender Dokumente, ihr langjähriges Londoner Büro im Bush House aufzugeben. Die IEA verschwand ohne Hinterlassung neuer Adressen.« Als die IEA zwei Jahre später in Pully bei Lausanne wiederentdeckt wurde, wollte Kurt Mirow Kontakt zur Organisation aufnehmen. Noch bevor Mirow sich vorstellen konnte, erklärte IEA-Sekretär James Robinson Hughes kategorisch: »We have nothing to talk!«[17]

Informationen zu Kartellbildungen zu bekommen ist nach wie vor schwierig. Vieles Einschätzungen sind nicht zweifelsfrei zu belegen. Aber auch Mirow glaubt nicht an eine Auflösung der IEA. Sie habe vielmehr nach dem Zerfall der Sowjetunion den Ostmarkt aufgeteilt. General Electric bekam demnach die ungarische Tungsram und Siemens-Osram beteiligte sich an Polam. Für die DDR habe im Übrigen Siemens sofort Heimat-Gebietsschutz geltend gemacht. Laut dem Journalisten Höge schrieb Mirow deshalb nach dem Mauerfall sogar einen Brief an die Treuhandchefin Birgit Breul, in dem er sein Bedauern darüber zum Ausdruck bringt, »wenn aufgrund der Unkenntnis der Organisationsformen der Elektroindustrie jetzt möglicherweise veraltete, aber doch sanierungsfähige Betriebe geschlossen würden, die den Mitgliedern der IEA einmal Paroli und Wettbewerb bieten könnten.«[18]

Das alles klingt verwirrend und fast schon ein bisschen zu mysteriös, um wahr zu sein. Andererseits deckte die Europäische Kommission 2012 einen ähnlich gelagerten Fall auf und verhängte gegen sieben internationale Konzerne – darunter auch Phoebus-Mitgründer Philips – Geldbußen in Höhe von 1,47 Milliarden Euro wegen Bildung eines weltweit agierenden doppelten Bildröhrenkartells für Fernseher und Computermonitore. Von 1996 bis 2006 konnten die Konzerne unbehelligt Preisabsprachen treffen, die Märkte untereinander aufteilen und die Preise durch Produktionsbeschränkungen künstlich nach oben treiben.

Schaut man sich die veröffentlichten Details der Europäischen Kommission zu diesen Kartellen an, finden sich verblüffende Ähnlichkeiten zum Glühbirnenkartell. Wie dessen Mitglieder scheinen auch die Monitorhersteller eine Art Prüfstand betrieben zu haben, wie die Kommission in ihrer Pressemitteilung verrät: »Die Kartellisten überwachten zudem die Umsetzung der Kartellabsprachen, indem sie, wie zum Beispiel im Falle des PC-Kathodenstrahlerkartells, die Einhaltung der Kapazitätsbeschränkungen bei Betriebsstättenbegehungen überprüften.« Selbst die konspirativen Elemente finden sich wieder: Bei sogenannten »Green Meetings« – die Bezeichnung geht auf die obligatorischen Golfpartien im Anschluss dieser Treffen zurück – traf sich die oberste Führungsriege der Unternehmen, um die Ausrichtung der beiden Kartelle auszuhandeln. Den Unternehmen war natürlich bewusst, dass sie gegen geltendes Recht verstießen; ihre Akten waren zum Teil mit Warnhinweisen vermerkt: »Es wird zur Geheimhaltung aufgefordert, da eine Offenlegung gegenüber Kunden oder der Europäischen Kommission äußerst schädlich wäre.« Manche Schriftstücke enthielten nach Aussage der EU-Kommission sogar den Hinweis, diese nach Kenntnisnahme zu vernichten.[19] Bevor man allerdings nach ähnlichen Beweisen für geheime Verschwörungen bei der IEA oder möglichen Nachfolgeorganisationen sucht und Gefahr läuft, doch nur im Sumpf trüber Verschwörungstheorien herumzustochern, ist es aufschlussreich, sich die Entwicklung der Glühbirnenlebensdauer genauer anzuschauen. Die 1.000-Stunden-Begrenzung wird bis heute offiziell mit dem Argument verteidigt, es handele sich um den bestmöglichen Kompromiss zwischen Lichtausbeute, Lebensdauer und Stromverbrauch – ein stärkerer Glühfaden erhöhe zwar die Lebensdauer, gebe aber weniger Licht ab; ein dünnerer Glühfaden dagegen, der mehr Licht abgibt, verkürzt nun einmal die Lebensdauer. Das ist eine simplifizierte Darstellung, denn auch das Medium, in dem sich der Glühfaden befindet, zum Beispiel Gas oder Vakuum, spielt eine Rolle, und es gibt ausführlichere und komplexere Berechnungen zur Lebensdauer von Glühlampen. Am Ergebnis ändern sie jedoch nichts Wesentliches.[20] Nur brannten mit ähnlichen Begründungen die Glühbirnen der DDR im Schnitt 2.500 Stunden und in China sogar 5.000 Stunden.[21] In den mehr als hundert Jahren, seit Thomas Edison den ersten Standard für Glühbirnen setzte, meldeten Dutzende von Erfindern Patente für neue Glühbirnen unterschiedlicher Lebensdauer an, darunter sogar eine, die bis zu 150.000 Stunden halten sollte. Der Berliner Erfinder Dieter Binninger entwickelte sie für das Berliner Ampelsystem und sah ihren etwas höheren Energieverbrauch dadurch kompensiert, dass durch ihren Einsatz wesentlich weniger Reparaturfahrzeuge zum Wechseln kaputter Birnen unterwegs sein würden.

Weder Binningers Birne noch eine andere Variante ging je in Produktion. Die Frage, wieso es keines der Alternativmodelle auch nur in die Nähe der Konsumenten schaffte, ist unbeantwortet. Die Beliebtheit der NARVA-Langzeitbirne auf Berliner Flohmärkten, die DDR-Ingenieure auf eine Lebensdauer von 2.500 Stunden konzipiert hatten, zeigt zumindest ein entsprechendes Bedürfnis auf Kundenseite.

Aber inzwischen spielt sowieso kaum noch eine Rolle, wie lang eine konventionelle Glühbirne brennt. Das Spiel wird jetzt auf einem anderen Feld ausgetragen: Seit 2012 gilt in der Europäischen Union ein Herstellungs- und Vertriebsverbot für alle Standardglühlampen mit einer Leistung von mehr als 10 Watt. Anders als man auf den ersten Blick vielleicht vermuten könnte, ist die Abschaffung der Glühbirne allerdings ein Segen für die Industrie. Denn die Glühbirnen sind seit Jahrzehnten technisch ausgereizt und mittlerweile so billig geworden, dass kaum noch etwas mit ihnen verdient werden kann. Da kommt ein Gesetz, das sie für obsolet erklärt und die Kunden dazu zwingt, auf die wesentlich teureren Energiesparlampen umzurüsten, für die Hersteller wie ein Geschenk des Himmels. Sparlampen waren bis dahin aufgrund des hohen Preises und der lange nicht ganz ausgereiften Technik von der Mehrzahl der Käufer ignoriert worden. Einige Hersteller haben mit dem Verbot der Glühbirnen auch gleich die Preise für Energiesparlampen und Leuchtstoffröhren um bis zu 25 Prozent angehoben.[22]

Dass die zunächst propagierten, leuchtstoffröhrenähnlichen Energiesparlampen ebenfalls bald der Obsoleszenz zum Opfer fallen könnten, zeichnet sich bereits ab: Ihr hoher Quecksilbergehalt und ihre unbefriedigende Leuchtkraft stellen ernst zu nehmende Handicaps dar. Nachfolger der herkömmlichen Energiesparbirne ist die LED-Lampe, die mit geringem Energieverbrauch eine Brenndauer von bis zu 19.000 Stunden erreichen kann.

Noch hat das Europäische Komitee für Normung (CEN) nicht über eine Standardisierung der Leuchtdioden-Lampen entschieden. In den verantwortlichen Kommissionen sind auch die Herstellerfirmen vertreten. Sie legen die Lebensdauer ihres Produkts fest, und das Normenkomitee entscheidet, wie diese Angaben dann überprüft werden können. In der Regel genügt es, dass die Hersteller ihre werkseigene Norm selbst im Rahmen des eigenen Qualitätsmanagements prüfen. Zusätzliche Prüfungen von anderen Instanzen sind möglich, aber nicht zwingend vorgeschrieben. Entscheidend für die Lebensdauer zukünftiger Leuchtkörper werden also die Vorgaben der Hersteller sein.

Im Frühjahr 2011 bekam das »ewige Licht« in der Feuerwache von Livermore Gesellschaft. Joe und Trisha Wagner fanden beim Umbau ihres in Shelby, Ohio, erworbenen Hauses in einem unvermutet entdeckten Zwischenraum eine alte Glühbirne. Wie sich herausstellte, gehörte das Haus von 1899 bis 1901 Adolphe Chaillet. Das Fundstück stammt eindeutig von ihm, und es ist noch voll funktionsfähig. Wahrscheinlich hat er die Birne selbst eingemauert, warum, ist unbekannt.

Ob in hundert Jahren jemand, vielleicht in einer verlassenen Osram-Fabrik, ebenfalls eine altertümlich anmutende LED-Lampe mit erstaunlich langer Lebensdauer finden wird? Ob man sich wundern wird, dass sie laut der noch beiliegenden Herstellerangabe 19.000 Stunden brennen soll, obwohl doch in hundert Jahren jeder wissen wird, dass sich aus der Abwägung von Effizienz und Lebensdauer 1.000 Stunden als optimal erwiesen haben? Im Moment mag das absurd erscheinen. Aber ist es nicht ein durchaus mögliches Szenario, wenn man sich die Geschichte der Glühbirne anschaut? »Kaum kommt mal einer und gibt uns einen Hoffnungsschimmer auf ein Weiterleben, auf Transzendenz – schon schnappt ihn sich das Komitee für Leuchtanomalien und zieht ihn aus dem Verkehr«, wusste schon Thomas Pynchon über die Macht der Leuchtmittelkartelle. Und diese Macht reicht weit, bis an die abgeschiedensten Orte.

Die Journalistin Nicols Fox hat sich an so einen Ort zurückgezogen und auf etliche Segnungen der Zivilisation verzichtet. Sie lebt in den Hügeln von West Virginia am Rande eines Nationalparks. Nachmittags kommen die Rehe zu Besuch und betteln um Futter. Im Garten hat Fox Vogelhäuser und Futtersäckchen aufgehängt. Auf dem größten Sessel im Wohnzimmer räkelt sich ein Kätzchen, das sie gerade adoptiert hat. Das Häuschen ist mit Gaslampen ausgestattet, die ein gemütliches Licht verbreiten.

Nicols Fox schreibt über die sozialen Folgen der Technologisierung, wie am Beispiel der Tradition der Maschinenstürmer in ihrem Buch *Against the Machine*. Eine ganz besondere Spezialität jedoch sind ihre Gedichte, die sie »nach der Methode Shakespeares« schreibt, als humorvolle und ironische Auseinandersetzung mit uns als Konsumenten und unserer Teilnahme am Zirkus des Konsums. Das klingt dann so: »Wenn im Finstern Schrecken droh'n / Hinter Büschen auf dich lauern / Eh' du schreiend rennst davon / Soll dein Licht dir dauern.« Man ahnt es, auch Fox, weit weg vom modernen Stadtleben, hat ihre Probleme mit der Leuchtmittelindustrie. In ihrem Fall geht es um Taschenlampen. »Taschenlampen sind hier draußen, wo es keine Straßenlaternen gibt, besonders wichtig«, sagt sie. Jeden Abend geht sie nach draußen in den Schuppen, um Holz für den Kamin zu holen. Der Weg dorthin ist stockfinster. Doch in letzter Zeit machen die Taschenlampen, auf die sie dafür angewiesen ist, immer wieder Probleme: »Auch mit neuen Birnen oder Batterien funktionieren sie einfach nicht. Ich habe alles probiert.«

Die Geschichte vom Glühbirnenkartell kennt Fox natürlich. Als sie selber Nachforschungen dazu anstellte, fiel ihr eine Mitteilung von General Electric aus den 1930er-Jahren in die Hände, die schwarz auf weiß bestätigte, was sie schon länger ahnte: »Vor zwei oder drei Jahren haben wir eine Verringerung der Lebensdauer von Taschenlampen vorgeschlagen.« Das Schreiben besagt, dass die Lebensdauer von Glühbirnen für Taschenlampen von damals drei Batterielängen auf eine Batterielänge verkürzt werde.

Ob es sich bei ihrem Problem um die verspätete Umsetzung eines alten Kartellplans handelt oder nicht: Alleine die Idee macht Fox wütend. Die Konsequenzen, die sie daraus zieht, unterscheiden sich jedoch von klassischen Unmutsäußerungen verärgerter Verbraucher: »Ich denke, es ist die Pflicht eines jeden, sich über Produkte zu beschweren, die nicht funktionieren. Also habe ich angefangen, Beschwerde-Sonette zu schreiben: ›Eine Schachtel voller Taschenlampen / Alle leuchten sie nicht mehr / Sie wurden kaum benutzt und gut behandelt / Drum ist ihr Niedergang nicht fair / Ist es denn zu viel der Müh'n / Dass Evereadys Lampen länger glüh'n?‹« Fox wäre am liebsten Teil einer großen Bewegung von Beschwerde-Sonett-Schreibern. Die Vorstellung, dass sich die Hersteller davon erweichen lassen könnten und wieder anfangen würden, langlebigere Taschenlampen zu verkaufen, ist rührend. Ein schönes Happy-End für den Fall, dass Disney das Thema einmal verfilmen sollte.

Dass dauerhafte und robuste Produkte auch ein Verkaufsargument sein können, wusste die Industrie auch schon zu Zeiten des Glühbirnenkartells. Es gab sogar einen amerikanischen Großkonzern, der mit einem solchen Produkt in den ersten zwei Jahrzehnten des 20. Jahrhunderts einen einzigartigen Welterfolg gelandet hatte. Aber mit dieser Strategie verlor das Unternehmen Mitte der 1920er-Jahre den Kampf um die Kundschaft.

1 Pynchon hat das nicht aus der Luft gegriffen. Wendell Berge belegt 1944 in seiner Kartell-Studie mit einem Briefwechsel zwischen einem großen Energieversorger und General Electric, dass die Entwicklung von Leuchtstoffröhren von Elektrizitätswerken gemeinsam mit den Glühlampenherstellern verzögert wurde, aus Furcht vor Einbrüchen beim Strom- und Glühbirnenverkauf. Wendell Berge, *Cartels: Challenge to a Free World*, Washington 1944, S. 44ff
2 Thomas Pynchon, »Die Geschichte von Byron, der Birne«, in: Ders., *Die Enden der Parabel*, Reinbek bei Hamburg 1989, S. 1011 u. 1023f
3 Peter Berz, Helmut Höge, Markus Krajewski (Hg.), *Das Glühbirnenbuch*, Wien 2011
4 siehe auch für die folgenden Ausführungen Markus Krajewski, »Im Schlagschatten des Kartells«, in: Markus Krajewski, Bernhard Siegert (Hg.), *Thomas Pynchon: Archiv – Verschwörung – Geschichte*, Weimar 2003, S. 73-108, S. 93. Für die Kartellentwicklung: Markus Krajewski, »Vom Krieg des Lichtes zur Geschichte von Glühlampenkartellen«, in: *Das Glühbirnenbuch*, a.a.O., S. 347-393
5 Belege und Quellen zu den Kartellabsprachen bei Krajewski, »Krieg des Lichts«, a.a.O.
6 ebd., S. 95, zitiert nach einer Eingabe von Philips vom 7.3.1928
7 »Decision«, Phoebus Development Department, Genf, datiert April 1929 (Originaldokument von Phoebus, Landesarchiv Berlin)
8 vgl. Krajewski, »Krieg des Lichts«, a.a.O., S. 370, und »Phoebus-Messblatt«, abgedruckt in: *Das Glühbirnenbuch*, a.a.O., S. 13
9 Straftabelle in Krajewski, »Krieg des Lichts«, a.a.O., S. 369
10 vgl. Mária Hidvégi, »Internationale Kartelle und der europäische Wirtschaftsraum der Zwischenkriegszeit«, in: *Themenportal Europäische Geschichte 2011*, www.europa.clio-online.de/2011/Article=482
11 Krajewski, »Schlagschatten«, a.a.O., S. 93
12 Hidvégi, »Internationale Kartelle«, a.a.O.
13 Krajewski, »Schlagschatten«, a.a.O., S. 98

14 Helmut Höge, »Von Blog zu Bloch«, *tazbloq* 6.8.2006,
http://blogs.taz.de/hausmeisterblog/2006/08/06/83
15 vgl. George W. Stocking, Myron W. Watkins, *Cartels in Action*, New York 1946
16 zitiert nach Kurt Rudolf Mirow, *Die Diktatur der Kartelle*, Reinbek 1978, S. 104
17 ebd., S. 106f
18 Höge, »Bloch zu Blog«, a.a.O.
19 Pressemitteilung der Europäischen Kommission vom 5.12.2012, »Kartellrecht: Hersteller von Bildröhren für Fernsehgeräte und Computerbildschirme ein Jahrzehnt lang an zwei Kartellen beteiligt – Kommission verhängt Geldbuße in Höhe von 1,47 Mrd. EUR«, http://europa.eu/rapid/press-release_IP-12-1317_de.htm
20 vgl. Burkhart Röper, *Gibt es geplanten Verschleiß? Untersuchungen zur Obsoleszenzthese*, Göttingen 1976, S. 239ff
21 Moritz Gieselmann, »Bulb Fiction«, in: Berz, Höge, Krajewski (Hg.), *Das Glühbirnenbuch*, a.a.O., S. 14
22 dpa-Meldung vom 31.8.2011, www.wn.de/Welt/Wirtschaft/2011/08/Wirtschaft-Nach-Gluehlampenverbot-kosten-Energiesparlampen-mehr

Der Siegeszug einer Idee

Während die Kartellabsprachen der Glühbirnenproduzenten eher konspirativen Hinterzimmertreffen glichen, war der Gedanke, Produkte vorzeitig verschleißen zu lassen, 1928 offensichtlich bereits so salonfähig, dass das einflussreiche amerikanische Werbemagazin *Printers' Ink* langlebige Produkte ungeschminkt als Gefahr für die wirtschaftliche Entwicklung brandmarkte: »Ein Artikel, der nicht verschleißt, ist eine Tragödie fürs Geschäft.«[1]

Erst ein Jahr zuvor, 1927, war das letzte Modell T von Henry Fords legendären Fließbändern gerollt, ein Auto, das wie kein anderes für Zuverlässigkeit und solide Bauweise stand. Das Ende des Modell T kann gleichzeitig als das Ende einer Ära betrachtet werden, in der die Lebensdauer eines Produkts nicht mehr im Vordergrund stand, sondern geradezu hinderlich für den Umsatz der Hersteller zu werden schien.

Der unglaubliche Erfolg des Modell T beruhte auf seinem Ruf, ein zuverlässiges und robustes Produkt zu sein. Seit 1908 hatte Henry Ford 15 Millionen Stück davon verkauft und damit das Auto überhaupt erst zu dem Massenprodukt gemacht, das es heute ist. Dank Ford hatte sich die Bedeutung des Automobils vom Luxusgut, das einer kleinen Oberschicht vorbehalten war, zum Symbol eines klassenlosen amerikanischen Gesellschaftsideals gewandelt.

Damit sich auch der Durchschnittsverbraucher einen Wagen leisten konnte, wurde der Ford T als Einheitsmodell in möglichst großer Stückzahl hergestellt, Sonderausführungen gab es nicht. Aber nicht nur das. Rigoros ließ Ford bei seinem Auto alles weg, was nicht unbedingt notwendig war. Stattdessen achtete er auf einfachste Bedienbarkeit und Reparaturfreundlichkeit. Reparaturen sollten ohne Spezialwerkzeug möglich und Ersatzteile in jedem Eisenwarenladen erhältlich sein. Auch auf Extravaganzen wie farbige Lackierungen wurde verzichtet. Das Modell T war schwarz. Das war die billigste Farbe, die zudem am schnellsten trocknete. Durch all diese Maßnahmen konnte Ford bis 1914 den Stückpreis mehr als halbieren und durch weitere Effizienzsteigerungen schließlich sogar auf ein Drittel senken, von 850 Dollar über 370 Dollar auf 280 Dollar. Nach heutiger Kaufkraft entspricht das ungefähr einer Preissenkung von rund 21.000 Dollar auf 7.000 Dollar. Ford hatte es geschafft, ein erschwingliches und dabei funktionales, zuverlässiges und langlebiges Produkt herzustellen.

Es war ein Erfolg auf der ganzen Linie. In den frühen 1920er-Jahren war jedes zweite Auto weltweit ein Modell T – ohne dass es seit seiner Einführung jemals mit großen Veränderungen aufgewartet hätte. Die Erfolgsgeschichte wäre vermutlich noch eine Zeit lang weitergegangen, hätte nicht Mitte der 1920er-Jahre General Motors dem zu diesem Zeitpunkt noch übermächtigen Konkurrenten den Kampf angesagt.

Ford mit seinen eigenen Mitteln zu schlagen, schien wenig Erfolg versprechend. Also setzte General Motors unter seinem Präsidenten Alfred P. Sloan zunächst auf eine gewissermaßen entgegengesetzte Strategie: Innovation. Das ursprüngliche Erfolgsrezept des Modell T, allein auf Effizienz in der Produktion zu setzen und auf teure Neuerungen zu verzichten, schien für die Konkurrenz die einzige Angriffsfläche zu bieten. Denn mit seiner Politik der Kostensenkung drohte Ford die technische Weiterentwicklung des Automobils zu verschlafen, dabei gab es zu den Hochzeiten der Modell-T-Produktion bereits beachtliche technische Verbesserungen.

Eine davon stammte von Charles Franklin Kettering, einem findigen Geist, der im Laufe seines Lebens mehr als dreihundert Patente anmeldete, unter anderem für eine elektrische Registrierkasse, einen Vorläufer des Marschflugkörpers und schnelltrocknenden Autolack. Mit der Erfindung des elektrischen Anlassers bescherte er der Automobilindustrie eine der ersten wirklich massenwirksamen Innovationen. Die gestiegenen Komfortwünsche der Kunden zwangen selbst Ford bald, die umständliche Handkurbel zum Starten des Motors durch den neuen, einfacher zu bedienenden Anlasser zu ersetzen und ins serienmäßige Angebot aufzunehmen.

General Motors hatte den Erfolg des elektrischen Anlassers aufmerksam registriert. Als Sloan 1923 Präsident von GM wurde, hatte der Konzern mit Dayton Engineering Laboratories Company das

Unternehmen von Charles Franklin Kettering schon eingekauft und Kettering selbst zum neuen Entwicklungschef des Konzerns gemacht. Er sollte die Automobilwelt erneut aufmischen, indem er den luftgekühlten Motor zur Marktreife bringen sollte. Denn das bisherige Wasserkühlsystem war sehr störanfällig: Sank die Außentemperatur unter den Gefrierpunkt, konnte das gefrierende Kühlwasser den Motor zum Platzen bringen; wurde der Motor zu heiß, kochte der Kühler schnell über. General Motors setzte große Hoffnung in die Arbeit ihres neuen Entwicklungschefs. Doch diesmal scheiterte Kettering. Es gab zahlreiche Komplikationen mit dem neuen Kühlsystem, sodass die Produktion der neuen Motoren schon nach wenigen hundert Exemplaren wieder gestoppt werden musste. Mit diesem Rückschlag stand Sloan nun vor dem Problem, seinen neuen Chevrolet ohne einen verkaufsfördernden technologischen Vorsprung erfolgreich gegen Ford in Stellung bringen zu müssen.

Einen Ausweg bot da die Tatsache, dass bei der Kundschaft die Ansprüche an den Komfort zu wachsen begannen, je alltäglicher der Besitz eines Automobils wurde. Mangels überzeugender technischer Neuerungen verordnete Sloan seinem neuen Chevrolet also ein spektakuläres Facelifting. Das Modell wurde ordentlich herausgeputzt und die Karosserie durch elegante runde Formen sowie eine verlängerte Motorhaube aufgehübscht.

Die Wirkung war erstaunlich. Neben diesem Chevrolet wirkte Fords alte »Tin Lizzie«, wie das Modell T zärtlich genannt wurde, wie ein grobschlächtiger Feldarbeiter. Vielleicht spielte bei Sloans neuer Strategie auch eine Rolle, dass mit der Einführung des elektrischen Anlassers und anderer Neuerungen, die das Autofahren zunehmend einfacher und bequemer machten, nun verstärkt Frauen als Zielgruppe relevant wurden. Das vermutet zumindest der kanadische Konsumkritiker Giles Slade, der sich eingehend mit der Geschichte der Obsoleszenz befasst hat: »Für die Männer war der Ford T wie ein Traktor. Er war Amerikas Arbeitstier. Aber Frauen hatten für diesen lauten, stinkenden, schmutzigen Wagen nichts übrig.«[2]

Unterstützt durch den Kampfpreis, mit dem GM ihn auf den Markt brachte, wurde der Chevrolet ein sensationeller Verkaufserfolg.

Dieser Moment gilt als die Geburtsstunde eines Paradigmenwechsels in der Automobilindustrie: Sloan hatte einen Weg gefunden, den Fahrzeugmarkt allein durch Konzentration auf Äußerlichkeiten neu aufzurollen. Wenn man so will, entdeckte er nach der Kraft des Ackergauls nun die Eleganz des Dressurpferdes als Verkaufsargument. Diese Strategie hatte den entscheidenden Vorteil, dass die lediglich neu herausgeputzten Modelle deutlich billiger und schneller auf den Markt geworfen werden konnten, als wenn echte technische Innovationen in Angriff genommen wurden und finanziert werden mussten.

Ohne Millioneninvestitionen für neue Maschinen, Pressen, Stanzen oder Gussformen waren allerdings auch fundamentale Designänderungen an Karosserie oder Armatur nicht zu haben. Die jeweils neuen Modelle unterschieden sich von ihren Vorgängern darum aus Kostengründen zumeist nur durch kleinere modische Modifikationen. Fahrzeuge mit grundlegenden Überarbeitungen kamen höchstens alle drei Jahre auf den Markt. Das war der Rhythmus, in dem der weniger geplante als vielmehr hinzunehmende Verschleiß der Fertigungsmaschinen es ohnehin nötig machte, sie zum großen Teil auszutauschen. An dieses Intervall waren im Prinzip alle Hersteller bis Mitte der 1950er-Jahre gebunden.[3] Zwischen diesen Dreijahresintervallen sorgten die Autodesigner mit eher oberflächlichen Dekorveränderungen dafür, dass die jährlich neuen Modelle wenigstens irgendwie innovativ aussahen.

Sloans geniale Idee funktionierte. Die Kunden ließen sich darauf ein, ihr Auto in regelmäßigen Abständen gegen ein aktuelleres, modisches Folgemodell auszutauschen. Ein zusätzlicher Kaufanreiz bestand in einem Prestigeversprechen: Mit jedem Neukauf eines GM-Modells konnte der Käufer seinen Aufstieg in der sozialen Hierarchie dokumentieren. Man beginnt mit einem Chevrolet und arbeitet sich über Pontiac und Oldsmobile hoch bis zum Cadillac. An die Stelle von Fords demokratischer Gleichmacherei trat die soziale Ausdifferenzierung durch GM.

Mit Sloan verwandelte sich die Autoindustrie immer mehr zu einer großen Illusionsmaschine, die jede neue Zierleiste oder verlängerte

Heckflosse mit einer Inbrunst anpries, wie sie revolutionären Veränderungen angemessen war. Äußerlichkeiten wurden zum Verkaufsargument, das Auto bekam den Charakter eines Modeprodukts. Plötzlich kamen die Fahrzeuge in unterschiedlichen Farbausführungen auf den Markt. Als GM 1924 mit dem True Blue Oakland den ersten echten Farbtupfer in der Branche setzte, sorgte das für große Aufmerksamkeit. Ein schöner modischer Nebeneffekt war im übrigen, dass der dafür neu entwickelte, schnell trocknende Autolack noch im gleichen Jahr auch die Kosmetikindustrie inspirierte: Beruhend auf derselben chemischen Zusammensetzung brachte die Firma Cutex einen Nagellack auf den Markt. Endlich konnte man seine Nägel passend zum Gefährt lackieren – wenn auch noch nicht in Blau, sondern in einem Roséton.

Wenige Jahre später, im August 1927, verkündete Ernest Elmo Calkins, einer der einflussreichsten Marketingpioniere für Massenkonsumartikel in der *Atlantic Monthly* den Abschied vom grauen Maschinenzeitalter für besiegelt. Er war überzeugt, dass mit steigendem Wohlstand die Konsumenten Produkte wie den Ford T zunehmend als Beleidigung für die Sinne wahrnehmen würden. Effizienz genüge nicht mehr, auch die Seele wolle befriedigt werden. Für Calkins war endgültig »Schönheit oder das, was man dafür hält, zu einem Produktionsfaktor für die Herstellung und Vermarktung von Waren geworden.«[4]

Während die Glühbirnenhersteller des Phoebus-Kartells möglichst unbemerkt und im Geheimen die physische Lebensdauer ihres Produkts verringert hatten, um den Kunden zu zwingen, ihre Glühbirnen regelmäßig zu ersetzen, eröffnete General Motors also einen anderen Weg. Bei diesem lebte die Veralterungsstrategie gerade von der öffentlichen Wahrnehmung. Sie benötigte als Grundlage den Wunsch des statusbewussten Kunden, seinen Platz in der sozialen Hierarchie durch sein Konsumverhalten dokumentieren zu können. Damit dockte Sloan an ein Bedürfnis an, für das der amerikanische Sozialökonom Thorstein Veblen bereits an der Wende zum 20. Jahrhundert den Begriff *conspicuous consumption* geprägt hatte, was sich mit »Geltungskonsum« oder »demonstrativer Verbrauch« übersetzen lässt: Die Menschen kaufen Produkte nicht mehr, weil sie sie benötigen, sondern der Konsum dient allein dem Bedürfnis, den sozialen Status öffentlich darzustellen und zu untermauern. Man kauft ein Produkt, weil man es sich leisten kann – oder sogar, weil es standesgemäß ist und kaum darauf verzichtet werden kann. Wo sich früher nur der Adel und die Kirche durch zur Schau gestellten Prunk vom gemeinen Volk distinguierten, übernahmen ab dem 19. Jahrhundert in Gesellschaften mit allgemein steigendem Wohlstand immer breitere Bevölkerungsschichten dieses Prinzip der Repräsentation. Schaut man sich die heutige Werbung an, spielt sie fast ausschließlich auf der Klaviatur des Distinktionsgewinns durch Erhöhung, Vervollständigung und Optimierung des eigenen Selbst durch Konsum. Du bist, was du kaufst.

Im selben Jahr, in dem Ford die Produktion des Modell T einstellte, richtete Sloan darum mit der Art and Colour Section erstmals in der Autoindustrie ein Designstudio ein, in dem Designer sich ausschließlich mit der Gestaltung der Karosserie befassten. Der Leiter des Studios, der Ingenieur und Industriedesigner Harvey Earl, stellte seine Modelle zunächst aus Ton her und kam so zu ungewohnten, neuartigen Formen. Zwar blieb es einstweilen bei der Regel, dass grundlegende Änderungen nur alle drei Jahre eingeführt wurden. Aber die Schlagzahl sollte erhöht werden. Es galt, die Menschen dazu zu bringen, ihre funktionierenden Autos in immer kürzeren Abständen zu ersetzen, diese Auffassung seiner Aufgabe vertrat Earl ganz offen. Er war stolz darauf, die durchschnittliche Besitzdauer eines Autos, die 1934 noch bei fünf Jahren lag, Mitte der 1950er-Jahre auf zwei Jahre gesenkt zu haben. Am liebsten hätte er die Konsumenten zum jährlichen Wechsel animiert – aber das schaffte selbst er nicht.

Zur gleichen Zeit zog auch Konkurrent Ford längst am selben Strang. Bereits Anfang der 1930er-Jahre, nachdem die Verkaufszahlen dramatisch eingebrochen waren, hatte sich Henry Ford geschlagen gegeben und war auf die Strategie von General Motors eingeschwenkt. Nachdem Ford 19 Jahre sein Modell T produziert hatte, stellte das Unternehmen nun ebenfalls Jahr für Jahr neue Modelle vor. Damit war die Vorherrschaft dessen, was in den Marketinghandbüchern heute als psychologische Obsoleszenz bezeichnet wird, für den amerikanischen Automarkt etabliert. Nicht der gezielte Verschleiß des alten Autos zwang die Menschen zum Neukauf, sondern das Image, das das neue verspricht bzw. der Imageverlust, der mit einem unmodernen Fahrzeug einhergeht. Für Giles Slade fällt der Autoindustrie die Rolle des Trendsetters zu: »Weil [sie] Amerikas Vorzeigeindustrie war, folgten alle anderen Produktionszweige ihr in Kürze nach.«[5]

Die Industrie schwenkte bereitwillig auf die neue Linie ein. Die Voraussetzungen dafür waren lange vorher geschaffen worden: Schon Ende des 19. Jahrhunderts hatten viele Händler angefangen darüber zu klagen, dass durch Industrialisierung und Massenproduktion mehr Güter auf den Markt geschwemmt würden, als sich problemlos verkaufen ließen. Das Angebot wurde immer größer, ohne dass der Konsumhunger in gleichem Ausmaß mitwuchs. Und es gab vor allem zu viele ähnliche Produkte von zu vielen Anbietern. Also mussten sich die Hersteller die Frage stellen, warum der Kunde ausgerechnet ihre Ware und nicht die der Konkurrenz kaufen sollte. Gab es kein hinreichendes Unterscheidungsmerkmal, musste eben der Herstellername als Verkaufsargument herhalten. Der kometenhafte Aufstieg des Prinzips »Marke« begann.

Man hatte zwar schon im 14. Jahrhundert begonnen, Waren für den Transport mit eigenen Markierungen zu versehen. Ein Hersteller, dessen Produkte sich aufgrund ihrer Beschaffenheit eine gewisse Wertschätzung erworben hatten, konnte so mit der Zeit für Herkunft und Qualität des Produktes werben – allein mit seinem vertrauenswürdigen Namen. Erst ab dem 18. Jahrhundert wurden diese Markierungen jedoch aufwendiger gestaltet und so zu Vorläufern des eigentlichen »Branding«, das ab Mitte des 19. Jahrhunderts nicht nur den Wiedererkennungswert eines Produktes erhöhte, sondern Produkte eines bestimmten Herstellers generell mit positiven Assoziationen verbinden sollte. Von da an achteten die meisten Hersteller sorgfältig darauf, ihren Namen gut sichtbar auf der Ware anzubringen.

Konsumartikel wie Butter oder Mehl, die zuvor nach Bedarf vom Stück geschnitten bzw. aus dem Sack geschaufelt und dann neutral verpackt wurden, wurden mit der Zeit nicht mehr lose verkauft, sondern dem Händler schon vorportioniert angeliefert. Auf der dafür notwendigen Verpackung konnten Name oder Logo des Herstellers prominent platzieren werden.

Die neuen Verpackungen hatten einen weiteren Vorteil. Neben der Herkunftsbezeichnung boten sie Platz für zusätzliche Bilder, Embleme und Botschaften, die einen Kauf schmackhaft machen sollten. Anfangs waren viele Kunden noch misstrauisch, Dinge zu kaufen, die sie vorher nicht direkt sehen, probieren und anfassen konnten. Sie mussten erst nach und nach überzeugt werden, den aufgedruckten Behauptungen Glauben zu schenken und zu akzeptieren, dass ein identisch verpacktes Kaugummi von Wrigley's überall in Amerika auch identisch schmeckte.

Bei zahlreichen Produkten lag der entscheidende Kaufanreiz bald vor allem in der Signalwirkung und dem Wiedererkennungswert der Produktverpackung. Markenpioniere wie American Express, Lipton's Tea oder natürlich Coca-Cola haben ihre Sache in dieser Hinsicht so gut gemacht, dass sich ihr Erscheinungsbild bis heute ins kollektive Gedächtnis eingebrannt hat. Schon recht früh konstatierten Designer, dass die Produkthülle oft eine sorgfältigere Forschung und Planung erfordert als das darin enthaltene Produkt. Jeder kennt das Odol-Fläschchen mit seinem typischen gebogenen Hals, sein Wiedererkennungswert ist phänomenal. Bereits Ende des 19. Jahrhunderts investierte der Hersteller Unsummen in das Produktmarketing, ließ die Flasche von dem deutschen Jugendstilmaler Franz von Stuck gestalten und den Opernkomponisten Giacomo Puccini sogar eine eigene »Odol-Ode« verfassen.

Auf der anderen Seite ermöglichte der rasante Fortschritt der industriellen Produktion ab dem 19. Jahrhundert, dass viele Materialien immer günstiger und ihre Verwendungsmöglichkeiten vielfältiger wurden. Die geringen Herstellungskosten ebneten den Weg für erste Wegwerfprodukte, die in späteren Obsoleszenzstrategien eine immer wichtigere Rolle spielen sollten.

Gebrauchsgegenstände nur für eine einmalige Verwendung herzustellen, galt bis zu diesem Zeitpunkt als unvorstellbar und markiert den Beginn der Überflussgesellschaft. Das änderte sich rasant: Um 1870 wurden allein in den USA 150 Millionen Wegwerfhemdkragen aus Papier produziert. 1891 erfand William Painter in Baltimore den Kronkorken, der den Bügelverschluss bald ersetzte. Seine Crown Cork & Seal Company ist noch heute einer der größten Kronkorkenhersteller. Den durchschlagendsten Erfolg hatte der Geschäftsmann King Camp Gillette. 1903 verkaufte er 168 Einwegrasierklingen, ein Jahr später waren es 123.000, und 1917 bestellte allein die US-Regierung ganze 36 Millionen Klingen für die Armee. Selbstverständlich leuchten vor allem bei Hygieneartikeln die Gründe ein, auf Einwegprodukte zu setzen – man denke nur an Taschentücher oder Babywindeln. Aber je gebräuchlicher diese Produkte wurden, desto mehr machte sich mit ihnen eine allgemeine Bequemlichkeit breit.

Die Bereitschaft, Dinge einfach wegzuschmeißen, griff auf immer mehr Bereiche über und wurde sogar zur Gewohnheit. Wegwerfhandys (ja, die gibt es) und Einwegkameras wären ohne die Vorgeschichte von heute ganz selbstverständlich scheinenden Produkten wie Wegwerfgeschirr, Wegwerftaschentüchern und Wegwerffeuerzeugen kaum denkbar. Wegwerfprodukte sind Obsoleszenz in Reinform, denn mit einem überzeugenden Wegwerfprodukt hat der Hersteller einen Artikel, dessen Gebrauch sofortigen Neubedarf erzeugt. Für den Hersteller hat das einen bestechenden Vorteil: Es gibt keine gesättigten Märkte, die den dauerhaften Absatz des Produkts gefährden könnten. Vom Branding über die Verpackung bis zum Wegwerfprodukt selbst war damit das grundlegende Rüstzeug angelegt, den Konsum von Massenprodukten in Schwung zu halten.

Früh wurde das verstärkte Aufkommen der Wegwerfartikel zusätzlich von Kampagnen flankiert, die gegen Sparsamkeit wetterten und sogar vor den Lehrplänen der Schulen nicht haltmachten. So brandmarkte Clarence Wilbur Taber, einflussreicher Redakteur eines Schulbuchverlags, in einem Lehrbuch über die Kunst der Haushaltsführung 1922 die übertriebene Sparsamkeit fast schon als Menschheitsgeißel, die uns alle in den Abgrund zu reißen drohe: »Horten ist vulgär, selbstsüchtig und schädlich für den Charakter und eine Gefahr für Gemeinschaft und Nation.«[6] Heute mag der Satz absurd klingen. Doch die Antisparsamkeitsinitiativen der 1920er-Jahre gehörten zu den wichtigsten Wegbereiter der psychologischen Obsoleszenz, deren Diktat wir heute akzeptiert haben.

Mit dem Börsenkrach am Schwarzen Donnerstag im Oktober 1929 fand der Kaufrausch der *Roaring Twenties* ein abruptes Ende. Die Welt stürzte in eine tiefe Rezession. Die Menschen standen nicht mehr für Konsumgüter Schlange. Sie wollten Arbeit und etwas zu essen. Ohne Jobs keine Gehälter, ohne Gehälter keine Nachfrage mehr. Die Leute konsumierten nicht mehr. Die Unternehmen blieben auf ihren Waren sitzen und mussten noch mehr Arbeiter entlassen. Angebot und Nachfrage gerieten aus dem Gleichgewicht, die amerikanische Wirtschaft lag am Boden.

Um diese Abwärtsspirale zu durchbrechen, legte die amerikanische Regierung unter Präsident Franklin D. Roosevelt mit dem »New Deal« 1933 den Grundstein für ein bis dahin in der US-amerikanischen Geschichte beispielloses Konjunktur- und Wirtschaftsprogramm. Massive staatliche Investitionen in öffentliche Baumaßnahmen und staatlich geförderte Projekte sollten helfen, die Große Depression zu beenden. Neben grundlegenden sozial- und wirtschaftspolitischen Reformen war das wichtigste Ziel des New Deal, die Menschen um jeden Preis wieder in Arbeit zu bringen, um den Konsum und damit die Wirtschaft anzukurbeln. »Ehrliche Männer und Frauen wollten die erhaltene Unterstützung auch verdienen, um stolz ihre Köpfe erheben zu können und ihre Fertigkeiten nicht zu verlieren, und der Einzelhandel war auf ihre Kaufkraft angewiesen, um den Handel wieder in Schwung zu bringen«, verkündet mit patriotischem Pathos der 1937 von der amerikanischen Regierung in Auftrag gegebene Film *Work Pays America* über die staatlichen Arbeitsbeschaffungsmaßnahmen.[7]

Nicht nur typische Bauprojekte wie der Ausbau des Straßennetzes und die Sanierung heruntergekommener Stadtviertel wurden im

Rahmen des New Deal in Angriff genommen und mit öffentlichen Geldern gefördert. Es entstanden auch eine Reihe eher skurril anmutender Projekte: Arbeitslose Künstler erstellten in mühsamer Kleinarbeit ein detailliertes Miniaturmodell von Manhattan, und es entstanden die heute noch berühmten Glasfenster der Militärakademie von West Point. All das mit dem Ziel, den Konsumrausch der 1920er-Jahre wiederzuleben.

Werbeagenturchef Earnest Elmo Calkins machte sich bereits 1932, ein Jahr bevor Roosevelts Reformen in Kraft traten, Gedanken darüber, wie man die Leute dazu bringen konnte, ihr hart verdientes Geld schnell wieder in den Wirtschaftskreislauf zu pumpen. Seine Lösung war simpel. In der Einleitung zum Handbuch *Consumer Engineering*, veröffentlicht von zwei Mitarbeitern seiner Agentur, schrieb er: »Güter fallen in zwei Klassen: die, die wir gebrauchen, z.B. Autos oder Rasierer, und die, die wir verbrauchen, z.B. Zahnpasta oder Salzcracker. Consumer Engineering muss dafür sorgen, dass wir die Art von Gütern, die wir bisher gebrauchen auch verbrauchen.«[8]

Calkins verstand Consumer Engineering durchaus in seiner Doppelbedeutung – nämlich nicht nur Produkte für den Konsumenten zu designen, sondern ebenso den Konsumenten zu kreieren, der die Produkte auch kaufen will. Er war überzeugt, dass es gar nicht erst zur Krise gekommen wäre, wenn man von den Errungenschaften der neuen »Wissenschaft« des Consumer Engineering rechtzeitig Gebrauch gemacht hätte. Amerika hatte es seiner Meinung nach schlicht verschlafen, dass in den vergangenen zehn Jahren eine neue Welt geschaffen wurde, die man dringend hätte erkunden und vermessen müssen, um die Wirtschaft entsprechend auf sie abstimmen zu können. Für Calkins war die zentrale Frage, ob wir schnell genug konsumieren und unsere Gewohnheiten schnell genug an die neuen Warenangebote anpassen, die in immer schnellerem Rhythmus auf den Markt kommen. Er fand, dass die Konsumenten geradezu in der Pflicht standen, immer mehr Güter, die niemand mehr wirklich benötigte, möglichst schnell zu verbrauchen: »Wir dürfen nicht eher ruhen, bis wir alles, was wir herstellen können auch konsumieren können.«[9] Nach Maßstäben von nur fünfzig Jahren davor betrachtet, stand Calkins Welt auf dem Kopf. In ihr bestimmte nicht die Nachfrage das Angebot, sondern für ein immer größeres Angebot musste Nachfrage geschaffen werden.

Dem New Yorker Immobilienmakler Bernard London ging das noch nicht weit genug. Sein Vorschlag, die Depression zu beenden, war radikal, aber konsequent: Warum sollte man die Verbraucher über Umwege dazu bringen, voll funktionsfähige Produkte durch gleichwertige neue zu ersetzen, indem man an das Statusstreben oder den Herdentrieb der Leute appellierte? Ebenso gut konnte die Regierung doch zumindest in Krisenzeiten die geplante Obsoleszenz zur Pflicht machen und im Gesetz verankern. Mit seinem Essay »Proposals for ending the depression« – Vorschläge zur Überwindung der Wirtschaftskrise – verfasste London die erste Publikation, die diese Idee systematisch durchdeklinierte. Er hatte die Idee, alle Produkte mit einer Art »Verfallsdatum« zu versehen, nach dessen Ablauf sie amtlich als »tot« galten. Die Verbraucher sollten sie dann bei einer zuständigen Behörde abliefern, um sie zerstören zu lassen. Einen Artikel über das Verfallsdatum hinaus zu behalten, sollte strafbar sein und mit einem Bußgeld belegt werden. Durch diese Maßnahme sollte eine permanente Nachfrage geschaffen werden, die den Konsum dauerhaft beleben und die Wirtschaft wieder zum Laufen bringen würde. Die Menschen wären gezwungen, Güter zu verbrauchen, die Unternehmen würden wieder Gewinne machen und nach kurzer Zeit, so Londons Hoffnung, gäbe es wieder Vollbeschäftigung.

Dorothea Weitzner, Tochter von Londons Geschäftspartner Henry M. Weitzner, erinnert sich an ihre Begegnung mit dem Millionär: »Da war ich sechzehn oder siebzehn. Meine Eltern hatten einen riesigen Cadillac. Mutter fuhr, Vater saß auf dem Beifahrersitz, und ich saß hinten bei Mr. und Mrs. London. Da erzählte er mir von seiner Idee, wie er die Depression bekämpfen wollte. Er war besessen von dieser Idee, wie ein Künstler von seinen Gemälden. Er hat sogar im Auto geflüstert, so als fürchte er, seine Theorie könnte zu radikal sein.«

Bernard London war Anfang des 20. Jahrhunderts in die USA gekommen. Durch Immobiliengeschäfte wurde er zum Millionär und
investierte in Bauprojekte in ganz New York. Wenn man seinen
Essay liest, bleibt zunächst unklar, ob es ihm mit seiner Idee nur um
Profit ging – schließlich sind Krisen schlecht fürs Geschäft –, oder ob
ihn auch das Schicksal der Arbeitslosen interessierte. Vermutlich
spielte beides eine Rolle. Immerhin hatte er eine ausgeprägte soziale Ader, was sich in seinem Engagement für viele Wohltätigkeits-
projekte widerspiegelte. Ab 1927 war er als Mitglied der Jewish
Education Association of NYC aktiv, und tauchte ab da regelmäßig
als Gast von Wohltätigkeitsveranstaltungen und Spendenaktionen
des Vereins auf, der unter anderem Schulen und Waisenhäuser un-
terstützte.

Vielleicht wollte er mit der Idee einer verordneten Obsoleszenz wirklich nur die Welt retten. Die Empörung und Überheblichkeit allerdings, mit denen er in seinem Pamphlet das Verhalten der Menschen
in der Wirtschaftskrise anprangert, wirken doch ein klein wenig
übertrieben: »In verängstigter und hysterischer Stimmung benutzen
die Leute alles, was sie besitzen, gerne länger, als sie es vor der Depression gewohnt waren. Früher, in Zeiten des Wohlstands, warte-
ten die Amerikaner nicht, bis sie das letzte Quäntchen Nutzen aus
jedem Artikel herausgequetscht hatten. [...] Heute verweigern die
Menschen dem Gesetz der Obsoleszenz überall den Gehorsam. Sie
nutzen ihre alten Autos, ihre alten Reifen, ihre alten Radios und ihre
alte Kleidung viel länger, als die Statistiker aufgrund ihrer bisherigen Erfahrungen erwartet hätten.«[10]

Der Politik war aber offenbar zu heikel, gegen die Sparsamkeit der
Leute per Gesetz anzugehen. Vielleicht weil Londons Ansichten in
mancherlei Hinsicht direkt in die *Schöne Neue Welt* von Aldous
Huxley führten, dessen Roman ungefähr zur gleichen Zeit erschien.
Fast automatisch hat man bei der Lektüre von Londons Essay den
hypnotischen Befehl »Ending is better than mending« aus Huxleys
Alptraumzukunft im Ohr – »Enden ist besser als Wenden«, die in
Reimform gepresste Losung, dass etwas Schadhaftes besser ganz
ausgemustert, als repariert werden solle.[11]

Zu einer gesetzlich verordneten geplanten Obsoleszenz kam es nie. Aber die Idee war in der Welt, begann sich weiter auszubreiten und allmählich zeichnete sich ein neuer gesellschaftlicher Konsens ab: Bedarf musste nicht mehr gedeckt, sondern geweckt werden. Es gab kein Zuviel mehr in der Produktion, nur noch ein Zuwenig auf Seiten der Konsumenten. Wer Güter herstellte, hatte jetzt von Anfang an im Kopf, wie er den passenden Konsumenten gleich mit erschaffen könnte.

Christine Fredericks, Autorin eines der damals der einflussreichsten Bücher über Konsumentenverhalten, hielt dies für die »größte Idee, die Amerika der Welt zu geben hat, die Idee, dass die arbeitende Masse nicht nur als Arbeiter oder Produzenten zu betrachten ist, sondern als Konsumenten«.[12] Und diese Idee kam endlich ins Rollen.

1 W. R. Heath, »Advertising That Holds the ›Mauve Decade‹ Up to Ridicule«, in: *Printers' Ink*, 10. Mai 1928, S. 42

2 Giles Slade, *Made to Break. Technology and Obsolescence in America*, Cambridge Mass. 2006, S. 37

3 Vance Packard, *Die große Verschwendung,* aus dem Amerikanischen von Walther Schwerdtfeger, Düsseldorf 1961, S. 103

4 Earnest Elmo Calkins, »Beauty: The New Business Tool«, in: *Atlantic Monthly*, August 1927

5 Slade, *Made to Break,* a.a.O., S. 47

6 Clarence Wilbur Taber, *The Business of Household*, Philadelphia 1922, S. 438

7 *Work Pays America*, USA 1937, National Archives and Records Administration

8 vgl. Earnest Elmo Calkins, »What Consumer Engineering Really is«, in: Roy Sheldon, Egmont Arens, *Consumer Engineering: A New Technology for Prosperity*, New York 1976, S. 18

9 Calkins, »Consumer Engenineering«, a.a.O., S. 18f

10 Bernard London, *Ending the Depression through Planned Obsolescence,* in: Bernard London, *The New Prosperity*, New York 1933, S. 10

11 Aldous Huxley, *Schöne neue Welt,* London 1977, S. 51

12 Christine M. Frederick, *Selling Mrs. Consumer*, New York 1929, S. 3f

Ich kaufe, also bin ich

»Wenn wir alles kaufen und verbrauchen sollen, was eine automatisierte Industrie, ein mit allen Mitteln arbeitender Verkauf und eine raffinierte Werbung uns aufdrängen können, müsste jeder einzelne unserer ständig wachsenden Millionenbevölkerung Extra-Ohren, Extra-Augen und andere zusätzliche Sinnesorgane haben ... und natürlich auch ein Extra-Einkommen. Wahrscheinlich gibt es nur ein sicheres Mittel, allen Anforderungen gerecht zu werden: Man muss eine ganz neue Gattung von Superkunden züchten.« So fasst das Vertriebsfachblatt *Sales Management* im Jahr 1960 die Lage auf dem Verbrauchermarkt süffisant zusammen.[1] Von dem leicht humoristischen Tonfall sollte man sich dabei nicht in die Irre führen lassen, dahinter steckte durchaus eine ernst gemeinte Drohung. Schon seit einiger Zeit zeichnete sich ab, welche Konsequenzen das Prinzip kontinuierlichen Wachstums nach sich zieht – und wie die Marketingabteilungen ihren Teil dazu beitragen.

Die Heranzüchtung dieser Superkunden läuft im Grunde seit den späten 1950er-Jahren auf Hochtouren. Und zwar so hochtourig, dass die Konsumenten beginnen, sich von der penetranten Bearbeitung mit Werbung belästigt zu fühlen. Als erste konsumkritische Bücher erscheinen, treffen sie bei vielen Lesern einen neuralgischen Punkt. Der Autor, der sich dem Thema am gründlichsten und erfolgreichsten widmet, ist Vance Packard. 1957 hat er mit *The Hidden Persuaders* (auf Deutsch erschienen als *Die geheimen Verführer*) zunächst die Macht der Werbung ins Visier genommen. In seinem Folgewerk von 1960 namens *The Waste Makers* oder *Die große Verschwendung* nimmt er das Thema noch einmal auf – und verschiebt dabei den Fokus von den Künsten der Verführung auf die Techniken des vorzeitigen Veraltens. Damit ist er der Erste, der systematisch das Prinzip der geplanten Obsoleszenz untersucht.

Dass beide Bücher Bestseller wurden, zeigt, wie sehr nicht nur den Autor, sondern auch die kollektive Konsumentenseele zu dieser Zeit ein gewisses Unbehagen an der Wachstumsgesellschaft beschleicht. Der Nachkriegshunger auf immer mehr und immer neue Produkte droht Ende der 1950er, sich seinem Sättigungspunkt zu nähern; in manchen Bereichen ist er schon überschritten. Und obwohl der amerikanische Durchschnittsbürger in diesen Jahren doppelt so viele Waren kauft wie kurz vor dem Zweiten Weltkrieg, halten die Fachleute eine Steigerungsquote von fünfzig Prozent für notwendig, wenn die Wirtschaft nicht zu kränkeln beginnen soll. Wie kommen die Experten zu diesen Zahlen?

Packard ruft Professor Ernest Dale von der renommierten Cornell University in den Zeugenstand, der einen gravierenden Wendepunkt in der Wirtschaftsgeschichte konstatiert: »Die Absatzwirtschaft in ganz Amerika steht vor einer Tatsache, die sie schwer schlucken kann: Amerikas Fähigkeit zu produzieren hat vermutlich seine Fähigkeit zu konsumieren überflügelt.«[2] Für die amerikanische Industrie ist das allerdings kein Grund, deshalb den Konsumenten vom Haken zu lassen und etwa die Massenfertigung herunterzufahren. Im Gegenteil. Lässt sich die Produktionssteigerung nur halten, wenn die Absatzmärkte völlig neue Dimensionen annehmen, muss man dem Konsumenten eben Beine machen. Notfalls erklärt man Konsum zur gesamtgesellschaftlichen Bürgerpflicht. Die Pille lässt sich versüßen, indem die Motivation fürs Konsumieren von einer ökonomischen Notwendigkeit elegant in ein Gefühl umdefiniert wird. »Wir wollen nicht, dass die Menschen sich zu alten Dingen hingezogen fühlen, sie sollen das Neue lieben« – das sagt zwar kein Marketingleiter, sondern der Diktator Mustapha Mond in der fiktiven schönen, neuen Welt von 2540 des Schriftstellers Aldous Huxley. Aber besser kann man die Kernbotschaft des eingangs zitierten Artikels aus dem Vertriebsfachblatt *Sales Management* von 1960 kaum auf den Punkt bringen.

In diesem Zusammenhang die Schriftstellerfiktion eines totalitären Staats zu zitieren, ist weniger weit hergeholt, als es scheinen mag. Was den einen als Neuauflage des weltweiten Wirtschaftsaufschwungs in den Goldenen Zwanzigern erscheint, in Form von noch goldeneren Fünfzigern, wird von anderen langsam als Generalangriff auf ihr Leben wahrgenommen. Ähnlich wie Aldous Huxley 1932 als Reaktion auf die konsumfreudigen Jahre vor dem großen Crash von

1929 die Dystopie einer alles Alte verpönenden *Brave New World* an die Wand malte, zeichnet auch Vance Packard die 1950er mit der gleichen ernst gemeinten Übertreibung als schöne neue Welt des Überflusses, in der geplanter Verschleiß eine alltägliche Selbstverständlichkeit ist: »In dem Füllhornhausen, das mir vorschwebt, sind alle Gebäude aus einer besonderen Papiermasse, sodass sie jedes Frühjahr und jeden Herbst zur Zeit des großen Hausputzes abgerissen und neu gebaut werden können. [...] Die ›Zunft der Haushaltsgeräteinstandsetzungskünstler‹ hat eine Entschließung gefasst, wonach jedes Mitglied der Zunft, das auch nur einen Blick in das Innere eines defekten Gerätes wirft, das mehr als zwei Jahre alt ist, sich damit eines vaterlandsfeindlichen Verhaltens schuldig macht.«[3]
Letzteres ist heute jedem, der sich in jüngerer Zeit ein Elektrogerät zugelegt hat, weniger als drohende Zukunftsmusik denn als gewohnter Alltag erkennbar. Selbst Packards Vision eines vollautomatisierten Supermarkts, in dem man mit elektronischen Kreditkarten einkauft, ist mit den Selbstkassierkassen bei IKEA Wirklichkeit geworden, und dass schon Kinder gezielt als Konsumenten angesprochen werden, mag mancher als perfide empfinden – eine Selbstverständlichkeit ist es trotzdem. »Markenpräferenzen bilden sich zwischen dem zweiten und dritten Lebensjahr. Und es wird mit steigendem Alter immer teurer, diese Präferenzen umzudrehen«, so Christopher Schering von der Berliner Werbeagentur Cobra Youth, die Kinderwerbung für Firmen wie Lufthansa oder Nestlé konzipiert. Effektiver als einen fünfzigjährigen BMW-Fahrer von Mercedes zu überzeugen sei es, schon dem Kunden von morgen ein »positives Markenimage« von Mercedes zu vermitteln. Irgendwann später tauchten prägende Werbeerlebnisse aus Kindertagen dann wieder auf und beeinflussten die Kaufentscheidungen der nun Erwachsenen, sagt Schering.[4]
Heute haben sich die Konsumenten längst daran gewöhnt, dass Unternehmen nicht nur ihre Entscheidung für die eine oder die andere Marke, sondern auch ihre Bedürfnisse zu steuern versuchen. Nicht mal ein Blick hinter die Kulissen der Branche kann sie noch groß aufregen. Im Großen und Ganzen ist diese Art des Zusammen-

spiels von professionellen Bedarfsweckern und konsumfreudigen Kunden, das doch erhebliche Dimensionen angenommen hat, akzeptiert.

Die Forschung rechnet heute mit um die 3.000 Werbebotschaften, die pro Tag auf uns einprasseln. Drei Jahre seines Lebens widmet der fernsehende Mensch ausschließlich dem Betrachten von Werbung, der computersozialisierte legt bei der Omnipräsenz von Werbebannern auf dem Bildschirm wahrscheinlich noch ein paar Monate drauf. Den permanenten Angriff auf unsere Psyche scheinen wir dennoch mit der gleichen Gelassenheit hinzunehmen wie die unterste Menschenkaste der Epsilons aus der »schönen neuen Welt«. Die brauchten in Huxleys Roman zusätzlich zur Dauerberieselung mit irgendwelchen Botschaften allerdings noch eine Mischung aus Drogenzufuhr und Sauerstoffentzug, um gefügig zu bleiben.

Unser heutiger Gleichmut ist Vance Packard fremd, als er *Die große Verschwendung* schreibt. Er reagiert auf die mediale Omnipräsenz von Werbesprüchen Ende der 1950er noch ehrlich empört und empfindet es offenbar als ähnlich impertinent wie die hypnotischen Befehle in Huxleys düsterer Zukunftsvision, wenn ihm in Detroit ein Werbechor 500-mal die Woche über Rundfunk und Fernsehen »Einkaufstage sind Belohnungstage … und Belohnungstage sind schöne Tage … Also kauft, kauft! … Kauft irgendwas, das ihr heute braucht!« ins Ohr brüllt.[5]

Bei der Konfrontation mit solchen Methoden die Ausrichtung der Wirtschaft grundsätzlich kritisch zu hinterfragen, ist eine durchaus naheliegende Idee. Nie zuvor ist derart aggressiv die Botschaft vermittelt worden, dass Wachstum unabdingbar sei. Der Begriff ist zu der Zeit derart magisch aufgeladen, dass er, wie Packard konstatiert, die Amerikaner mit Ehrfurcht erfüllt wie sonst nur »Demokratie« oder »Mutterschaft«.[6] Hinter der Verbreitung dieser Haltung stehen Köpfe wie der Wall-Street-Banker Paul Mazur von Lehmann Brothers, der 1953 schreibt: »Der Riese Massenproduktion kann nur dann auf dem Höhepunkt seiner Kraft bleiben, wenn sein gewaltiger Hunger ständig in vollem Umfang gestillt wird. Das bedeutet, dass Waren im selben Tempo, in dem sie produziert werden, auch konsumiert werden müssen.«[7] Packard denkt den Gedanken weiter und ergänzt die Metapher entsprechend: »Das Problem bestand also darin, eine Bevölkerung heranzuziehen, die stets so gefräßig war wie ihre eigenen Maschinen.«[8]

Ab Mitte der 1950er-Jahre wird das Absatzproblem so drängend, dass zunehmend Druck auf die Konsumenten ausgeübt wird. Die Waffen, die dafür zum Einsatz kommen, sind laut Packard »im Feuer der Fünfzigerjahre geschmiedet [...] und wurden nun für den Gebrauch in den Sechzigern vervollkommnet.«[9] Geführt werden sie, mal mehr und mal weniger offen, im Geist der Obsoleszenz.

Um zu erkennen, was da für ein neues Zeitalter heraufzieht, gilt es, die Instrumente zu verstehen, mit denen zuverlässig und immer weiter Platz und Bedarf für Neues geschaffen werden soll. Packard unterscheidet bei seinem Versuch, das Phänomen der Obsoleszenz systematisch zu erkunden, drei Spielarten:

»1. Die funktionelle Obsoleszenz: Ein vorhandenes Erzeugnis veraltet durch die Einführung eines neuen, das seine Funktion besser erfüllt. 2. Die qualitative Obsoleszenz: Ein Erzeugnis versagt oder verschleißt zu einem bestimmten, geplanten, gewöhnlich nicht allzu fernen Zeitpunkt. 3. Die psychologische Obsoleszenz: Ein Erzeugnis, das qualitativ und in seiner Leistung noch gut ist, wird als überholt und verschlissen betrachtet, weil es aus Modegründen oder wegen anderer Veränderungen weniger begehrenswert erscheint.«[10] Anhand dieser Kategorien lässt sich verfolgen, wo Obsoleszenz vorliegt und in welcher Ausprägung. Als erste, ordnende Annäherung leistet Packards Einteilung dafür bis heute gute Dienste.

Am verständlichsten scheint auf Anhieb der Begriff der funktionellen Obsoleszenz. Das ist die Variante, die im Grunde jede Innovation begleitet. Ein gutes Beispiel dafür bietet die Kraftfahrzeugindustrie: Die Erfindung des Autos ließ mit der Zeit Pferd und Kutsche als Transportmittel obsolet werden – im Vergleich mit der motorisierten Konkurrenz empfand sie der Reisende schnell als zu unbequem, zu umständlich, zu langsam. Außer im Fall von Stadtrundfahrten für Touristen oder bei Brauereien, die zuweilen ihr Bier noch traditionell mit dem Pferdefuhrwerk ausliefern, sind heute keine Pferde mehr auf unseren Straßen unterwegs. Auch innerhalb der Autoindustrie lösten immer wieder grundlegende Innovationen vorhergehende Funktionsweisen ab. Oft wurde dann mehr als nur der entsprechende Maschinenteil ausgetauscht: Durch die Einführung des elektrischen Anlassers waren schnell alle Autos, die noch mit Kurbel gestartet werden mussten, objektiv als veraltet einzustufen.

Es handelt sich hierbei um eine Form der Obsoleszenz, gegen die Packard wenig einzuwenden hat. Warum soll man sich gegen die Einführung eines neuen Produktes wehren, wenn es eine Verbesserung mit sich bringt? In der Praxis ist jedoch oft erstaunlich schwer festzustellen, ob tatsächlich eine Verbesserung vorliegt. Ist die elektrische Zahnbürste eine eindeutige Verbesserung? Warum putzen dann immer noch viele Menschen aus Überzeugung mit der Hand? Warum gibt es so viele verschiedene – selbstverständlich nicht miteinander kompatible – Stecksysteme für die Bürstenköpfe?

In anderen Fällen können die mit der Einführung einer Neuerung verbundenen Prozesse komplexer sein, als man auf den ersten Blick vermutet. Wie verhält es sich aktuell zum Beispiel mit der per EU-Beschluss verordneten Ausmusterung der konventionellen Glühbirne? Was den Energieverbrauch während des Einsatzes angeht, ist die funktionelle Obsoleszenz der Altbirne offensichtlich. Energiesparlampen verbrauchen im Betrieb weniger Strom. Wie sieht es jedoch aus, wenn man auch Produktion und vor allem Entsorgung mit in den Vergleich einbezieht? Da schneidet die weit verbreitete Kompaktleuchtstofflampe, die durch ihren Quecksilbergehalt problematisch in der Entsorgung ist, wesentlich schlechter ab als die Glühbirne, LED-Leuchtmittel oder neuere Birnen mit Halogentechnik.

Solche Fragen sind nicht neu. Schon in den 1950er-Jahren war es für die Kunden oft schwierig, herauszufinden, ob eine Innovation echt war oder womöglich nur vorgetäuscht wurde. So wurden damals laut Packard in den Küchen jedes Jahr ein paar neue Knöpfe hinzugefügt, damit die Hausfrau das Gefühl bekam, sie habe nicht nur das neue Design erworben, sondern neue Funktionen. In Wahrheit handelte es sich bei manchen Knöpfen nur um Attrappen. Den einen oder die andere erinnert das vielleicht an die beeindruckende

Anzahl von Rasierklingen, die Nassrasierer im Laufe der Jahre dazu-bekommen haben, jeweils eingeführt mit eigenem Produktnamen, Werbespot und passendem Klingenhalter (der mit anderen Klingen natürlich nicht kompatibel ist). Ob fünf direkt hintereinandergestaf-felte Schneidflächen tatsächlich glatter rasieren als zwei, wie in auf-wendigen Animationen vorgeführt wird? Die Frage kann wohl nur subjektiv beantwortet werden.

Auch Packard ist sich bei dem Versuch, verschiedene Obsoleszenz-formen zu definieren, bereits der Tatsache bewusst, dass die Gren-zen dazwischen nicht immer eindeutig zu ziehen sind. So wie heute alle Röhrenfernseher durch Flachbildschirmfernseher ersetzt wer-den, waren es um 1960 die Musikanlagen, die auf Stereo umgestellt wurden. Eigentlich ein klarer Fall von funktioneller Obsoleszenz: Stereo ermöglichte ein neues, räumliches Hörerlebnis. Und wer Stereo hören wollte, musste sich eben ein neues Abspielgerät kaufen. Nur der Zeitpunkt war erstaunlich: Das Patent für die neue Technik war bereits 1931 angemeldet und die Rechte daran kurz danach erwor-ben worden. Nun war es, ein paar Jahrzehnte später, als jeder einen »normalen« Plattenspieler hatte, offenbar endlich Zeit, das Prinzip Stereo zu Marktreife weiterzuentwickeln. Um Wachstum zu sichern oder vielmehr zu steigern, musste ein umwälzendes neues Erzeugnis her, das den Handel dazu bewegte, die Absatzwege frei zu machen. Entscheidend war, dass es bisherige Geräte alt aussehen ließ und ihre Besitzer davon überzeugte, ein neues Hi-Fi-Gerät anzuschaffen.[11]

Nun spielt es bei einem Fall von funktioneller Obsoleszenz im Grunde keine Rolle, was sie ausgelöst hat; Hauptsache, die technische Inno-vation erfüllt besser unsere Ansprüche. Trotzdem sieht die Sache etwas anders aus, wenn die Ursprungsmotivation aus der Vertriebs-abteilung kommt und nicht aus der Produktentwicklung. Schon Packard fällt auf, dass die Einführung der neuen Stereotechnik in so vielen Zwischenschritten bis zur ausgereiften Verbesserung er-folgt, dass der Takt offensichtlich eher von Marketingspezialisten als von Ingenieuren vorgegeben wird. Das neue Produkt wird in einer Art Salamitaktik eingeführt, wobei die scheibchenweise präsentier-ten Neuerungen jeweils eine neue Veralterungswelle auslösen.

Man muss nicht lange suchen, um weitere Beispiele für funktionelle Obsoleszenz zu finden, bei der sich eine Innovation nicht einfach gegen ältere Technologie durchsetzt, sondern gleichzeitig im Sinne weniger durchschaubarer Veralterungsstrategien genutzt zu werden scheint: Was wurde eigentlich aus dem 3-Liter-Auto als Standardmodell? Die Hersteller versprechen seine Einführung schon seit der Ölkrise in den 1970ern. Jedoch scheinen nicht einmal die Verschärfung der ökologischen Standards und die ständig steigenden Spritpreise Anreiz genug dafür zu bieten. Ob da eine bereits gemachte Innovation zurückgehalten wird und warum, bleibt Gegenstand von Spekulationen. Dass große, schwere Modelle, die viel Sprit schlucken, teurer sind und darum damit für die Unternehmen mehr Geld zu verdienen ist als mit einem eher kleinen Auto, ist jedenfalls leicht nachvollziehbar.

Richtig kompliziert wird es auf dem Softwaremarkt. Wir werden ununterbrochen von einem nicht abreißenden Strom neuer Software und Updates überschwemmt. Ständig müssen Browser, Programme, Betriebssysteme aktualisiert werden bzw. aktualisieren sich automatisch. Da Alt und Neu oft nicht miteinander kompatibel sind, kann es passieren, dass alles erneuern muss, wer eines erneuert – bis hin zur Hardware. Vielleicht muss ein neuer Drucker gekauft werden, weil es für den alten keinen Treiber mehr gibt, der auf dem neuen Rechner laufen würde. Oder ein seit fünf Jahren in seiner Softwarekonfiguration tadellos funktionierender Computer wird ausgetauscht, weil ein neuer Browser her muss, um aktuelle Internetseiten noch problemlos aufrufen zu können; der neue Browser aber funktioniert nur auf einem neueren Betriebssystem, und für dieses wiederum genügt der Speicher des Rechners nicht mehr.

Selten macht man sich vor einer Neuanschaffung Gedanken darüber, für welche Anwendung genau man jetzt auf den neuen Core i7-Prozessor umsteigen muss. Von der Komplexität der Sachlage kann man sich im entsprechenden Wikipedia-Artikel überzeugen: Man könne nicht sagen, »dass Core i7-CPUs generell schneller sind als Core i5, oder dass Core-i5-CPUs generell schneller sind als Core i3«. Zudem würden »alle Prozessoren mit der Zeit aktualisiert, sodass neuere Prozessoren mit kleinerem Modellnummernsuffix sogar erheblich schneller sein können als ältere mit dem höheren Modellnummernsuffix.«[12] Alles klar! In diesem Bereich hat der Normalverbraucher längst vor der schier unmöglich scheinenden Aufgabe kapituliert, zu erkennen, wann er von dem propagierten funktionellen Obsoleszenzschritt tatsächlich profitiert. Anstatt sich zu freuen über all die schönen Neuheiten, die ihm immer noch mehr Möglichkeiten bieten, fühlt er sich zuweilen ohnmächtig dem unbarmherzigen Rhythmus immer schnellerer Innovationszyklen ausgeliefert. Dass die Computer, mit denen die erste Mondlandung berechnet wurde, weniger Speicherkapazität hatten als eine digitale Grußkarte von heute, man also mit sehr bescheidenen Mitteln relativ große Dinge vollbringen kann, ist vergessen.

Bei Packards zweiter Kategorie, der qualitativen Obsoleszenz, stellt sich nicht die Frage, ob zu dem Ziel der Verbesserung zusätzlich womöglich noch der Wunsch kommt, die Umsätze zu optimieren. Hier geht es eher um etwas, was man auch grob als Sabotage bezeichnen könnte: Eine Fehlfunktion, ein Verschleiß wird absichtlich und wohlgeplant herbeigeführt. Wenn eine Ware mit einer »Sollbruchstelle« versehen wird, die für eine Verkürzung der Lebensdauer sorgt, liegt demgemäß im Prinzip eine eindeutige Form der Obsoleszenz vor.

Aber auch diese hat ihre Tücken. Das Hauptproblem besteht darin, wie sich so eine absichtliche Manipulation nachweisen lässt. Kein Hersteller wird eine künstliche Verkürzung der Lebensdauer seiner Produkte zugeben, wenn es sich irgendwie vermeiden lässt. Selbst wenn doch einmal der Nachweis geführt werden kann, dass zum Beispiel Glühbirnen früher als nötig durchbrennen, weil ein Kartell zu diesem Zweck bestimmte Absprachen getroffen hat, ist das zwar ein gut dokumentiertes Beispiel dafür, wie die Lebensdauer eines Produktes künstlich verkürzt wird. Aber was nützt das, wenn sich nichts ändert, nachdem die Verabredungen unter den Produzenten aufgeflogen sind? Dass Kartellabsprachen weitestgehend verboten sind, bedeutet leider nicht automatisch, dass sie deswegen nicht mehr existieren. Sollte es zum Beispiel interne Absprachen zwischen

Elektrokonzernen und Stromnetzbetreibern oder zwischen Autoherstellern und Erdölkonzernen geben, ist es äußerst wahrscheinlich, dass man nichts davon erfährt. Und wenn eine solche »Sollbruchstelle« doch einmal auffliegt, ist sie damit weder zugegeben noch behoben.

An der Fortsetzung der Geschichte um den Zählchip in Marcos López' Drucker aus dem ersten Kapitel lassen sich die Mechanismen der qualitativen Obsoleszenz gut studieren. Nachdem Marcos die bewusst eingebaute Funktionsstörung entdeckt hat, reagiert der Druckerhersteller nicht etwa zerknirscht oder gar mit einer Entschuldigung. Er geht vielmehr mit einer Erklärung in die Offensive, die beweisen soll, dass alles nur zum Besten des Kunden genauso konstruiert worden ist: Der Zählchip sei nichts anderes als eine Maßnahme zum Schutz des Verbrauchers, weswegen der Zähler offiziell auch *protection counter* heißt, »Schutzzähler«. Sobald die Fehlermeldung auftaucht, sei es eben an der Zeit, nachzuschauen, ob der Schwamm, der die überflüssige Tinte auffängt, voll ist und die Gefahr besteht, dass Tinte austritt und den Schreibtisch befleckt.

So weit, so einleuchtend. Nur zeigt der Drucker diese Erläuterung nicht an. Er fordert den Nutzer nicht dazu auf, wahlweise selber den Zustand des Schwammes zu überprüfen oder sich damit an den Kundendienst zu wenden. Je nach Modell blockiert er einfach und weigert sich, zu drucken – entweder ohne jegliche Information, oder es erscheint ein einigermaßen geheimnisvoller Text wie *parts inside the printer have reached the end of their service life* – »Teile im Druckerinneren haben das Ende ihres Lebenszyklus erreicht«. Eine wirkliche Schutzfunktion würde eher eine Meldung wie »Bitte Schwamm überprüfen« anzeigen. Den könnte dann jeder selbst austauschen, sobald er voll ist. Auch im Benutzerhandbuch wird das Thema nicht erwähnt.

Es kommt noch besser. Mike Gurman war als Informatiker einige Jahre lang in einer Firma zuständig für die Wartung der vielen Drucker, die dort im Einsatz waren. Er benutzte, um sie zum Weiterdrucken zu überreden, immer die russische Entsperrungs-Freeware. Für eine Videoanleitung zur Behebung des »Kleinen schmutzigen

Geheimnisses von Tintenstrahldruckern«, die er selber erstellte, beschäftigte er sich intensiv mit der Problematik.[13] Dabei machte er eine interessante Entdeckung: Tatsächlich war der Schwamm meist erst voll, nachdem er zum sechsten Mal auf null zurückgesetzt wurde. Offenbar war der Hersteller wirklich sehr besorgt um mögliche Tintenflecken auf dem Schreibtisch seiner Kunden und ging darum extrem auf Nummer sicher. Er hätte dazu natürlich auch eine kleine Klappe einbauen können, sodass der Kunde selbst ab und zu die Watte austauschen kann. Aber vielleicht wollte er seinem Kunden diese Mühe einfach ersparen.

Für viele Verbraucher sind Fehlermeldungen inzwischen das eingeübte Signal zum Neukauf. Beim Kundendienst nachzufragen oder etwas reparieren zu lassen ziehen viele gar nicht mehr in Betracht. Wie die Erfahrung von Marcos zeigt, ist das vielleicht auch die richtige Entscheidung. Denn wer mit einer diffusen Fehlermeldung zum Kundendienst geht, trifft dort nicht selten auf Personal, das auch nicht weiß, wie es weiterhelfen kann. Ist der Verbraucher nicht sofort davon zu überzeugen, dass eine Reparatur unrentabel sei, folgt ein Kostenvoranschlag, der weit über die Kosten eines neuen Druckers hinausgeht. Für den Film *Kaufen für die Müllhalde* wurde die Probe aufs Exempel gemacht: Nicht einer der befragten Techniker wusste, worum es sich handelte. Einer davon bat nach Aufklärung des Sachverhalts um den Link für die russische Software.[14]

Angenommen, ein Techniker erkennt das Problem und der Kunde ist bereit, die Reparaturkosten zu zahlen, kann der Techniker im *technical manual*, dem Handbuch nur für den Kundendienst, erfahren, wie der Schwamm (ein Stück Watte) zu erneuern ist. Aber anders als die russische Freeware erlaubt die mitgelieferte, firmeneigene Software es dem Techniker nicht, nach dem Wechseln des Schwammes den Zähler wieder komplett auf null herunterzufahren, sondern seltsamerweise nur auf die Hälfte.

Warum sich der Schwamm überhaupt so schnell mit Tinte füllt, ist ebenfalls eine interessante Frage. Tatsache ist, dass beim Reinigen der Druckerdüsen bis zu 25 Prozent des Inhalts einer neuen Patrone im Schwamm landen anstatt auf dem Papier. Die Hersteller sagen, dies sei notwendig, um ein optimales Druckergebnis zu erreichen. Wer will dem schon widersprechen und behaupten, es diene vielmehr dazu, die teuren Tintenpatronen möglichst schnell zu leeren? Energiebewusste Nutzer, die nach dem Drucken nicht nur Abschalten, sondern auch den Stecker ziehen, verlieren übrigens besonders viel Tinte, da der Drucker nach vollständiger Trennung vom Stromnetz beim Wiedereinschalten jedes Mal eine tintenintensive Komplettreinigung vornimmt.

Auch die Geschichte des Zählchips ist mit seiner Entdeckung nicht am Ende. Eine Zeitlang schien es fast, als spielten Druckerhersteller und russischer Programmierer das Wettrüsten aus dem Kalten Krieg nach: Der Hersteller implementierte den ersten Chip, woraufhin im Internet die Freeware erschien, womit sich der Drucker wieder »freischalten« ließ, um weiterzudrucken. Das Folgemodell hatte dann eine leicht abgewandelte Programmierung, also musste der Russe eine neue Version schreiben. So ging es jahrelang weiter, über vierzig oder fünfzig Modelle. Aber der Hersteller lernte dazu und verschaffte sich einen Vorsprung. Während die ersten Programme von Kiselev den Zähler noch komplett auf null herunterfahren konnten, gelang es mit späteren Versionen nur noch, den Zählerstand einzufrieren. Und das musste geschehen, bevor der Zähler den Anschlag erreichte; danach war nichts mehr zu machen.

Heute ist der Chip nicht mehr im Drucker eingebaut, sondern in den Tintenpatronen. Sie melden, dass sie leer seien, wenn noch bis zu 30 Prozent Tinte darin enthalten ist. Je nach Modell und Druckermarke bekommt man eine Warnung, oder der Drucker wird gleich blockiert. Zählt man zu den nicht nutzbaren 30 Prozent noch die 25 Prozent Tinte dazu, die beim Düsenreinigen verlorengehen, hat man eine Vorstellung, wie viel Tinte zum Drucken übrig bleibt.

Dass solche Machenschaften kein Einzelfall sind, aber schwer zu entdecken und zu belegen, bestätigte in den 1990er-Jahren auch der Obsoleszenz-Forscher Manuel Zalles-Reiber, als er für seine Dissertation am Institut für Absatzwirtschaft in München unter anderem Vance Packards Kategorie der qualitativen Obsoleszenz einer kritischen Revision unterzog. Sein Fazit: »Obwohl es unbestritten ist, dass die Hersteller die Lebensdauer der Produkte durch die Manipulation der inneren Produktqualität beeinflussen und verkürzen können, ist es bisher noch nicht gelungen, ihnen solche Politik empirisch nachzuweisen. Die Gründe dafür liegen unter anderem darin, dass die Unternehmen über solche Verfahrensweisen strenge Geheimhaltung praktizieren und überdies niemals freiwillig zugeben würden, dass sie für die Müllhalde produzieren. Stattdessen werden die Verschleißvorwürfe von der Industrie in der Regel als konsumeristische Hysterie oder bloße sozialkritische Einbildung abgetan und nachgewiesene Qualitätsminderungen als kosten- und wettbewerbsbedingte Maßnahmen gerechtfertigt.«[15]

Qualitative Obsoleszenz muss aber nicht immer in Geheimabsprachen verabredet worden sein oder auf gezielt eingebauten Sollbruchstellen beruhen. Dass ein Erzeugnis vorzeitig seine Dienste versagt, kann auch, wie schon Packard bemerkte, an der überhasteten Produktion liegen, die der Zwang, jedes Jahr ein neues Modell herauszubringen, mit sich bringt: »Vielleicht hat man an dem Erzeugnis selbst gespart, um die Werbungs- und Vertriebskosten herauszuholen. Oder man hat ganz einfach Schleuderware hergestellt.«[16]

Die Erkenntnis ist bis heute gültig. Ärgerliche Verschleißteile gehören zum Alltag. Man kann viel darüber philosophieren, woran das liegt – und tut es bisweilen auch recht gern. Ob nun der Wille zur Gewinnmaximierung dahintersteckt oder die Hersteller nur die Produktionsbedingungen ihren knappen Kalkulationsspielräumen anpassen: Wer seit Langem Autobesitzer ist und womöglich über Jahre der gleichen Marke treu bleibt, kennt mit der Zeit die Schwachstellen des bevorzugten Modells. Mal ist es der Auspuff, mal die Zündkerze, die vorzeitig den Geist aufgibt. Man lernt, mit diesen Handicaps umzugehen.

So erzählt ein ehemaliger Spediteur aus Süddeutschland, wie ihm in den 1980er-Jahren auffiel, dass bei allen Lieferwagen seines Fuhrparks nach einer gewissen Zeit das Gleiche passierte: Der Auspuff rostete durch. Als Unternehmer, der für pünktliche Lieferungen auf zuverlässige Fahrzeuge angewiesen war, ließ er von da an bei allen neuen Wagen direkt nach dem Kauf haltbare Alternativen einbauen.

Schon verlängerte sich die reparaturfreie Zeit der Fahrzeuge um ein Mehrfaches – weil er an einer Stelle investierte, wo der Hersteller gespart hatte.

Heute klingt das schon wie eine Geschichte aus der Vorzeit. Die elektronisch hochgerüsteten Wagen der Gegenwart bieten immer weniger Möglichkeiten, selbst Hand anzulegen; das gilt zunehmend sogar für Automechaniker. Selbst das Wechseln einer Scheinwerferbirne ist bei manchen Modellen zu einem komplexen Vorgang geworden. Und wer weiß, vielleicht sind auch die Automobilhersteller schon auf die Idee gekommen, einen *protection counter* in ihre Modelle einzubauen.

Die Möglichkeiten für die Implementierung qualitativer Obsoleszenz sind mit zunehmendem Elektronikeinsatz in allen Bereichen gewachsen. Und in der Regel sind solche Maßnahmen, wenn auch selten nachweisbar, geplant. Deshalb wird diese Form der Obsoleszenz oft als »geplante Obsoleszenz« bezeichnet. Doch zum einen würde diese Gleichsetzung die Arten von Sabotage ausschließen, die nicht auf dem gezielten Einbau einer Sollbruchstelle, sondern auf einer Materialschwäche beruhen, die durch eine – aus welchen Gründen auch immer – minderwertige Produktion billigend in Kauf genommen wird. Und zum anderen kann man ein wohlgeplantes Vorgehen mindestens ebenso gut bei Packards dritter und letzter Obsoleszenzkategorie unterstellen.

»Obsolescence of desirability« wird in der deutschen Ausgabe von *The Waste Makers* mit »psychologische Obsoleszenz« übersetzt. Eine wörtlichere Übersetzung wäre: Das Veralten des Ersehnten oder Begehrten. Maßnahmen, die das bewirken sollen, müssen die Bereitschaft des Konsumenten wecken, sein erworbenes Produkt durch ein neues zu ersetzen, obwohl es noch voll funktionsfähig ist. Mit der psychologischen Obsoleszenz befinden wir uns also auf dem Feld von Werbung, Marketing und PR. Das Augenmerk liegt nicht auf der Veränderung des Materials durch Innovation oder Sabotage, sondern auf der Beeinflussung der Psyche des Konsumenten.

Die psychologische Obsoleszenz nimmt in gewisser Weise eine Sonderstellung ein. Zum einen wird sie ganz konkret eingesetzt, um

Kunden dazu zu bringen, völlig intakte Geräte, Möbel, Kleidung u.a.m. auszumustern. Darüber hinaus bringt sie Menschen aber auch dazu, so etwas wie Obsoleszenz überhaupt zu akzeptieren. Sie arbeitet sozusagen ständig an der passenden mentalen Einbettung der jeweiligen Obsoleszenzstrategien. Deshalb macht sich bei der psychologischen Obsoleszenz besonders stark bemerkbar, dass die verschiedenen Obsoleszenzarten in der Praxis selten fein säuberlich getrennt voneinander auftreten, sondern in allen möglichen Kombinationen. Jede Innovation wird in der Regel von Werbung begleitet und kann auch mit Sollbruchstellen versehen sein. Die psychologische Obsoleszenz ist in diesem Zusammenspiel oft für die große Rahmenerzählung zuständig.

Ihre Wirksamkeit ist so interessant, weil bei der psychologischen Obsoleszenz alle Fäden zusammenlaufen. Insofern interessieren in diesem Zusammenhang ein paar zentrale Fragen: Wie erzeugt man eine positive Haltung zu Obsoleszenz und bringt Menschen dazu, bei der großen Verschwendung mitzumachen? Wie emotionalisiert man ein Produkt? Und wie wirken alle drei Obsoleszenzarten in der Praxis zusammen?

Fangen wir mit dem Grundsätzlichen an. Warum lassen Menschen sich so etwas wie geplante Obsoleszenz eigentlich gefallen? Es ist noch gar nicht so lange her, da wäre es als absurdes Ansinnen aufgefasst worden, wenn man Menschen dazu zu überreden versucht hätte, Dinge wegzuwerfen, die sie noch benutzen konnten. Mindestens bis weit in die 1960er hinein war es in Deutschland üblich, das, was man besaß, pfleglich und mit einer gewissen Achtung für das Material zu behandeln. Und eine ähnliche Sorgfalt aufseiten der Produzenten wurde mehr oder weniger selbstverständlich vorausgesetzt. Je weiter sich das Wirtschaftssystem ausdifferenzierte und je größer die Strukturen wurden, die es hervorbrachte, desto mehr begann diese Haltung jedoch zum Problem zu werden.

Ein wahrhaft nachhaltiger Umgang mit Gegenständen, die man für Geld erwirbt, ist auf Dauer nicht mit einer auf Wachstum beruhenden Massenproduktion kompatibel. Das war den Vordenkern dieser neuen Wirtschaftsweise früh klar. Ebenso klar wurde allerdings schnell, dass ein allgemeiner Aufruf zur Verschwendung bei den Konsumenten auf massives Unverständnis gestoßen wäre. Kein Wunder, dass der im vorigen Kapitel vorgestellte Obsoleszenzpionier Bernard London Anfang der 1930er-Jahre sicherheitshalber lieber den Gesetzgeber einschalten und allen Ernstes eine Wegwerfpflicht installieren wollte.

Andererseits wuchs aufseiten der Befürworter einer Wegwerfgesellschaft das Selbstbewusstsein. Das zeigte sich, als es eine Krise wie die Große Depression zu überwinden galt. Da äußerte sich Earnest Elmo Calkins, Marketingguru der 1930er, unverhüllt und unmissverständlich: »Man überredet die Menschen, sich von alten Dingen zu trennen und neue zu kaufen, um mit der Zeit zu gehen. Kann man darin eine betrübliche Verschwendung sehen? Durchaus nicht. Wohlstand wird nicht dadurch bewirkt, dass man Dinge aufträgt, sondern dass man welche kauft. In unserer industriellen Gesellschaft besteht Wirtschaftlichkeit darin, dass man alle Fabriken in Gang hält.«[17]

Damals zählte Calkins mit dieser Haltung noch zur Avantgarde. Bei den Konsumenten machte er sich damit keine Freunde. Um das zu ändern, um einen gewissen Verschwendungswillen überhaupt erst zu etablieren, galt es einen neuen Hebel anzusetzen: die Emotion. Wer ungebremst und in immer weiter sich erhöhenden Mengen Gegenstände für die Massen produzieren wollte, war und ist darauf angewiesen, dass der potenzielle Konsument seine Entscheidungen weniger vom Verstand als vom Gefühl bestimmen lässt. Davon hängt es ab, ob ein Produkt ein »Must-have« wird: etwas, das der Kunde oder die Kundin unbedingt haben will.

Die Spin-Doktoren der Massenproduktion setzen nicht als Erstes bei den positiven Gefühlen an. Als besonders geeignet erachteten sie zunächst vielmehr das Gefühl der Angst – und zwar die Angst um Arbeitsplätze. Mit der Großen Depression hatten alle erlebt, was der Verlust von Arbeitsplätzen bedeutete. Also galt es, in den Köpfen der Menschen einen Glauben fest zu verankern: Die einzig wirksame Versicherung gegen die Arbeitslosigkeit ist Wachstum, und Wachstum ist nur dann zu gewährleisten, wenn alle kräftig konsumieren.

Nach und nach prägte sich dieser Kausalzusammenhang wie selbstverständlich ins Bewusstsein der Bevölkerung ein. Einen wichtigen Meilenstein bildete dabei die Tatsache, dass in den Fünfzigern auch die Gewerkschaften auf die Überzeugung einschwenkten, dass Sparsamkeit und langlebige Produkte letztlich auf Kosten von Arbeitsplätzen gehen.

Im Grunde hat sich daran bis heute nichts geändert. Im Dezember 2012 schreibt die *Welt*: »Nach der angekündigten Schließung des Bochumer Opel-Werks fordern Gewerkschaft und Betriebsrat Arbeitsplatzgarantien für die übrigen Standorte von mindestens vier Jahren.«[18] Die Schließung des Standorts war unter anderem mit den hohen Überkapazitäten in der Autobranche begründet worden. Ganz abwegig scheint die Argumentation nicht: Sollte es tatsächlich so sein, dass die Automärkte in Westeuropa nach Jahrzehnten kontinuierlichen Wachstums schrumpfen – sei es aufgrund ökologischer Vernunft oder ökonomischer Notlage –, dann stellt sich die Frage, worin sich die Daseinsberechtigung eines Autowerks begründet außer in dem Wunsch nach sicheren Arbeitsplätzen. Wenn die Gewerkschaft auf Jahre hinaus sichere Arbeitsplätze fordert, fordert sie in der Logik unserer Wachstumswirtschaft indirekt zu einem höheren »Verbrauch« bei Automobilen auf. Böswillig interpretiert, zeigen sich da die Mechanismen einer besonderen Form von Planwirtschaft, deren Plansoll eben auch auf der Abnehmerseite erfüllt werden muss. Die Drohung mit Arbeitsplatzverlust wirkt also bis heute bestens. Und die Überzeugung, dass Arbeit und damit Lohn und Brot nur durch Wachstum garantiert werden können, ist ebenso fest in unseren Köpfen verankert. Bernard Londons Einführung eines vorgeschriebenen »Verfallsdatums« für Gegenstände mag empörend klingen – für eine aus den eigenen Steuergeldern finanzierte Prämie für das Zerstören von fahrtüchtigen Autos bei gleichzeitigem Kauf eines Neuwagens dagegen haben wir mehr Verständnis. Wir haben uns längst damit abgefunden, dass Konsumieren Bürgerpflicht ist.

Letzte Widerstände dagegen, gar nicht so Altes für neue Verlockungen auszumustern, werden in den USA zur Zeit des Zweiten Weltkriegs mit einem anderen Instrument behandelt. Dem negativen Gefühl der Angst vor der Entlassung wird ein positiv aufgeladenes an die Seite gestellt, zur Argumentationskeule »Kein Konsum, keine Arbeit« gesellt sich die leuchtende Fackel des Patriotismus. Die Kombination dieses Motivs mit Obsoleszenz lässt sich geradezu paradigmatisch am Beispiel der Nylonfaser zeigen.

Vor den Nylons trugen Frauen Seidenstrümpfe. Je kürzer die Röcke in den 1920ern wurden, desto sichtbarer und wichtiger wurde auch dieses Accessoire. Die Nachfrage stieg und die Produktion entsprechend. 90 Prozent der Seide – denn es handelte sich um echte Seidenstrümpfe – wurde aus Japan in die USA importiert, was in der Importbilanz mit 100 Millionen Dollar (nach heutiger Kaufkraft ca. 1,2 Milliarden Dollar) zu Buche schlug. Nach der Weltwirtschaftskrise, die Japan hart traf und Seide für viele Amerikanerinnen unerschwinglich machte, stiegen die Seidenimporte wieder. Allerdings waren sie inzwischen unerwünscht – aus politischen Gründen. Die USA wollten nicht indirekt Japans militärische Intervention in China mitfinanzieren, eine Ersatzfaser für japanische Seide wurde dringend herbeigesehnt.

Die Innovation wurde benötigt als Grundlage für eine funktionelle Obsoleszenz der japanischen Seide, damit sie die US-amerikanische Konjunktur ankurbeln würde. Darüber hinaus wurde damit der Boden bereitet für eine neue Form der psychologischen Obsoleszenz: die Ausmusterung einer Ware aus patriotischem Pathos.[19] Zur Freude der Patrioten wurde der neue Wunschstoff tatsächlich fast zeitgleich erfunden.

Das Chemieunternehmen DuPont, Anfang des 19. Jahrhunderts als Sprengstoffhersteller gegründet, entwickelt 1934 unter dem Namen Fiber 66 eine Kunstfaser, die das Zeug zu einem echten Seidenersatz hat. Kurz nachdem das Tragen von Strümpfen aus japanischer Seide dank entsprechender Kampagnen so verpönt ist, dass die Frauen sogar eindeutig minderwertigere Stoffe als Ersatz akzeptieren, bringt DuPont Fiber 66 zur Marktreife. Der Markt ist durch die politische Ablehnung von Importseide gut vorbereitet, dennoch will DuPont bei der Einführung des neuen Gewebes nichts dem Zufall überlassen. Um einen Materialnamen zu finden, der den Kundinnen auch gefallen wird, werden sie daran beteiligt: Erstmals wird eine empirische Marktforschung durchgeführt, bei der verschiedene Vorschläge ausgewählten Fokusgruppen vorgelegt werden. Obwohl die befragten Frauen sich für den Namen Norun aussprechen (von »no run« – »keine Laufmasche«), entscheidet sich die Namensfindungskommission für Nylon. Eine kluge Entscheidung, wie sich später herausstellt.

Im Februar 1939 gibt DuPont die ersten Nylonstrümpfe an seine weiblichen Angestellten aus – mit der Auflage, sie in einem Fragebogen zu bewerten. Bei einem ersten lokalen Testverkauf in Wilmington, Delaware, gehen innerhalb von drei Stunden 4.000 Paar Strümpfe über die Ladentheke, und als am 15. Mai 1940 Nylonstrümpfe landesweit in den Handel kommen, stehen Tausende Schlange, um die neuen Wunderstümpfe von DuPont zu ergattern. »Niemals zuvor hatte ein neues Produkt einen derartig unmittelbaren Erfolg. In den ersten sechs Monaten wurden 36 Millionen Paar Strümpfe produziert und verkauft. 1941 waren es bereits 102 Millionen Paar«, so der kanadische Obsoleszenzforscher Giles Slade.[20]

In der Wochenzeitschrift *The New Yorker* erscheinen Karikaturen von Frauen, die Strumpfgeschäfte überfallen oder ihre im Garten zum Trocknen aufgehängten Nylons mit dem Gewehr auf dem Schoß bewachen. Zu höchsten Ehren als Siegerin über die japanische Seide kommt Nylon jedoch 1942, nach dem Angriff auf Pearl Harbour. Da weht auf dem Weißen Haus eine Flagge aus Nylon, ein Symbol für Amerikas industrielle Überlegenheit und Unabhängigkeit. Die Kombination aus funktioneller und psychologischer Obsoleszenz, Innovation und patriotischem Marketing scheint unschlagbar. Aber gerade der Erfolg bringt bereits die Dritte im Bunde, die qualitative Obsoleszenz, in Sichtweite.

Anfangs sind die Nylons recht dick und äußerst haltbar. Die Chemiker von DuPont sind mit Recht stolz auf ihre Erfindung. Sogar Männer preisen die Reißfestigkeit der Nylonstrumpfhosen. Vielleicht, weil man im Fall der Fälle damit zur Not auch einen Wagen abschleppen kann – ein ungeahnter Vorteil, der von Marketingabteilungen international ausgereizt wird. Im deutschen Werbespot für Uhli Strümpfe aus dem Jahr 1954 stoppt ein Kavalier hilfsbereit an der Landstraße, um einer mit dem Cabriolet gestrandeten, blondgelockten Dame zu helfen. Höhepunkt des Spots ist das Abstreifen der Nylonstrümpfe der Fahrerin, die anschließend dem Kavalier dazu dienen, ihr Auto abzuschleppen. Sogar in Frankreich wird ganz darauf verzichtet, an die romantische Vergangenheit des Seidenstrumpfs als intimen Luxusartikel anzuknüpfen. Die männlichen Protagonisten der Reklame haben den Nylonstrumpf schon zur Hand – womöglich aus der Werkzeugkiste? –, und schleppen damit einen schweren, ölverschmierten Wagen ab, der eher dem Arbeitstier von Henry Ford ähnelt als einem Wagen, mit dem eine Romanze beginnen könnte.

Die strapazierfähige Strumpfhose galt also an allen Fronten als großer Fortschritt. Dank funktionaler und psychologischer Obsoleszenz war die japanische Seide in ein Nischendasein abgedrängt. Aber die ungetrübte Freude war von kurzer Dauer.

Wie schon bei General Motors gesehen, geht es bei der Obsoleszenz nicht vorrangig nur darum, einen Konkurrenten aus dem Weg zu räumen, sondern darum, den Konsum insgesamt zu beschleunigen. Ewig haltende Feinstrumpfhosen entfalteten da schnell eine kontraproduktive Wirkung. Bald stellte sich also die Frage, wie man die Frauen dazu bringen konnte, sich mehr und öfter Nylonstrümpfe zu kaufen. Eine naheliegende Antwort war, die Lebensdauer der Nylons zu verkürzen.

Zufälligerweise gehört Nicols Fox, die so entzückende Beschwerdesonette über die kurze Lebensdauer von Taschenlampen schreibt, zu den Zeitzeugen, die den Einzug der qualitativen Obsoleszenz in die Nylonproduktion aus nächster Nähe miterlebt haben. Ihr Vater arbeitete vor und nach dem Krieg bei DuPont in der Nylonabteilung, und er gehörte zu den Kollegen, deren Frauen und Freundinnen die neu entwickelten Strümpfe ausprobieren sollten. So wurde Nicols' Mutter eine der Testpersonen für DuPont. »Anfangs war sie ganz begeistert, wie robust die waren«, erinnert sie sich. »Die Frauen waren sehr froh darüber, keine Laufmaschen mehr zu bekommen.«

In ihrem Freundeskreis sind immer noch ein paar Exemplare der ewigen Strümpfe ihres Vaters unterwegs. Dicke Textur und Optik des noch ungefärbten, grünlichen Materials hin oder her, die Haltbarkeit des inzwischen siebzig Jahre alten Teststrumpfs ist beeindruckend. Genau das wurde dann zum Problem, denn leider hieß es auch, dass die Strumpfhosenhersteller nicht so viele davon verkaufen konnten. Also erhielten der Vater von Nicols Fox und seine Kollegen von DuPont neue Instruktionen: »Die Männer in seiner Abteilung mussten zurück ans Zeichenbrett und versuchen, die Fasern so abzuwandeln, dass es wieder Laufmaschen gab und die Strümpfe nicht so lang hielten.«

Der Chemiker Michael Braungart erläutert, wie sich die Haltbarkeit einer Strumpfhose recht einfach verkürzen lässt: »Eine Strumpfhose besteht nicht nur aus Nylon, sondern auch aus Zusatzstoffen, die das Nylon zum Beispiel gegen das UV-Licht der Sonne stabilisieren. Jetzt kann man die Menge dieser Zusatzstoffe einfach variieren. Wenn man wenig Zusatzstoffe oder gar keine zugibt, dann werden diese Strumpfhosen von der Sonne oder vom Sauerstoff der Luft zerstört und reißen wesentlich leichter. Man kann sozusagen den Zerfall, die Zerstörung einplanen.« So kamen die Laufmaschen zurück. Welch weise Voraussicht, die Faser nicht Norun genannt zu haben, sondern Nylon.[21]

Die verminderte Haltbarkeit blieb natürlich nicht unbemerkt. Carme Devesa, pensionierte Besitzerin eines Kurzwarenladens im katalanischen Küstenort Mataró, ließ in ihrem aktiven Arbeitsleben einen ganzen Trupp Hausfrauen in Heimarbeit die Laufmaschen von Nylonstrümpfen wieder hochziehen; ein beliebter Nebenverdienst, den in den 1950er- und 1960er-Jahren unter anderen auch Friböre anboten. So konnte sie die Entwicklung gut verfolgen: »Das vollzog sich schrittweise. Die Strumpfhosen waren nicht von einem Tag auf den anderen plötzlich von miserabler Qualität. Erst nach und nach wurden die Strumpfhosen immer feiner und empfindlicher.«

Die Geschichte vom dauerhaften Faden und wie er aus den Fabriken verschwand, wurde sogar Kinostoff. In dem britischen Filmklassiker von 1951 *The Man in the White Suit* (deutsch: *Der Mann im weißen Anzug*) erfindet ein junger Chemiker, gespielt von Alec Guinness, eine strahlend weiße, schmutzabweisende Faser von praktisch unzerstörbarer Qualität. Er glaubt, eine Entdeckung gemacht zu haben, die die Textilindustrie revolutionieren wird – und, ganz nebenbei, seine Erfolgsaussichten bei dem örtlichen Fabrikbesitzer verbessern, wenn er um die Hand seiner Tochter anhält. Der weiße Anzug, den er sich aus dem neuen Stoff nähen lässt, um seine Vorzüge zu präsentieren, trifft jedoch keineswegs auf einhellige Begeisterung. Im Gegenteil, schon bald ist der Erfinder in der satirischen Komödie auf der Flucht – nicht nur vor den Fabrikanten, sondern auch vor den Arbeitern, die um ihre Jobs fürchten. Selbst eine arme Waschfrau beschwert sich bitter bei ihm: »Und was soll aus meinem kleinen Korb Wäsche werden?« Ganz selbstverständlich solidarisieren sich Groß und Klein, der Industrieboss bis zum Arbeiter, als Schicksalsgemeinschaft, deren Heil im schnellen Verschleiß liegt – und die deshalb gegen den langlebigen Stoff kämpfen muss, als wäre es Frankensteins Monster.

1 *Sales Management*, 6.5.1960, zit. nach: Vance Packard, *Die große Verschwendung*, Düsseldorf 1961, S. 24
2 Packard, *Verschwendung*, a.a.O., S. 23
3 ebd., S. 17f
4 Steffi Unsleber, »Ein Bund fürs Leben. Firmen zielen mit ihrem Marketing zunehmend auf Kleinkinder«, in: *sonntaz*, Nr. 18./19., 2012, S. 32
5 Im Originalzitat lautet der Slogan »Buy days mean paydays, and paydays mean better days … So buy, buy! … something that you need today.« (Vance Packard, *The Waste Makers*, New York 2011, S. 37)
6 Packard, *Verschwendung*, a.a.O., S. 37
7 Paul Mazur, *The Standards We Raise*, New York 1953, S. 134f
8 Packard, *Verschwendung*, a.a.O., S. 39
9 ebd., S. 41
10 ebd., S. 73
11 ebd., S. 74
12 http://de.wikipedia.org/wiki/Intel-Core-i-Serie
13 Der Videoclip ist online zu finden auf www.atomicshrimp.com/st/content/inkjet_printer
14 http://ssclg.com/epsone.shtml
15 Manuel Zalles-Reiber, *Produktveralterung und Industrie-Design*, München 1996, S. 73f
16 Packard, *Verschwendung*, a.a.O., S. 77
17 Earnest Elmo Calkins, »What Consumer Engineering Really is«, in: Roy Sheldon,

Egmont Arens (Hg.), *Consumer Engineering: A New Technology for Prosperity*, New York 1976, S. 17

18 »Opel-Betriebsräte fordern langjährige Jobgarantie«, in: *Die Welt*, 13.12.2012, www.welt.de/wirtschaft/article111987205/Opel-Betriebsraete-fordern-langjaehrige-Job-garantien.html

19 vgl. Giles Slade, *Made to Break: Technology and Obsolescence in America*, Cambridge Mass. 2006, S. 115ff

20 ebd., S. 125ff

21 Die verschlechterte Qualität von Nylons hatte eine interessante Nebenwirkung. Ihre spezielle Zusammensetzung machte sie als Detektoren für Luftverpestung offenbar genauso wertvoll wie Kanarienvögel für den Untertage-Bergbau: Im März 1952 berichtete der *New Yorker* von einer auffälligen Laufmaschenhäufung rund um die Penn Station. Nachfragen bei DuPont ergaben, dass Nylons sich bei erhöhtem Rußgehalt der Luft aufzulösen beginnen. Vgl. *The New Yorker*, März 1952, S. 25f

»Grow or die« – Konsum wird zur Bürgerpflicht

DuPont kann es nicht dabei bewenden lassen, die Lebensdauer der Strümpfe zu verkürzen. Eine Verschlechterung der Qualität kann leicht das Image des Produkts beschädigen. Feinheit und Eleganz gehen auf Kosten der Robustheit, das versteht jeder, dennoch sorgen Laufmaschen für Frust. Die Kundinnen sollen besser nicht nur immer weiter Strümpfe kaufen müssen, weil sie ständig kaputtgehen, sie sollen auch Lust haben, neue zu erwerben. Dazu muss die Werbung allerdings andere Schwerpunkte setzen als den Produktvorteil »kann auch als Abschleppseil dienen«.

Strümpfe sind Bestandteil der Kleidung, da ist es naheliegend, dass der Chemiekonzern aus dem reichhaltigen Köcher der psychologischen Obsoleszenz den Pfeil der Mode wählt. Eine mächtige Waffe: Als in den 1960ern sogar nackte Beine zum Trend werden, hat DuPont bereits eine so ausgefeilte Produktpalette an unterschiedlich gefärbten, gemusterten und texturierten Strümpfen im Angebot, dass der Konzern trotz des strumpffeindlichen Nacktheitsgebots Umsatzsteigerung verbuchen kann und nebenbei auch die bisher zufriedenen Besitzerinnen von hautfarbenen Strumpfhosen zu Neuanschaffungen zwingt, wenn sie mit der Mode gehen wollen. »Damenmode war als Wegweiser für eine planmäßige psychologische Obsoleszenz geradezu ideal, weil sich die psychologischen Wünsche hier am üppigsten austoben«, sieht auch Packard.[1]

Die Wirksamkeit von Mode als psychologischer Obsoleszenzstrategie lässt sich gut am saisonalen Farbwechsel studieren. Ende der 1950er beginnt man sich ausgiebig mit der Planung künftiger Modefarben zu beschäftigen. »In manchen Fällen ließen die ›Farbvorhersagen‹ von Industrieberatern den starken Verdacht einer Zusammenarbeit, um nicht zu sagen einer Verschwörung aufkommen«, schreibt Packard und wundert sich über das Zusammentreffen, dass die Farbberater eines führenden amerikanischen Kunststofffabrikanten 1955 Rosa als Farbe der Saison prophezeiten und Rosa kam, dass sie 1956 Türkis vorhersagten und Türkis kam, und dass sie mit dem Zitronengelb im Folgejahr genauso richtig lagen.

Wie sich das konkret abspielt, verriet damals Alfred Daniels, Verkaufsleiter im New Yorker Kaufhaus Abraham & Strauss, der *Harvard Business Review*. Für die kommende Konfektionsware werde beispielsweise etwas von einer »Tendenz zum Orientalischen« geraunt. Das dringe dann durch bis zum Inhaber des Modegeschäfts, aber der brauche gar nicht zu wissen, wie es dazu gekommen sei. Wenn er neugierig sei, könne er irgendeinen Modefachmann anrufen, von dem er dann erfahren werde, das sei auf den Einfluss irgendwelcher »mongolischer Idioten« zurückzuführen. Aus den Worten spricht ein bemerkenswert zynischer Blick auf die Branche.

Der Trick funktioniert immer noch. Als Farbe für das Jahr 2013 zum Beispiel ist ein Grünton vorgesehen. Das zugehörige Raunen gibt seit einigen Jahrzehnten das US-Unternehmen Pantone vor und lässt Leatrice Eiseman, Chefin des »Pantone Farbinstituts«, pünktlich zum Jahreswechsel den Pantone-Farbton Nummer 17-5641 unter dem schönen Namen »Emerald«, Smaragd, besingen: »Emerald ist eine Farbe des Wachstums, der Erneuerung, der Heilung, der Einheit und der Regeneration.« Die Couturiers, Autohersteller, Accessoire- und Möbeldesigner nehmen die Vorgabe gehorsam auf, und Prominente sorgen für die nötige Aufmerksamkeit: Trendsetter wie Pippa Middleton und ihre Schwester Kate, die Frau des englischen Thronprinzen, wurden offensichtlich etwas früher eingeweiht bzw. mit Zubehör eingedeckt und konnten sich so schon vor der Verkündung der Farbe des Jahres mit dunkelgrünen Kleider und Handtaschen blicken lassen. Kim Kardashian und Tamara Ecclestone werden von Gucci smaragdgrün eingekleidet, Heidi Klum trägt die neue Trendfarbe in eng anliegendem Satin. Sogar Teenieschwarm Robert Pattinson tritt im grünen Anzug auf, und die US-Warenhauskette JC Penney führt zum 1. Februar 2013 eine Heimtextil- und Accessoire-Kollektion in dem Smaragdton ein.[2] Ach ja: Im Vorjahr pries Pantone ein »feuriges, energiegeladenes« Orange namens »Tangerine Tango«, davor ein »mutiges, selbstsicheres, vitales« Rosa namens »Honeysuckle«.[3] Der Ablauf ist immer der gleiche: Ein paar prominente Trendsetter laufen wohlplatziert vor, dann folgt die Massenkundschaft. Honeysuckle wird ausgemustert, Emerald angeschafft.

Einer, der zutiefst überzeugt für die Übertragung von Modemechanismen auf möglichst viele andere Industriezweige kämpfte, war der Industriedesigner Brooks Stevens. Der 1911 geborene US-Amerikaner wollte, anders als Bernard London, das Prinzip der geplanten Obsoleszenz nicht per Gesetz einführen. Die Konsumenten sollten vielmehr dazu verführt werden, es zu akzeptieren. Sein Ideal war sogar psychologische Obsoleszenz in ihrer Reinform, die ganz ohne eingeplanten Verschleiß auskommen sollte.

Im Mittelpunkt stand für ihn ein Lebensgefühl, von dem er selbst überzeugt war: Schnelles Veralten – ja, kaufen für die Müllhalde – nein. Im Idealfall sollten die Produkte durchaus gut produziert sein und nicht vorzeitig ihren funktionalen Wert verlieren. Sein Vorbild war hochwertige modische Kleidung. Die warf man nicht weg, weil sie kaputt war, sondern musterte sie aus, weil eine neue Mode sie untragbar machte. In den Augen von Stevens war die wichtigste Aufgabe des Industriedesigners, für alle Produkte das Verlangen zu wecken, »etwas zu besitzen, das ein wenig neuer und ein wenig besser war, und das ein wenig früher als notwendig«.[1] Gelang ihm das, würden die Menschen schon freiwillig auf Dinge verzichten, die eigentlich noch brauchbar waren.

Stevens selber löste diese Aufgabe brillant. Eines seiner Stücke, ein Toaster, steht im Museum of Modern Art in New York. Er entwarf fast alles, Haushaltsgeräte, Autos, sogar Züge – immer mit der geplanten psychologischen Obsoleszenz im Hinterkopf. Man sollte seine Designobjekte so sehr begehren, dass man alles Vorherige dafür vergaß. Ganz im Geiste der Design-Avantgarde der 1940er standen Brooks Stevens' Entwürfe vor allem für Geschwindigkeit und Modernität. Selbst sein Haus war außergewöhnlich. »Als es gebaut wurde, hielten es alle für den neuen Busbahnhof, weil es so gar nicht wie ein Eigenheim aussah«, sagt sein Sohn Kipp Stevens, der die Designfirma seines Vaters übernommen und weitergeführt hat. Er selber ist in seiner New Yorker Wohnung nicht mit dem neuesten Design umgeben, sondern von Objekten mit Geschichte, wie zum Beispiel einem weißen, perfekt erhaltenen italienischen Sofa aus den 1960er-Jahren. Im Grunde ist er die Art von Kunde, die·

seinem Vater vorschwebte, als er den Obsoleszenzgedanken mit einer bestimmten Lebensart verbinden wollte: mit der Lebensart von Menschen, die man heute als LOHAS (für Anhänger von Lifestyles of Health and Sustainability) bezeichnen würde; Menschen, die beim Einkauf auf Nach- und Werthaltigkeit der Produkte achten. Die sich aber trotzdem durch Schönheit, einen neuen Trend oder Prestigegewinn zum Neukauf verführen lassen.

Die Anekdoten, die Kipp Stevens aus seiner Kindheit erzählt, zeigen, wie die Haltung seines Vaters selbst das Alltagsleben der Familie prägte: »Unser Haus war voll von Dingen, die er für Kunden entworfen hatte. Alle paar Jahre bekamen wir einen neuen Rasenmäher. Meine Mutter mähte gerne Rasen, sie war quasi die Produkttesterin. Wenn sie etwas auszusetzen hatte, dann bekam er das zu hören. Die Maxime meines Vaters war: Ein Produkt muss nach etwas aussehen. Er verabscheute alles Langweilige, was den Konsumenten nicht zum Kauf anregte.«

Brooks Stevens reiste kreuz und quer durch die USA und warb in zahlreichen Reden für seine Sicht der Dinge, die er unter dem Begriff »geplante Obsoleszenz« zusammenfasste. Besonders gut kam er damit bei den Herstellern von Haushaltsgeräten an, denen es schon lange nicht mehr um die Haltbarkeit ging, sondern um die effektive Vermarktung des neuen Jahresmodells. Mit aus dem Grund wurde Stevens' Herangehensweise zum Evangelium seiner Zeit und er ihr Apostel. »Unsere gesamte Wirtschaft basiert auf geplanter Obsoleszenz«, wurde er nicht müde zu predigen und betonte dabei den Ursprung der Idee: »Im Gegensatz zum europäischen Ansatz, perfekte Dinge für die Ewigkeit herzustellen, ein und denselben Anzug für Hochzeit und Beerdigung, ohne dass es dazwischen einen Anlass gäbe, ihn auszumustern, besteht der amerikanische Ansatz darin, den Kunden mit dem, was er sich zur Befriedigung seiner Bedürfnisse angeschafft hat, unzufrieden zu machen, ihn dazu zu bringen, es an den Secondhandarkt weiterzugeben und das neueste Produkt im neusten erhältlichen Design zu erstehen.«[5]

Das absichtliche Einbauen von Sollbruchstellen lehnte Stevens ab. Sohn Kipp jedenfalls ist überzeugt, dass sein Vater nie absichtlich ein Produkt entworfen hat, das in kurzer Zeit eine Macke entwickeln sollte. Er war der Meinung, dass der Verbraucher mitzuentscheiden hatte, wann die geplante Obsoleszenz wirksam wurde.

Andererseits wehrte sich Brooks Stevens auch nicht sonderlich dagegen, für Obsoleszenz in allen ihren Formen in den Zeugenstand gerufen zu werden. Und da durchaus nicht unumstritten war, was eigentlich die Aufgabe von Produktdesignern sein sollte, brachte das Magazin *Rotarian* im Februar 1960 die Auseinandersetzung innerhalb des Berufsstandes auf den Punkt: »Planned Obsolescence: Is It Fair? Yes! Says Brooks Stevens; No! Says Walter Dorwin Teague.« Stevens Gegenspieler Teague war der große alte Mann des Industriedesigns. Er hatte vor dem Krieg aus dieser Disziplin überhaupt erst einen eigenständigen Beruf gemacht. Seine Meinung zu Stevens Credo war deutlich: »Diese Gepflogenheit, vorhergehende Modelle unzeitgemäß erscheinen zu lassen, obwohl die neuen keine Verbesserung anzubieten haben, nennt man ›geplante‹ oder ›künstliche Obsoleszenz‹ – Letzteres ist treffender, aber längst nicht so treffend wie schlicht und einfach ›Schwindel‹.«

Eigentlich hatte auch Stevens viel übrig für Qualität, aber jetzt, da die Fragestellung auf ein »Obsoleszenz ja oder nein« zugespitzt war, nahm er den Fehdehandschuh auf. Er schlug sich vorbehaltlos auf die Seite der vorzeitigen Veralterung und sprach offen aus, warum: »Sie fragen mich, ob Designer Scharlatane sind? Ich würde sagen, ja, bis zu einem gewissen Grad. Ich kann mich bei einem gewerblichen Erzeugnis nicht einfach ohne Rücksicht auf Verluste für gutes Design entscheiden, und damit meine ich richtig gutes, ästhetisch und handwerklich gutes Design, weil es sich nicht rentiert. Die Öffentlichkeit würde es weder verstehen noch annehmen. Es würde ihren Horizont übersteigen. Es würde sich einfach nicht verkaufen.«[6]

In Aussagen wie diesen zeigt sich das Dilemma, in dem Stevens steckt. Nur zu gern würde er ganz hervorragende Waren herstellen, die die Menschen alleine aus dem Grund zum Kauf verlocken, weil sie so großartig sind. Aber letztlich erkennt er an, dass auch hinter der von ihm propagierten Obsoleszenz durch unwiderstehliches

Design dieselbe Triebkraft steht, die auch alle anderen Obsoleszenz-arten motiviert. Ob ausgelöst durch Innovation, Sabotage oder geschicktes Marketing: Entscheidend ist, dass die Wirtschaft wächst. So bleibt auch dem genialen Schöpfer von Designpreziosen für die Ewigkeit nur ein nüchternes Fazit: »Wir stellen gute Produkte her, wir bringen die Leute dazu, sie zu kaufen, und im nächsten Jahr bringen wir mit voller Absicht etwas Neues heraus, was jene Produkte altmodisch, überholt, obsolet werden lässt. Das tun wir aus dem denkbar vernünftigsten Grund: um Geld zu verdienen.«[7]

Was den unbedingten Glauben an das Wachstum angeht, ist Stevens ein Geistesverwandter von Vitaliy Kiselev, dem russischen Programmierer, der sich mit der wertmindernden Sabotage an elektrischen Geräten nicht abfinden will und darum mit der Welt teilt, wie sich die Lebensdauer eines Tintenstrahldruckers um ein Vielfaches verlängern lässt. Ebenso wie der im Grunde Qualität schätzende Industriedesigner hält es auch der Russe, der den produktlebensverkürzenden Code des Druckerchips geknackt hat, letztlich für wichtiger, dass die Wirtschaft weiterwächst: »Wenn wir aufhören, funktionierende Erzeugnisse wegzuwerfen, wird unsere Wirtschaft zusammenbrechen.« Selbst Menschen, die auf der praktischen Ebene dem Konsumenten Werkzeuge in die Hand geben, sich gegen geplante Obsoleszenz zu wehren, sehen sich auf der theoretischen Ebene genötigt, sie zu verteidigen: Das Ende der geplanten Obsoleszenz ist das Ende des Wachstums, und das Ende des Wachstums ist das Ende der Welt.

Dabei ist der Wachstumsgedanke nicht von jeher so selbstverständlich. Der Grundstein dafür wird vielmehr in den 1950er-Jahren gelegt, sie sind das Jahrzehnt, in dem die Wachstumsideologie ihren Thron besteigt, von dem aus sie bis jetzt regiert. Alle Obsoleszenzformen, die Vance Packard zum Ende der Dekade erstmals systematisch analysiert, werden seiner Beobachtung nach von »Trompetenstößen« seitens der Wirtschaft und nicht selten auch seitens der Gesellschaft begleitet: »We must grow or die« – wachsen oder sterben, lautet die Parole. So knapp bringt Ray Eppert, Präsident der Burroughs Corporation, 1957 bei einer Tagung des amerikanischen Industrieverbandes auf den Punkt, worum es geht.[8]

Spätestens mit den 1950er-Jahren haben sich die Industrienationen komplett nach diesem Mantra organisiert. Was sollte ein Hersteller auch anderes tun, als sich dem Wachstum zu verschreiben? Eine neue Technologie wird entwickelt, mit der man ein Produkt schneller und billiger produzieren kann. Will der Hersteller nicht von der Konkurrenz abgehängt werden, muss er sich die neue Maschine anschaffen. Um die Maschine anzuschaffen, muss er einen Kredit aufnehmen. Weil die Produktion erst ab hohen Stückzahlen wirklich günstiger wird und sich die Anschaffung sonst nicht lohnen würde, muss der Absatz wachsen. Dann müssen die vielen produzierten Waren auch verkauft werden, sonst bleiben sie totes Kapital. Auch der Gewinn muss steigen, schließlich muss der Kredit für die Investition sowie außerdem die Kreditzinsen zurückgezahlt werden bzw. die Dividende an die geldgebende Aktiengesellschaft gezahlt werden. Damit das Produkt öfter verkauft werden kann, muss man auch mehr Werbung dafür machen. Werbung ist ebenfalls teuer. Also muss entsprechend mehr produziert und abgesetzt werden. Dazu braucht es wieder neue Maschinen. Die Schraube dreht sich eine Windung weiter.

Anders als die Schraube, mit der man etwas befestigt, kennt die Wachstumsschraube allerdings keinen Endzustand. Sie muss sich weiterdrehen. Die Unternehmen müssen wachsen, die Produktion steigen, der Absatz größer werden. Denn bricht der Absatz mal ein, müssen Kredite aufgenommen werden, um die laufenden Kosten zu decken. Die müssen später durch entsprechende Gewinnsteigerungen ausgeglichen werden, oder eine Abwärtsspirale setzt sich in Gang. Mitarbeiter werden entlassen, die Produktion verringert sich, der Absatz geht weiter nach unten, Kredite können nicht mehr bedient werden, das Unternehmen geht pleite, die Banken hocken auf geplatzten Krediten, gehen selber pleite, können keine neuen Unternehmen finanzieren, die Wirtschaft bricht zusammen, Massenarbeitslosigkeit greift um sich, Staatsschulden können nicht mehr beglichen werden, der Staat bricht zusammen – *grow or die*. Diese Überzeugung ist allgemein derart verinnerlicht, dass »stetiges und angemessenes Wirtschaftswachstum« seit 1967 in der Bundesrepublik sogar als Staatsziel gesetzlich verankert ist.[9] Als angemessen gilt ein Wachstum von drei bis vier Prozent. Das klingt bescheiden, aber eine dreiprozentige Steigerung bedeutet eine Verdopplung in etwas mehr als 23 Jahren.

Eine bundesrepublikanische Familie, die 1967 ein Auto besaß, müsste demnach heute, zwei Verdopplungszyklen später, als gute Staatsbürger vier Autos fahren. Das Problem ist offensichtlich. Durch das Wirtschaftswachstum mögen Lebensstandard und Bedürfnisse der Menschen steigen. Irgendwann jedoch ist der Bedarf an Autos, Waschmaschinen, Computern und Handys gedeckt. Wie soll man dann Wachstum generieren? In der Situation erscheint geplante Obsoleszenz als logische Konsequenz, ja, geradezu als Grundlage unserer Lebensweise. Natürlich fluchen wir, wenn der Drucker versagt oder der Handyakku. Aber so groß ist der Ärger auch nicht, dass wir deswegen auf die regelmäßigen Neuanschaffungen verzichten würden. Wir wollen es nicht. Und wir sehen die Bedrohung, die von einem Konsumverzicht ausgeht. Hier schließt ein Opelwerk, da ein Textilunternehmen, dort ein Solarzellenhersteller. Es geht uns wie Vitaliy Kiselev und Brooks Stevens – schlechte Qualität ärgert uns, aber das Wachstum muss weitergehen.

Es gibt aber noch ein anderes Problem – die Kaufkraft. Mal angenommen, wir halten Wachstum für wichtig und haben uns mit den verschiedenen Formen von Obsoleszenz arrangiert. Dann bleibt immer noch die Frage: Wie sollen wir das bezahlen? Vor jeder Neuanschaffung muss man zwangsläufig in den Geldbeutel schauen. Dass da möglicherweise ein Problem lauert, haben auch die Hersteller erkannt. Immer darauf zu warten, bis der Kunde genug Geld gespart hat, um mehr auszugeben, als es der tägliche Bedarf erfordert, kann den Anforderungen einer Wachstumswirtschaft auf Dauer nicht genügen. Was also tun, wenn die finanziellen Möglichkeiten der Kundschaft mit dem Zuwachs an abzusetzenden Produkten nicht mithalten? Lässt sich die Hemmschwelle vor dem Geldausgeben nicht irgendwie senken? Tatsächlich entdeckten Industrie und Handel einen Ausweg: die Ratenzahlung. Wenn das Geld nicht reicht, verkauft man dem Kunden das Geld dazu eben gleich mit.

Heute basiert nahezu die Hälfte des Umsatzes des Einzelhandels in Deutschland auf Kredit- oder Ratenfinanzierung. Mehr als jeder dritte Haushalt kauft seine Konsumgüter auf Pump.[10] Dieser lockere Umgang mit Schulden musste den Verbrauchern allerdings erst beigebracht werden. Der Konsumkredit war noch vor wenigen Jahrzehnten allgemein verpönt. Einen Kühlschrank, eine Fernreise oder Markenkleidung nicht vom mühsam – durch Konsumverzicht! – Ersparten zu kaufen, sondern durch Verschuldung, erschien vielen bis weit in die 1950er-Jahre hinein schlicht als unseriös.

Werbeagenturen und Banker taten alles, um das zu ändern. Im April 1958 berichtet das *Time Magazine*, wie Charles H. Brower, Chef der Werbeagentur Batton, Barton, Durstine & Osborne, bei einer Bankentagung den anwesenden Bankern einbläut, das Kaufen auf Pump endlich attraktiver zu machen: »Informieren Sie die Frauen über die Möglichkeiten eines Verbraucherdarlehens? Bringen Sie Ihre Botschaft an die jungen Familien mittleren Einkommens, die die meisten Geräte kaufen?«[11]

Vance Packard beschreibt, wie diese Anregungen bei der psychologischen Schulung von Angestellten der Darlehnskassen umgesetzt wurden. Es galt einen Paradigmenwechsel einzuleiten: Plötzlich wurde Wert darauf gelegt, dass mögliche Kreditnehmer nicht das Gefühl hatten, ein Darlehensantrag sei eine Schande. Wer sich Geld für Anschaffungen auslieh, zeigte vielmehr, dass er fortschrittlich dachte – das war die Botschaft, die den Darlehensnehmern zu vermitteln war. Konsum auf Pump sollte als moralisch einwandfrei empfunden werden und Spaß machen. Der Erfolg ließ nicht lange auf sich warten. Bereits 1960 konnte der Vorsitzende von General Foods stolz bilanzieren: »Der Verbraucher von heute will das, was er haben möchte, sofort haben [...] und möchte es von einem Einkommen bezahlen, das erst noch verdient werden muss.« Ein leitender Angestellter einer amerikanischen Kaufhauskette ergänzte, die Menschen seien noch nie »so darauf dressiert gewesen, das, was sie interessiert, auf Kredit zu kaufen.«

Das Geschäft mit der Kauffinanzierung war für Banken und Einzelhandel ein Segen. Immer mehr Banken beteiligten sich an der »Hetzjagd, mit der man das Publikum in Schulden trieb«. Bei den Auto-verkäufen erwiesen sich die Gewinne, die bei der Finanzierung zu machen waren, sogar als »so verlockend, dass viele Händler sich ebenso sehr um die Finanzierung wie um den Verkauf des Wagens selbst bemühten.« Der Leiter der Kundenkreditabteilung eines Warenhauses in Fort Worth sagte 1959 über die Umsatzsteigerungen seines Unternehmens: »Jeder Dollar Mehreinnahmen kommt aus Kreditverkäufen.«[12]

Anfang der 1960er-Jahre griff die US-amerikanische Sitte des Kaufs per Ratenzahlung auch auf andere Teile der Welt über. Spätestens ab den 1970er-Jahren wurden Bankangestellte gezielt dafür geschult, die Kunden vermehrt zum kreditbasierten Konsum zu überreden. »Meine Eltern wären nie auf die Idee gekommen, ein Auto zu kaufen, ohne das Geld zu haben. Wir haben das unseren Kunden nahegelegt: Sie wollen einen neuen Fernseher kaufen und sparen ein Jahr, dann ist das Modell veraltet. Wenn Sie jetzt die 1.000 Mark als Kredit nehmen, können Sie ihn sofort kaufen. Dann sparen Sie eben nachträglich«, beschreibt der ehemalige Angestellte der Deutschen Bank Lothar Wacker die damals neuen Vorgaben.[13]

Das Ergebnis der Entwicklung ist beeindruckend: Ende 2011 stehen die Deutschen durch den Kauf von Konsumgütern auf Pump mit knapp 230 Milliarden Euro in der Kreide, Tendenz steigend. Ganze 148 Milliarden Euro davon entfallen laut Bankenfachverband nicht auf Großkredite für den Erwerb einer Immobilie oder Ähnliches, sondern auf Konsumkredite.[14] Das Kartenhaus kann leicht einstürzen. Ende 2010 prognostizierte die Wirtschaftsauskunftei Creditreform für 2011 eine Steigerung der Privatpleiten um bis zu sechs Prozent und rechnet mit knapp 7 Millionen überschuldeten Privathaushalten in Deutschland.[15] Wie es aussieht, wenn Schuldner nicht mehr zahlungsfähig sind, war nach der 2008 beginnenden Finanzkrise in den USA zu sehen. Viele mussten ihre Häuser verlassen.

Nun könnte man vermuten, dass die Absatzwirtschaft angesichts der steigenden Verschuldung und der im Kreditwesen lauernden Gefahren von ihrer Strategie Abstand nimmt. Und tatsächlich zwingt die Rezession in vielen EU-Staaten die Hersteller zum Umdenken, allerdings in eine überraschende Richtung: »Wenn ein Spanier nur noch durchschnittlich 17 Euro pro Einkauf ausgibt, dann kann ich ihm kein Waschmittel für die Hälfte seines Budgets verkaufen«, beschreibt Jan Zijderveld, der Europa-Chef von Unilever, der Financial Times Deutschland das Problem. In Indonesien verkauft der Konzern Einzelpackungen Shampoo für 2 bis 3 Cent. Warum also, wenn die Kaufkraft der Konsumenten in Industrieländern auf das Niveau von Schwellenländern sinkt, nicht dortige Erfolgsrezepte übernehmen? Also wird das Waschmittel Surf in Spanien fortan in Packungen verkauft, die lediglich für fünf Waschgänge reichen, und in Griechenland werden Kartoffelpüree und Mayonnaise in günstigeren Kleinpackungen angeboten. »Wir verdienen trotzdem ordentliches Geld. Wir wissen, wie das geht«, sagt Zijderveld.[16] Das erstaunt nicht. Von den schon seit Jahren etablierten Lebensmittelpackungen in komfortablen »Single-Größen« für den Einpersonenhaushalt ist bekannt, dass diese nur absolut günstiger sind, nicht relativ. Der Hersteller verdient mehr daran.

Für den globalisierungskritischen Journalisten Robert Misik rettet die Packungsgrößenreduktion die Armen immerhin davor, selbst obsolet zu werden. Sie ist ein »Symptom für eine Gesellschaft, in der der Massenkonsum die Wirtschaft am Laufen hält. Noch die Exkludierten sind nicht völlig exkludiert, denn man braucht sie ja als Konsumenten. Solange sie noch als Konsumenten wertvoll sind, sind auch die Armen aus dem Blickwinkel dieses Systems nicht völlig nutzlos. Wer Zweitagesrationen Haarshampoo kaufen kann, der ist, könnte man sagen, noch nicht vollends aussortiert.«[17]

---

1 Für dieses und die folgenden Zitate siehe: Vance Packard, *Die große Verschwendung,* aus dem Amerikanischen von Walther Schwerdtfeger, Düsseldorf 1961, S. 91ff
2 Leslie Brook, »Smaragdgrün ist Trendfarbe 2013«, in: *RP Online,* 2.1.2013, http://nachrichten.rp-online.de/panorama/smaragdgruen-ist-trendfarbe-2013-1.3121106
3 vgl. www.pantone.de
4 zit. nach John Heskett: »The Desire for the New«, in: Glen Adamson: *Industrial Strength Design: How Brooks Stevens Shaped Your World.* Cambridge/London 2003, S. 4
5 Rede aus dem Jahr 1954, Brooks Stevens Archive, Milwaukee Art Museum, USA
6 »Planned Obsolescence: Is It Fair? Yes! Says Brooks Stevens; No! Says Walter Dorwin Teague«, in: *Rotarian,* Februar 1960, S. 2-5

7 Karl Prentiss, »Brooks Stevens: He Has Designs on Your Dough«, in: *True: The Man's Magazine*, April 1958, zitiert nach John Heskett, »Desire«, a.a.O.

8 Packard, *Verschwendung*, a.a.O., S. 338

9 »Gesetz zur Förderung der Stabilität und des Wachstums der Wirtschaft«, § 1, www.gesetze-im-internet.de/stabg/BJNR005820967.html

10 »Kauf auf Pump wird gesellschaftsfähig«, in: *Der Handel*, 1.4.2012, www.derhandel. de/news/unternehmen/pages/Verbraucher-Kauf-auf-Pump-wird-gesellschaftsfaehig-8406.html

11 »Smile, Shake, Sell«, in: *Time Magazine*, 7. April 1958

12 alle Packard-Zitate: Packard, *Verschwendung*, a.a.O., S. 179ff

13 »Wie ich lernte, Bedürfnisse zu wecken«, aufgezeichnet von Johannes Gernert, in: *sonntaz* vom 4./5.8.2012, S.17

14 vgl. »Kauf auf Pump«, a.a.O.

15 »Immer mehr Konsumenten überschuldet«, *Der Handel*, 22.12.2010, www.derhandel.de/news/finanzen/pages/Konsum-Immer-mehr-Konsumenten-ueberschuldet-6955.html

16 Gregor Kessler, Guido Warlimont, »Krise im europäischen Markt: Unilever stellt sich auf neue Armut in Europa ein«, in: *Financial Times Deutschland*, 27.8.2012, www.ftd.de/unternehmen/handel-dienstleister/:krise-im-europaeischen-markt-unilever-stellt-sich-auf-neue-armut-in-europa-ein/70081740.html

17 Robert Misik, »Eine kleine Packung, bitte«, in: *die tageszeitung*, 29.8.2012, S.14

Öfter mal was Neues

In den 1950er-Jahren konnten sich die Unternehmen über zu geringe Kaufkraft noch nicht beschweren. Nach mageren Jahren prosperierte die Wirtschaft endlich wieder. Der Wohlstand wuchs, und die Autoindustrie machte glänzende Geschäfte mit Neuwagen, die gar nicht groß und spritfressend genug sein konnten: Ganz im Sinne von Brooks Stevens buhlten Ford und GM mit immer pompöser gestalteten Jahresmodellen um die Kundschaft – bis ein unscheinbarer deutscher Kleinwagen, ihnen langsam, aber sicher die ausufernden Heckflossen zu stutzen: Der spektakuläre Siegeszug des Volkswagen Typ 1 nahm seinen Anfang. Bereits Mitte des Jahrzehnts war er in amerikanischen Hauseinfahrten kein ungewohnter Anblick mehr. Die Kunden in den USA nahmen zwischenzeitlich bis zu sechs Monate Wartezeit in Kauf, um an den begehrten Kleinwagen zu kommen. Dabei hatte dieser seit Ende der 1940er-Jahre keine wesentlichen Neuerungen erfahren, und der Spitzname, den die Amerikaner ihm verliehen hatten – »Bug« oder »Beetle«, also Käfer –, klang auch nicht sonderlich schmeichelhaft. Trotzdem widerstanden etliche Kunden den Lockungen der amerikanischen Autohersteller und kauften sich statt eines Chevrolet Bel Air Impala lieber einen dieser praktischen Käfer. Ermutigt durch den überraschenden Exporterfolg, gründete Volkswagen 1958 eine eigene Amerika-Abteilung. Gleichzeitig beschloss deren Leiter Carl Hahn, die Verkaufszahlen durch eine gezielte Marketingkampagne weiter nach oben zu treiben. Der Konzern heuerte die damals noch unbekannte Werbeagentur Doyle, Dane & Bernbach (DDB) an. DDB stand nun vor der Aufgabe, etwas bewerben zu müssen, das zwar zuverlässig funktionierte, aber ansonsten nicht viel hermachte. Weder verlieh das Produkt namens »Käfer« dem Besitzer irgendein nennenswertes Prestige noch konnte es sich an äußerlicher Attraktivität mit den schicken Jahresmodellen der Konkurrenz messen. Es war ein Auto, das nach herkömmlichem Verständnis nicht als Statussymbol taugte.
DDB beschloss, aus der vermeintlichen Not der Unattraktivität eine Tugend zu machen und trat die Flucht nach vorn an. Mit trockenen,

ironischen Slogans wie »Lebe unter deinen Möglichkeiten«, »Lass dich vom niedrigen Preis nicht abschrecken« oder »Think small« machte die Werbeagentur das Understatement zum Grundprinzip ihrer Marketingkampagne – und stellte damit die Werbebranche in ihrem Selbstverständnis auf den Kopf. Bis zu diesem Zeitpunkt war Reklame wenig subtil gewesen und hatte sich im Grunde darauf beschränkt, lautstark die Vorteile des Produktes anzupreisen. Dem Kunden wurde unmissverständlich klargemacht, wie bewunderns- und damit auch begehrenswert der beworbene Artikel sei. DDB dagegen hob die offensichtlichen Schwachstellen des Käfers hervor und machte dieses kleine, unprätentiöse Auto genau dadurch zu etwas Besonderem.

Damit nicht genug, Volkswagen inszenierte sich geradezu als Underdog der Automobilindustrie und machte sich in einer berühmten Anzeigenserie aus dem Jahr 1961 sogar über den Jahresmodellwahn der Konkurrenz lustig: »The '51, '52, '53, '54, '55, '56, '57, '58, '59, '60, '61 Volkswagen« steht unter dem Foto eines VW-Käfers, gefolgt von einer leeren Doppelseite: »We don't have anything to show you in our new models.« (Auf Deutsch etwa »Es gibt eigentlich nichts, was wir Ihnen Neues zeigen könnten.«) VW verzichtete nicht nur auf irgendwelche Modifikationen. Sie schienen auch noch stolz darauf zu sein, ohne Rücksicht auf Moden seit Jahren das gleiche Produkt zu verkaufen, und gaben damit an. Mit dem Käfer verweigerte Volkswagen sich konsequent den Obsoleszenzstrategien, mit denen GM die Autoindustrie revolutioniert hatte, und prägte damit eine neue Art der Kundenansprache: Der Käfer war anders, individueller – und der Kunde konnte durch den Kauf eines Käfers an diesem Individualismus teilhaben. Fast war es, als würde man den anderen Automobilherstellern und ihren leeren Werbeversprechen durch den Kauf eines Käfers endlich mal die Meinung sagen.

Die Rechnung ging für den Konzern bekanntlich auf. Mit über 21 Millionen verkauften Exemplaren, davon ein Großteil in den USA, stellte der VW Käfer sogar den Ford Modell T in den Schatten und wurde zur Legende.

Man könnte das als Triumph der Vernunft feiern – schließlich tauschten viele Autofahrer ihren spritfressenden Schlitten gegen ein billigeres, verbrauchsärmeres, weniger reparaturanfälliges und langlebigeres Auto ein, und das auch noch gegen den etablierten Trend eines immer schnelllebigeren Konsums. Viel wesentlicher war für künftige Marketingstrategen jedoch, dass mit DDB zum ersten Mal eine Werbeagentur auf die Idee gekommen war, ein Massenprodukt mit Understatement und Selbstironie zu inszenieren – und das Ganze noch in einem spöttisch-rebellischen Auflehnungsgestus gegen herrschende Prestigevorstellungen. Hatte man bis dahin mit einem Neuwagen eher soziale Zugehörigkeit und Wohlstand demonstriert, konnte man sich durch den Kauf eines Autos den Nachbarn und der Welt nun stolz als unangepasstes, unabhängiges Individuum präsentieren, das sich nicht von den hohlen Versprechungen der Konsumgesellschaft blenden lässt.

Für die Werberikone Jerry Della Femina spricht Reklame hier zum ersten Mal den Kunden als ein mündiges, erwachsenes Wesen an und nicht als leichtgläubigen Idioten. Mit der Volkswagenkampagne ist für ihn in der Werbebranche eine neue Zeitrechnung angebrochen, die bis heute prägend ist: »Am Anfang war Volkswagen. [...] Das war der Tag, an dem die Werbebranche richtig zur Welt kam.«[1] Mit dieser Einschätzung steht er nicht allein da. 1999 kürte das amerikanische Marketingmagazin *Advertising Age* DBBs »Think small«-Strategie zur besten Anzeigenkampagne des Jahrhunderts, denn ›Think small‹ war im Gegenteil ziemlich groß gedacht.«[2]

Die besondere Großartigkeit dieser Werbestrategie besteht darin, dass sie auch konsumkritische Schichten erreicht, die die glitzernde Werbewelt ablehnen. Sie macht vor, mit welchem Werkzeug sich diejenigen ansprechen lassen, die sich als schwer verführbar betrachten: Sie können für den *conspicuously inconspicuous consumption*, den demonstrativ undemonstrativen Konsum also, eingenommen werden.[3]

Das war ein wichtiger Schritt für die Vermarktungsstrategen, denn Mitte der 1950er-Jahre begannen Gegen- und Subkulturen, die Jugend Amerikas zu prägen. Die Beatgeneration lehnte sich gegen die von Statusbewusstsein und Aufstiegswillen geprägte bürgerliche Lebensweise auf. Mit der bunten Werbewelt der 1950er-Jahre war ihr Lebensgefühl nicht kompatibel. Stattdessen träumten sie wie Jack Kerouac in seinem Roman *The Dharma Bums* von Menschen, »die sich weigern zu unterschreiben, was die Konsumgesellschaft fordert: dass man Produziertes verbrauchen soll und daher arbeiten muss, um überhaupt konsumieren zu dürfen, das ganze Zeug, das sie eigentlich gar nicht haben wollten, wie Kühlschränke, Fernsehapparate, Wagen, zumindest neue Wagen zum Angeben, bestimmte Haaröle und Deodorants und lauter solcher Kram, den man schließlich immer eine Woche später auf dem Müll wiederfindet, alle gefangen in einem System von Arbeit, Produktion, Verbrauch, Arbeit, Produktion, Verbrauch.«[4]

Mithilfe der neuen Werbestrategie waren die Marketingabteilungen in der Lage, antikonsumeristische, nonkonformistische Haltungen auf bestimmte Waren zu übertragen. Indem sie Produkte mit dem Zeitgeist der Beatgeneration aufluden, sorgten sie dafür, dass dieser käuflich erwerbbar wurde – auch für diejenigen, die ihn nicht wirklich leben konnten oder wollten. Die Werbeindustrie war gerüstet. Rucksäcke für Aussteiger und Rasierwasser mit dem speziellen Duft der Freiheit von allen Konsumzwängen: konnte sie ohne Weiteres bereitstellen. Sei es eine dekorative Schlaghose in den späten 1960er-Jahren oder eine zerrissene Jeans in den frühen 1990ern – bis heute lassen sich gute Umsätze mit Dingen machen, mit deren Besitz man allen beweist, dass man niemandem etwas beweisen muss, weil man über den kleinbürgerlichen Konformitätszwängen steht.[5] Für das Fachblatt *Advertising Age* entpuppte sich dabei »das Auto, das als Gegengift für Geltungskonsum antrat, [...] als trojanisches Pferd für alle, die glaubten, unbeeinflusst über den klebrigen Schmeicheleien der geheimen Verführer zu stehen«. Kaum hatten die Konsumkritiker ein paar Marketingtrojaner ins Innere ihrer Schutzmauern gelassen, machten die sich daran, konsumkritische Positionen bis in die letzten Fluchtwinkel zu verfolgen, um sie in erfolgversprechende neue Kampagnen umzustricken.

Am meisten versprach sich die bis dahin wenig innovative Herrenmode von der neuen Vermarktungsstrategie. Als in der Regel konservative, wenig experimentierfreudige und gegen saisonale Farbvorschläge unempfindliche Wesen waren Männer traditionell eine harte Nuss für Marketing- und Werbestrategen.

Vor 1960 hatte die Kleidung der meisten Männer eine durchschnittliche Lebensdauer von fünf bis sieben Jahren. Der Modeindustrie war das schon lange ein Dorn im Auge. Man suchte intensiv nach neuen Absatzmärkten. Bislang waren die Kunden nicht bereit, ihre Garderobe bereits nach wenigen Monaten auszutauschen und nicht erst jahrelang zu warten, bis die Kleidung verschlissen war. Die Modeindustrie hatte noch nicht den richtigen Dreh gefunden, die Stilobsoleszenz bei den Männern so anzustoßen, dass sie – wie bei den Damen bereits selbstverständlich – zum Selbstläufer wurde. Die Modemacher witterten schnell, dass man vor allem junge Männer über Nonkonformismus und Rebellentum, die die VW-Strategen salonfähig und für den Massenmarkt kompatibel gemacht hatten, endlich zu einem gezielteren Kleidungsbewusstsein erziehen konnte. Denn wer sich vom Establishment unterscheiden wollte, wollte möglicherweise auch in seiner äußeren Erscheinung demonstrieren, dass er nicht bereit war, zu tun, »was sich gehörte«.

In den Kinofilmen der 1950er-Jahre hatte sich das neue Bewusstsein für die Bedeutung von Kleidung bereits angedeutet. Anfangs genügte es, etwas wegzulassen, zum Beispiel den bis dahin obligatorischen Hut. So standen bei Marlon Brando oder James Dean Anzug und Hut mehr und mehr synonym für ein verkrustetes, verspießertes System. Dann wurde sogar auf weitere Kleidungsstücke verzichtet: Je weiter die 1960er-Jahre voranschritten, umso mehr tendierten sehr konsequente Gegenkulturen und überzeugte Konsumverweigerer schlicht zu längeren Haaren und Nacktheit – wie z.B. einem freien Oberkörper im Sommer.

Daraus ließ sich zwar schwerlich ein Geschäft machen, aber entscheidend war, dass Bewegung in die Männermode kam, bzw. dass nun überhaupt so etwas wie »Männermode« existierte. Mit entsprechender Flankierung durch die Modeindustrie ließen sich aus Brando und Dean neue, rebellische *role models* aufbauen, mit ganz spezifischen Insignien. Man musste den potenziellen männlichen Kunden nur den Blick dafür antrainieren. Wenn sie bei Dean so auf die Jeansmarke achteten wie heutige Jugendliche auf die Farbwahl, die Robert Pattinson für seine Anzüge trifft, würde sich ein weites Feld für die neu als Instrument gewonnene psychologische Obsoleszenzstrategie eröffnen, bei der Codes neuer Gegen- oder Subkulturen für den Mainstream erobert und in gewinnbringende Kleidungsverkäufe überführt werden konnten.

Wenn die Rebellen ohne Grund zahlreicher werden, möchten sie sich vielleicht an ihren Lederjacken erkennen, und umgekehrt gilt: Wenn alle das proletarische Unterhemd als Ausdruck ihrer individuellen Auflehnung für sich entdeckt haben, ist irgendwann vielleicht ein auffälliges T-Shirt das wirksamere, kreativere Symbol gegen das Establishment. Je salonfähiger und verbreiteter Rebellentum wird, desto schneller nutzen sich notwendigerweise seine individualistischen Ausdrucksformen ab, und die Nonkonformisten werden erneut auf die Suche nach neuen Ausdrucksformen getrieben. Die Industrie freut sich schon darauf, die Veralterungswelle für den nächsten Individualstil auszulösen.

Die massenmarkttaugliche Erschließung der Auflehnungspose ist auch das Bindeglied, das von Brandos Unterhemd in *Endstation Sehnsucht* von 1951 und seiner Lederjacke in *Der Wilde* von 1953 zur »Marlon Brando Lederjacke Oldtimer Rockabilly Rocker Vintage« führt, die unter der Bezeichnung heute als Massenware angeboten wird. Ein Image muss man sich nicht mehr unbedingt auf der Straße erarbeiten, man kann es auch im Internet kaufen. Diesen Wahrnehmungswandel hat kaum einer so treffend auf den Punkt gebracht wie Regisseur David Lynch 1990 in seinem Film *Wild at Heart*. Immer wieder lässt er Nicholas Cage als Outlaw und Brando-Wiedergänger über seine Schlangenlederjacke sagen: »Sie ist ein Symbol meiner Individualität und meines Glaubens an die persönliche Freiheit«, und das Publikum versteht. Es geht nicht um die Jacke, sondern um den Spruch. Er ist auf jedes beliebige Kleidungsstück übertragbar. Jeder checkt jetzt seine Garderobe daraufhin, was sie aussagt, und präsentiert dann den Dandymantel oder die speziell von weit her importierten Badelatschen als sein Symbol der Individualität und des Glaubens an die persönliche Freiheit. Wenn der brasilianische Badelatschenlook bei der Billigschuhkette angekommen ist, werden die Plastikschühchen noch eine Weile mit dem Kommentar getragen, man hätte sie schon ganz früh besessen, als sie noch nicht jeder hatte. Dann werden sie ausgemustert, und der Spruch macht sich auf die Suche nach einem neuen Trägermodell.

Individualität versteht sich spätestens seit den 1990er-Jahren ganz selbstverständlich als serielle Abfolge von Zuständen mit jeweils zugehöriger Ausstattung. Sie funktioniert nicht mehr als eine gegen die Zeitläufte verteidigte Eigenart, sondern muss in regelmäßiger Folge aus der Vereinnahmung der jeweils gepflegten Eigenart in die nächste fliehen. Die Modeindustrie muss nur noch die seriellen Abfolgen in den Rahmen der saisonalen Vorgaben integrieren und die Umsätze kommen ganz von selbst.

Kleidung ist bis heute Akt der Revolution, Auflehnung gegen die Gesellschaft oder schlicht Ausdruck der persönlichen Haltung und Gruppenzugehörigkeit – gern kräftig angeheizt durch Zeitschriften und Musikvideos. Neue modische Ausdrucksformen können durchaus, wie in der HipHop-Kultur, einen authentischen Ursprung haben. Anfangs waren rutschende Hosen und senkellose Schuhe nur hinzunehmende Realität für jeden, der in den Knast wanderte, wo den Insassen Schürsenkel und Gürtel abgenommen werden. Da ein hoher Prozentsatz schwarzer Jugendlicher irgendwann in einem der vielen Knäste der boomenden Gefängnisindustrie in den USA einsaß, wurde dieses Outfit zu einem selbsterklärenden Gruppenmerkmal, das man mit Stolz trug. Es dauerte nicht lange, bis Trendscouts daraus einen Look kreierten. Heute gehören Baggy Pants zum Standardrepertoire der Massenkultur. Ähnlich verlief auch der Weg von Skater- oder Grunge-Mode in den Mainstream.

Ein Jugendlicher durchwandert in der Regel mehrere dieser modischen Phasen, bevor er sich irgendwo modisch niederlässt. Da unser Gesellschaftsideal letztlich auf eine verlängerte Adoleszenz für alle zielt, wird auch die Lust, sich zu wandeln, tendenziell immer stärker perpetuiert. Leonard Sloane, Moderedakteur der *New York Times*, nannte bezeichnete die Entwicklung bereits 1969 als »Trend zur Obsoleszenz – wie jeder, der sich mal eine Mod-Krawatte oder eine Nehru-Jacke gekauft hat, zugeben muss«. Der Rekordumsatz von 17,7 Milliarden Dollar (entspricht zirka 113 Milliarden Dollar heute), den der Einzelhandel ein Jahr zuvor erzielt hatte, zeigte den Erfolg dieses »Trends«. Auch in die Annalen der Modehäuser ist 1968 – dank der revolutionären Verkaufsstrategie, mit der zuvor VW die Werbebranche neu erfunden hatte – also als besonderes Datum eingegangen.

Auch andere Obsoleszenzstrategien der Autoindustrie wirkten inspirierend. So bediente sich der kanadische Herrenmodenproduzent Quinn Meyer mit Sprüchen wie »Kaufen Sie jetzt die 1965er-Modelle« der General-Motors-Strategie der Jahresmodelle und kombinierte sie mit den Mechanismen, wie man sie aus der Frauenmode kannte. So wie dort die Rocklänge mal gehoben, mal gesenkt wurde, wurden nun auch die Männer durch regelmäßige modische Modifikationen zum Neukauf animiert. »Der Markt war bereit dafür.« Meyer ergänzt, dass sogar seine Fabrik »nach dem Vorbild der Autoindustrie angelegt war, mit einem Grundmodell, dem man Aufschläge oder Taschen applizieren konnte, so wie die Autohersteller Kotflügel oder Kühlergrille anfügten, um sich von den anderen Modellen abzuheben.« Das ergab fast zwei Millionen mögliche Variationen der Grundmodelle. Und wer sollte das alles kaufen? Für Meyer war die Antwort klar: »Du musst dir nur den 1971er Cadillac anschauen und kannst dir denken, dass ein Typ, der sowas kauft, offen für alles ist.« Er nahm ganz direkt Bezug auf sein Vorbild Alfred Sloan und GM: »Es war das Gleiche wie das, was die in Detroit machten. Die Autos waren nicht die Hälfte von dem wert, für das sie damals verkauft wurden. Aber sie sahen anders aus. Und um die Sache rund zu machen, erfuhr das Auto beim Verlassen des Verkaufsraums eine Wertminderung von dreißig Prozent.«[6] Damit war es besiegelt. Die Modeindustrie hatte endlich auch die Männer und die Gegenkulturen im Griff. Das neue Kundensegment bescherte Absatzsteigerungen von mehreren hundert Prozent.

Inzwischen ist das Prinzip der Erschließung konsumkritischer Schichten so weit implementiert, dass es sich bis in die Anzeigen eines großen Online-Versandhauses verfolgen lässt: »Herren T-Shirt Altamont No Logo Basic SS. Es muss auch wirklich nicht immer ein Logo präsent sein! Aber sonst wurde auf nichts verzichtet.« Die ganze Aufmachung macht klar, dass damit nicht ernsthaft Nonkonformisten oder konsumkritische Aktivisten angesprochen werden sollen. Fast denkt man eher an eine Persiflage. Die Anzeige zeigt einfach, dass diese Haltung so weit im Mainstream angekommen ist, dass sie sich als verkaufsförderndes Argument auf T-Shirts drucken lässt. Eine Haltung, die für die nächste Kollektion schon nicht mehr tragbar sein wird.

Die Erfolge der Bekleidungsindustrie blieben nicht unbemerkt. Auch andere Industriezweige entdeckten die Möglichkeiten der Umwerbung vorgeblich konsumkritischer Gegenkulturströmungen. Vielleicht war es die neue, große gesellschaftliche Übereinstimmung, gemeinsam im Auflehnungsgestus zu konsumieren, der es den Werbeagenturen ermöglichte, auf jeder neuen Welle der Rebellion oder Überschreitung erfolgreich mitzuschwimmen und sogar selber neue Protestgesten gewinnbringend zu initiieren. Die Marketingexperten von *Advertising Age* ziehen aus dem Jahrhundertkniff der VW-Werbeagentur entsprechend folgende Bilanz: »Bernbachs kreative Revolution bestand nicht darin, die Ära der ›motivierenden‹ Manipulation in den 50er-Jahren vom Sockel zu stoßen. Sie war im Gegenteil deren beste, effizienteste und einflussreichste Umsetzung.«

Heute wird die hohe Kunst, die Drehung an sämtlichen Schrauben der Obsoleszenz gewinnbringend zu orchestrieren, vorbildlich ausgeführt von dem Konzern Apple. Als der Computerhersteller 1997 kurz vor dem Bankrott stand, begann Firmenchef Steve Jobs mit dem iMac auf so etwas wie das sexy Produkt hinzuarbeiten. Mit dem iPhone hatte er sich rund zehn Jahre später diesem Ziel beachtlich genähert. Auf der technischen Ebene löste es mit Touchscreen und virtueller Tastatur das Problem früherer Smartphones, eine möglichst komfortable Tastatur mit einem möglichst großen Bildschirm bei einem möglichst handlichen Kleingerät unter einen

Hut zu bringen. Eine echte Innovation, die Apple zwar nicht erfunden, aber erstmals massentauglich vermarktet hat.

Der Apple-Gründer war jedoch nicht nur ein erfolgreicher Innovator in technischer Hinsicht. Steve Jobs hatte von Anfang an auch dafür gesorgt, dass Apple-Geräte sich außer in ihrer Funktionsweise auch äußerlich von denen der Konkurrenz unterschieden. Während diese – teils bis heute – in schwer unterscheidbarem Beige und Grau daherkamen, hatten Computer von Apple MacIntosh einen bestimmten, unverwechselbaren »Look«. Seit dem in verschiedenen Farbkombinationen erhältlichen Kompaktrechner iMac von 1998, dessen transparentes Kunststoffgehäuse Einblick ins Innere der Maschine gewährte, über mattschwarze und weißglänzende Laptops bis hin zum weiterhin vorherrschenden Aluminiumlook wirkt jede Apple-Modellgeneration stilbildend auf das Design anderer Elektro- und Elektronikprodukte.

Steve Jobs hatte erkannt, dass die Elektronikwelt reif für die GM-Strategie der Jahresmodelle war und formulierte es für den iPod ausdrücklich in einem Fernsehinterview: »Wenn du stets das Neuste und Beste besitzen möchtest, musst du mindestens einmal im Jahr einen neuen iPod kaufen.«[7] Damit die Kunden das taten, trieb Jobs den liebevoll »Macs« genannten Rechnern noch das letzte Quäntchen nerdig-verschwitzter Anmutung aus. Er schleifte seine Designer mit zu Tiffany & Co., damit sie sich dort Anregungen holen und Produkte entwerfen könnten, die keine Arbeitsgeräte mehr sein sollten, sondern perfekt gestylte Accessoires, die man gerne gut sichtbar mit sich herumträgt oder zum Fotoshooting für den Schöner-Wohnen-Katalog auf dem Schreibtisch präsentieren möchte. Kein Schräubchen verweist mehr auf irgendwelche materiellen Prozesse, die glatten Gehäuse haben eine makellose, geradezu sakrale Ausstrahlung. Sie integrieren sich perfekt in ein Ambiente von Ästhetik und Lifestyle, und nicht wenige Appleprodukte kann man gleich zur Anbetung ins Designmuseum stellen.

All diese Kombinationen mit dem markenspezifischen kleinen »i« davor suggerieren dem Konsumenten, als individueller Nutzer Teil einer kreativen, hippen Community zu sein. Wer sich in das Universum hineinbegibt, wird aufs Fürstlichste umhegt von der bereitgestellten elektromagischen Ich-Welt-Verbindung, die den völlig losgelösten Zugriff auf sämtliche Weltressourcen eines von Kabeln und räumlichen Beschränkungen unabhängigen, kreativen Individuums ermöglicht. Diese Konsumenten sind empfänglich für die wohlgeplant erzeugte Sehnsucht, auch die nächste Generation der Wunschmaschinen zu erstehen, um sich als »early adopter«, als einer der ersten Nutzer, Welten zu erschließen, die nie ein Konsument zuvor betreten hat. Man kann sogar kostenlos den eigenen Namen in sein Apple-Gerät gravieren lassen, als signiere man das Gesamtkunstwerk mit, so wie es die Designer des ersten iMac auf der Innenseite des Gehäuses gemacht hatten. Böswillig, wer hier unterstellt, damit solle das Gerät für den Secondhandmarkt unattraktiv gemacht werden. Wer möchte schon einen MP3-Player, in den ein fremder Namen eingeritzt ist? Aber vielleicht will man signierte Sammlerstücke sowieso nicht verkaufen.

Egal, wie viele Millionen Konsumenten jedes neue Apple-Produkt kaufen, den Vermarktern ist es gelungen, dass jeder Kunde zu seinem neuen iPod, iPad oder iPhone im Geiste ein andächtiges »Das ist ein Symbol meiner Individualität und meines Glaubens an die persönliche Freiheit« säuselt. Seinen Wunsch, als Individuum erkennbar zu bleiben und sich immer wieder neu zu positionieren, sobald der Mainstream nachgefolgt ist, hat er vertrauensvoll in die Hände dieses Konzerns gelegt.

Seit DDBs »Think small«-Kampagne haben die Unternehmen und ihre Werbeagenturen die Definitions- und Inszenierungsmacht für Individualität nicht mehr aus der Hand gegeben. Doch sich als Unternehmen auf dem Markt zu präsentieren und zu behaupten, ist teuer. Der Erfolg eines Produkts hängt immer weniger von der Beschaffenheit des Produkts selbst und immer mehr von kostspieligen Marketingstrategien ab.

Vance Packard konstatierte schon in den 1950er-Jahren, welch zentrale Rolle die Werbung spielt. Sorgen machte ihm dabei besonders die Tendenz, dass kleinere Unternehmen verschwinden werden, weil sie es in der Hinsicht mit den großen Konzernen nicht aufnehmen können: »Auf einem Markt, wo es in erster Linie auf geschickte Verkaufsförderung, Werbung und Auslage ankommt, wenn das Interesse des Verbrauchers gefesselt werden soll, hat der große Produzent einen klaren Vorteil gegenüber dem kleinen, weil ihm größere Mittel zum Aufbau eines Markenbildes zur Verfügung stehen und weil er es durch Herstellung einer Vielzahl von Marken in der Hand hat, sich einen größeren Auslageraum für die Produktion seiner Firma zu verschaffen.«[8]

Packards Sorge, dass auf diese Weise eine Art Wirtschaftsoligarchie entstehe, hat sich bewahrheitet. Systemtheoretiker der ETH Zürich, Stefania Vitali, James B. Glattfelder und Stefano Battiston, haben vor Kurzem die Datenbank Orbis 2007 ausgewertet, in der Informationen von über 37 Millionen Unternehmen und Investoren weltweit gespeichert sind. Sie konnten dabei 147 Unternehmen identifizieren, die eine Art »Super-Einheit« bilden und mehr als vierzig Prozent der 43.000 internationalen Unternehmen kontrollieren.[9] Bereits General Electric oder AEG in Deutschland sind frühe Resultate solcher Konzentrationsbewegungen. Überall, wo es um Massenfertigung und Großinvestitionen geht, ist eine zunehmende Unternehmenskonzentration festzustellen, der immer mehr kleinere Firmen zum Opfer fallen.

Aber die Zahlen der Systemtheoretiker scheinen noch eine andere Entwicklung zu bestätigen, die Packard mit dem immer beliebter werdenden, kreditfinanzierten Konsum aufkommen sah: Die Finanzmärkte werden immer wichtiger. Die mächtigsten 50 Unternehmen, die »Top Control-Holders«, gehören fast alle zum Finanzsektor. Man kann das als eine Form der Dematerialisierung lesen. Die Entscheidungsträger rücken immer weiter vom eigentlichen Produktionsprozess weg. Welche Ware oder Dienstleistung man anbietet, ist nebensächlich. Das Unternehmen muss sich nur darauf konzentrieren, mit dem Kunden im Geschäft zu bleiben, egal wie.

Das ist der Punkt, an dem konkrete Produkte völlig austauschbar und damit insgesamt obsolet werden. Das Unternehmen wird reduziert auf einen »kundenerzeugenden und kundenzufriedenstellenden Organismus«, wie der US-amerikanische Wirtschaftswissenschaftler Theodore Levitt es drastisch ausdrückte.[10] Kundenkontakt und Kundenwunschbefriedigung werden dabei über das Metaprodukt Geld abgehandelt, die Gegenleistung spielt nur noch eine untergeordnete Rolle. Vielleicht ist das die Keimzelle der Denkweise, die uns die Kaste der Top-Investmentbanker beschert hat, der alle Hardware, Produkte, Menschen, Umwelt obsolet geworden sind. Es ist eine Denkweise, die sich nur unwillig von sozialen oder sonstigen Realitäten aus der Vorstellung reißen lassen mag, alle Wachstumsgewinne aus reiner, unbefleckter Zirkulation auf den Finanzmärkten generieren zu können. Industrien mögen dabei zusammenbrechen, Ressourcen erschöpfen – Kundenkontakt und Kundenbefriedigung muss das nicht notwendigerweise stören.

Beim Hochfrequenzhandel der Finanzmärkte kaufen Computer innerhalb von Sekundenbruchteilen Wertpapiere und stoßen sie sofort wieder ab. In Sekundenbruchteilen wechseln Waren, Fabriken, Arbeitsplätze den Besitzer. Selbst minimalste Beschränkungen, wie die vom Europaparlament vorgeschlagene Mindesthaltefrist für Wertpapiere von sage und schreibe einer halben Sekunde, treffen auf erbitterten Widerstand der Hochfrequenzspekulanten. Eine halbe Sekunde. Wie viel belebte oder unbelebte Materie könnte in dieser Zeit real bewegt werden? Selbst die Verständigung über solche Prozesse findet jenseits von menschlicher Einflussnahme statt. An der Börse kommunizieren Algorithmen miteinander. Sogar der Ort, an dem das Ganze stattfindet, der Planet Erde, scheint an diesem Punkt obsolet geworden.

Und das Schöne ist, wenn man das alles nicht kapiert, bekommt man ein wunderhübsch aussehendes Gerät in die Hand gedrückt, kann darauf herumtippen, drüber wischen, hineinsprechen und ist *connected*. Frank Zappa hat 1968 mit *Absolutely Free* die passende Hymne für diese Fantasie geschrieben: »The first word in this song is discorporate. It means: to leave your body.«

1 Jerry Della Femina, *From Those Wonderful Folks Who Gave You Pearl Harbor: Front-Line Dispatches from the Advertising War*, New York 1970, S. 28
2 Bob Garfield, »Ad Age Advertising Century: The Top 100 Campaigns«, http://tinyurl.com/a4ac9th

3 vgl. ebd.

4 Jack Kerouac, *Gammler, Zen und hohe Berge*, übersetzt von Werner Burckhardt, Hamburg 2010, S. 133f

5 vgl. auch Garfield, »Advertising Century«, a.a.O.

6 alle Zitate nach Thomas Frank, *The Conquest of Cool. Business Culture, Counterculture, and the Rise of Hip Consumerism*, Chicago 1979, S. 197ff

7 Brian Williams, »Steve Jobs: Iconoclast and salesman«, www.msnbc.msn.com/id/129 74884/ns/nightly_news

8 Vance Packard, *Die große Verschwendung*, aus dem Amerikanischen von Walther Schwerdtfeger, Düsseldorf 1961, S. 226

9 Stefania Vitali, James B. Glattfelder, Stefano Battiston, »The network of global corporate control«, http://arxiv.org/abs/1107.5728

10 Theodore Levitt, »Marketing Myopia«, in: *HBR*, 1975, www.casadogalo.com/marketingmyopia.pdf

Schöne neue Warenwelt?

Zeitgleich mit dem konsumfreudigen Lebensgefühl der 1960er-Jahre, das im Rhythmus immer neuer Moden den wirtschaftlichen Aufschwung beflügelt, wächst bei vielen Konsumenten ein gewisser Unmut über die Qualität der Waren. Ausgerechnet des Deutschen liebstes Kind, das Auto, steht in Verdacht, immer schneller kaputtzugehen: Die Bleche werden angeblich immer dünner und rosten immer schneller, die Lebensdauer von Auspuffen sei sowieso unterirdisch und Reifen könnten viel länger halten.

Gleichzeitig rücken aber auch die Rechte der Konsumenten stärker in den Vordergrund. Ab 1961 gibt es in jedem Bundesland Verbraucherzentralen, und 1964 wird die Stiftung Warentest gegründet. Mitte der 1970er-Jahre interessiert sich dann sogar die Bundesregierung für den beklagten Qualitätsverlust vieler Waren. Die von ihr eingesetzte Kommission für wirtschaftlichen und sozialen Wandel beauftragt Prof. Dr. Burkhardt Röper, Ordinarius für Volkswirtschaftslehre der Technischen Hochschule Aachen, die Frage »Gibt es geplanten Verschleiß?« systematisch anzugehen.[1]

Röper stellt der Industrie in seiner Studie im Großen und Ganzen ein gutes Zeugnis aus. Für die kursierenden Gerüchte über Qualitätsminderungen findet er keine eindeutigen Beweise. Änderungen der Materialbeschaffenheit bei Autoblechen, Auspuffen oder Reifen führt er eher auf die Suche nach einer optimalen Umsetzung neuer technischer Entwicklungen und geänderter Sicherheits- und Umweltvorschriften zurück, weniger auf eingebaute Sollbruchstellen. Zwar macht er einen gewissen Hang zum Ensembleverkauf aus, der den Austausch des Gesamtensembles erfordert, wenn ein einzelnes Element unbrauchbar wird – es ist die Zeit der Einbauküchen und Stereokompaktanlagen –, aber letztlich sorge eine funktionierende Konkurrenzsituation auf dem Markt schon dafür, dass sich kein Hersteller erlauben könne, qualitativ minderwertige Waren zu verkaufen. Qualitative Obsoleszenz werde sowieso schnell zum Eigentor, denn die Kunden würden dann höherwertige Produkte der Konkurrenz bevorzugen.

Mit dem gesamten Bereich der psychologischen Obsoleszenz mag Röper sich nicht besonders ernsthaft beschäftigen. Er sympathisiert eher mit der Haltung der Unternehmer, die mit dem launisch auf die Bibel verweisenden Spruch »Schon Josef trug ›einen bunten Rock‹, der nicht nur differenzierte, sondern auch provozierte« Modewellen und modische Wechsel als etwas darstellen, was seit jeher zum Menschsein dazugehört.[2] Warum sollte man also über psychologische Einflussnahme diskutieren, wenn die Anpreisungen der Hersteller im Großen und Ganzen lediglich dazu dienten, einem uralten Menschheitsbedürfnis entgegenzukommen?

Da Röper aufseiten der Industrie keine grundlegenden Verfehlungen ausmachen kann, sieht er am ehesten auf der Verbraucherseite Handlungsbedarf. Bei den Konsumenten unterscheidet er zwei Typen: Auf der einen Seite gibt es den verantwortungsbewussten Käufer, der Nutzungsdauer, laufende Kosten und ökologische Aspekte vor dem Kauf sorgfältig gegeneinander abwägt; auf der anderen Seite gibt es aber auch den leichtgläubigen Konsumenten, der aus Spaß am Shoppen stets *up to date* sein will und seine Ex-und-hopp-Mentalität genießt.

Der real existierende Käufer ist für Röper eine Mischung aus beiden – vorwiegend kritisch, aber gelegentlich auch leichtsinnig. Der Bundesregierung legt er 1976 als Konsequenz seiner Studie nahe, die Produkthaftung auszuweiten und Verbraucherorganisationen wie die mit steuerlichen Mitteln geförderte Stiftung Warentest zu stärken. Vor allem aber empfiehlt er, sich um die Weiterbildung der Konsumenten zu kümmern, durch »eine Intensivierung der Anleitung zum pfleglichen Umgang mit Gebrauchsgegenständen, beginnend mit der Wartung von Kraftfahrzeugen bis hin zur Pflege des Schuhwerks«.[3]

Seitdem ist die Kombination aus Erziehung des Konsumenten und Stärkung seiner Rechte als beste Obsoleszenzvorsorge sichtlich vorangekommen. Die von der Stiftung Warentest seit 1966 herausgegebene Zeitschrift *test* ist in den 1970er-Jahren Lektüre in vielen deutschen Haushalten, in Österreich veröffentlicht der gemeinnützige Verein für Konsumenteninformation VKI das Magazin *Konsument,* und in der Schweiz veröffentlicht die Stiftung für Konsumentenschutz *Blickpunkt* Produkttests. Am 15. März 1983 wird erstmals der Weltverbrauchertag begangen, der an die drei schon 1962 von John F. Kennedy proklamierten Verbrauchergrundrechte erinnern soll: Schutz vor betrügerischer oder irreführender Werbung oder Kennzeichnung; Schutz vor gefährlichen oder unwirksamen Medikamenten; und das Recht, aus einer Vielfalt von Produkten mit marktgerechten Preisen auswählen zu können.

Ist die qualitative Obsoleszenz heute also kein Thema mehr? Mitte der 1990er-Jahre griff der Volkswirt Manuel Zalles-Reiber diese Frage im Rahmen seiner Dissertation am Münchener Institut für Absatzwirtschaft auf. Er kam zu einem ähnlichen Ergebnis wie Röper. Gerade die Verbesserungen beim Konsumentenschutz, bei Garantie und Gewährleistung und die regelmäßigen Warentests haben seiner Meinung nach zu so vielen wirksamen Restriktionen gegen Sollbruchstellen oder andere Formen der Sabotage gegen die innere Produktqualität geführt, dass er einen geplanten Verschleiß als Unternehmensstrategie nicht mehr für zielführend hält. Gestiegene Ansprüche der Verbraucher und die höheren Risiken für die Hersteller aufgrund der Produkthaftung erhöhten den Anreiz für Unternehmen, für eine bessere Qualitätssicherung zu sorgen. Die Angst vor gewaltigen Imageschäden, von denen die Konkurrenten profitieren würden, tue das Übrige.[4]

Das Zusammenspiel von Verbraucherinitiativen wie Stiftung Warentest und verschärfter Gesetzgebung demonstriert Zalles-Reiber exemplarisch am Beispiel der Teflonpfanne. Die Tester fanden heraus, dass deren Qualität sich zwischen 1969 und 1973 verschlechtert hat. Nur ein Drittel der getesteten Pfannen erhielt »ordentliche Noten«. Daraufhin wurde das Bundesgesundheitsamt aktiv, indem es 1983 strenge Fertigungsrichtlinien für die Herstellung von kunststoffbeschichtetem Geschirr formulierte. Beim Nachtest 1993 hatten von 28 beschichteten Bratpfannen nur noch vier Stück eine mangelhafte Beschichtung.[5]

Tatsächlich scheint es den Verbraucherschutzinitiativen gelungen zu sein, ordentlich Druck auf die Hersteller auszuüben. Allein die

Stiftung Warentest verweist in ihrer Bilanz zum vierzigjährigen Bestehen darauf, in 4.000 Tests 72.000 Produkte getestet zu haben und für 96% der Deutschen ein Begriff zu sein.[6] Hersteller werben gern mit einem guten Testergebnis, weil viele Kunden bei der Kaufentscheidung auf Labels der Stiftung Warentest oder des Öko-Test achten.

Dass das Firmenimage darunter leidet, wenn der Verdacht besteht, dass geplante Obsoleszenz im Spiel ist, hat 2003 Apple erfahren. Wie viele andere auch hatte Casey Neistat, Künstler und Filmemacher aus New York, sein letztes Geld für einen iPod zusammengekratzt. Der kostete damals fast fünfhundert Dollar. Rund zwölf Monate später war der Akku des Geräts kaputt. Neistat beschwerte sich bei Apple, erhielt aber lediglich den Rat, sich ein neues Gerät zu kaufen. Ein Reparaturdienst wurde nicht angeboten. Nicht der kaputte Akku nervte Neistat: »In meinem Nokia-Handy gibt er ja auch den Geist auf, dann kaufe ich mir einen neuen. Sogar bei meinem Apple-Laptop geht das. Aber bei diesem teuren iPod musste, wenn der Akku hin war, das ganze Gerät ersetzt werden.«

Casey ließ sich mit dieser Auskunft allerdings nicht abspeisen. Sein Bruder Van kam auf die Idee, das Ärgernis öffentlich zu machen: Sie schnitten sich eine Metallschablone für den schönen Satz ›Der nicht austauschbare Akku des iPods hält nur 18 Monate‹, zogen damit durch die Stadt und sprühten die Botschaft auf jedes iPod-Werbeplakat, das sie finden konnten. Das Ganze nahmen sie auf Video auf und veröffentlichten den Clip unter dem Namen »iPod's Dirty Secret« auf ihrer Website. Dort wurde er in den ersten paar Wochen mehr als fünf Millionen Mal angeklickt, und die Story ging durch alle Medien. Offensichtlich waren die Neistat-Brüder nicht allein mit ihrer Erfahrung. Plötzlich herrschte Empörung über die Unternehmensphilosophie des Herstellers, die zu perfekt designten, aber kaum reparablen Geräten führte.

Imageverlust durch öffentliche Empörung ist jedoch nicht das Einzige, was ein Hersteller fürchten muss, wenn er mit qualitativer Obsoleszenz liebäugelt. Im Fall von Apple hat die große öffentliche Aufmerksamkeit auch schnell Juristen auf den Plan gerufen, denn aussichtsreiche Prozesse gegen Großkonzerne können sich durchaus für den Kläger lohnen. Im Fall des iPods wurde die auf Verbraucherrecht spezialisierte Anwältin Elizabeth Pritzker aus San Francisco auf das Video aufmerksam und strengte eine Klage gegen Apple an. Ein halbes Jahrhundert nach dem Glühlampen-Fall stand die geplante Obsoleszenz erneut vor Gericht. Das Verfahren begann zwei Jahre nach der Einführung des iPods. Apple hatte zu dem Zeitpunkt in den USA etwa drei Millionen Geräte verkauft, und die Nichtaustauschbarkeit des Akkus überraschte und empörte zahlreiche iPod-Besitzer, da auswechselbare Akkus zu dieser Zeit bei anderen Herstellern von MP3-Playern noch der Standard waren.

Pritzker rief im Internet dazu auf, sich einer Sammelklage anzuschließen. Tausende beteiligten sich. Allein schon der Aufruf sorgte für eine weitere Beschädigung des sauberen Images von Apple, da sich die Nachricht über den Prozess ähnlich schnell verbreitete wie das Video der Neistat-Brüder. Nicht unerheblich war in dem Zusammenhang, dass mit den individualistischen, kreativen Künstlern Casey und Van Neistat sowie dem technikaffinen Andrew Westley, den Pritzker als Vertreter der Sammelklage ausgewählt hatte, Kläger in den Vordergrund traten, die eigentlich zu den Kernzielgruppen des Applemarketings zählen.

Die Neistats und Westley waren bis dahin bekennende Apple-Fans gewesen. »Mein iPod ist quasi ein Teil von mir«, gab Westley zu Protokoll. Als der Akku des extra für Langstreckenflüge angeschafften Stücks sich jedoch schon beim ersten Flug von San Francisco nach New York verabschiedete, sah auch er den Zeitpunkt gekommen, sein Selbstverständnis neu zu justieren. Fortan gefiel er sich in der Rolle des mutigen Vorkämpfers für Zehntausende in einem Fall, der als »Westley gegen Apple« bekannt wurde. Seine Freunde und Familie identifizierten ihn jetzt nicht mehr mit seiner Lieblingsfirma Apple, sondern mit »so einer wie Erin Brockovich«, der mutigen Rechtsanwaltsgehilfin, die fast im Alleingang eine Trinkwasserverseuchung berhindert hatte und für die Geschädigten vor Gericht eine Rekordsumme zur Entschädigung erstritt. Wenn Apple Kunden wie Westley verlor, wäre das ein harter Schlag für den Konzern.

Das waren genau diejenigen, die sich bis dahin immer gern mit dem Apfel-Logo geschmückt und über die vermeintlich gesichts- und rückgratlose Nutzermasse des Microsoftimperiums nur die Nase gerümpft hatten.

Einem Unternehmen geplanten Verschleiß zweifelsfrei nachzuweisen, ist eine schwierige Angelegenheit. Bevor Elizabeth Pritzker Ende 2003 am Bezirksgericht von San Mateo – nur wenige Blocks vom Apple-Firmensitz in Kalifornien entfernt – Klage einreichte, musste sie sich also intensiv um die Beweisführung kümmern. Sie hatte Apple um Unterlagen über die Lebensdauer der iPod-Batterien gebeten und eine Menge technischer Daten über Entwürfe und Testverfahren erhalten. Zusätzlich nahm sie den iPod in ihrem Büro auch selbst auseinander, um einen Blick in die Eingeweide werfen zu können, und stellte einen detaillierten Vergleich her zwischen der Werbung, die Apple gemacht hatte – »in einer Anzeige wurde behauptet, dass der neue iPod bis zu 27 Jahre halten sollte!« – und der tatsächlichen Leistung, von der die zahlreichen Nutzer berichteten. Nach eingehender Prüfung kam Pritzker zu dem Fazit, dass die Lithium-Batterie im iPod bewusst so entworfen worden war, dass sie nur kurze Zeit hielt.

Wie tragfähig Pritzkers Beweise waren, wurde juristisch jedoch nicht entschieden. Zu einem Urteil kam es nicht. Nach einigen Monaten harter Verhandlungen kamen die Parteien zu einer Einigung – was für Apple den entscheidenden Vorteil hatte, dass damit die technischen Unterlagen zu der Batterie, auf die Pritzker im Zuge ihrer Untersuchungen automatisch Zugriff bekommen hatte, nicht an die Öffentlichkeit weitergegeben werden durften. Bei einer kompletten Gerichtsverhandlung mit Geschworenen hätten diese für jedermann einsehbar gemacht werden müssen. Dazu kann man sich leicht vorstellen, dass ein bis zur Urteilsverkündung durchgeführter Prozess weiter mediales Aufsehen erregt hätte.

Apple gab auch anderweitig klein bei: Die Firma richtete einen Austauschservice für die Akkus ein und verlängerte die Garantiezeit auf zwei Jahre. Die Kläger wurden entschädigt, allerdings nicht mit spektakulären Rekordsummen wie im Fall von Erin Brockovich.

Andrew Westley gab sich schon mit dem 50-Dollar-Rabatt auf ein neues Apple-Produkt zufrieden. Trotz eines juristischen Ergebnisses, dass man zumindest auch als eine Art Schuldeingeständnis interpretieren kann, siegte letztlich die psychologische Markenbindung. »Sie behielten mich als Kunden, und ich kaufte einen teuren Laptop. Dabei wurde ich das Gefühl nicht los, dass Apple am Ende von meiner Abfindung noch profitiert hat«, resümiert Westley. Neben dem dumpfen Gefühl, vielleicht doch über den Tisch gezogen worden zu sein, merkt man Westley aber auch eine gewisse Erleichterung über das Einlenken seines Lieblingskonzerns an. Die Identifikation mit den Produkten, die für das eigene Lebensgefühl stehen, war stärker als die Enttäuschung darüber, als Kunde durch perfides Produktdesign hereingelegt worden zu sein.

Vielleicht lag der Sieg über Apple in diesem Präzedenzfall nicht in der schäbigen Abfindung, sondern in der Verlängerung der Garantiezeit und der Einrichtung des Batteriereparaturservices – und in der Botschaft der Konsumenten, dass nicht alles ohne Proteste hingenommen wird. Trotzdem haben sie sich wenige Jahre später mehr oder weniger daran gewöhnt, dass die Batterien von vielen elektronischen Geräten, darunter die aktuelle Version von Apples MacBook Pro und der iPad, oft prinzipiell nicht mehr austauschbar sind und damit zum regelmäßigen Neukauf führen.[7] Apple wurde ironischerweise Vorreiter einer Tendenz, die trotz aller Sammelklagen kaum aufzuhalten scheint.

Anwältin Elizabeth Pritzker ist, schon von Berufs wegen, wesentlich weniger versöhnlich gestimmt als Westley. Sie ist skeptisch, was die Machenschaften der Hersteller angeht, und findet, dass der Käufer ein Recht auf umfassende Produktinformation hat, und dass das ein Wissen um die geplante Lebensdauer einschließt. Die nächste Auseinandersetzung hat sie schon anvisiert: »Was mich persönlich am meisten stört, ist, dass Apple sich immer als junge, hippe, nach vorn schauende Firma darstellt. Dass ein solches Unternehmen keine gute Umweltpolitik betreibt, die es Käufern ermöglicht, die Produkte einem ordentlichen Recycling zuzuführen, passt nicht zu diesem Image.«

Auch ohne Prozessdrohung bekam Apple jüngst wieder die Macht seiner Kunden zu spüren, als das Unternehmen im Juli 2012 beschloss, aus dem US-Umweltsiegelprogramm EPEAT (Electronic Product Environmental Assessment Tool) auszusteigen, dem nach Auskunft der US-Umweltbehörde EPA »führenden weltweiten Umweltbewertungssystem für elektronische Produkte«. Als Ursache für den Ausstieg vermuten Experten, dass die Praxis, viele Teile zu verkleben, anstatt sie zu verschrauben, gegen die Auflagen zur Recycling-Fähigkeit und einfachen Reparatur verstoßen. Schulen, Behörden und selbst die Stadt San Francisco erklärten daraufhin, dass sie unter den Umständen keine Macintosh-Computer mehr kaufen wollten. Die Konzernführung reagierte prompt und nahm ihren Entschluss zurück, vermeldet *Der Spiegel* am 13. Juli 2012.

»Ich denke, wir sollten an dem Thema dranbleiben. Wir alle gemeinsam. Wir müssen das Internet nutzen, darüber bloggen. Zusammen haben wir mehr Macht. Nur so wird sich etwas ändern«, ist Andrew Westleys Vision nach dem Prozess gegen Apple. Vielleicht hat die Kombination aus selbstbewussten, »erzieherisch« aktiven Konsumenten und strengeren Auflagen tatsächlich das Potenzial, auch große, global operierende Unternehmen zum Handeln zu bringen.

Ist also Zalles-Reibers Optimismus in Bezug auf wachsende regulierende Kräfte, die dem geplanten Verschleiß das Leben schwer machen, berechtigt? Fast zehn Jahre nach dem Prozess gegen Apple berichtet *die tageszeitung* über die Beschwerde eines Kunden, dass sein Smartphone des taiwanesischen Herstellers HTC drei Monate nach Ablauf der Garantiezeit kaputtgegangen sei. HTC antwortete: »Bedauerlicherweise werden Smartphones von der Halbwertszeit wirklich für einen Zweijahresrhythmus hergestellt und produziert.« Philip Heldt, wissenschaftlicher Mitarbeiter der Verbraucherzentrale NRW, bestätigt, dass auch ihn solche Beschwerden nahezu täglich erreichen, insbesondere im Bereich von Hightech-Produkten wie Smartphones. Dort sei oft der Akku zu schwach ausgelegt und die Gerätehüllen seien nicht verschraubt, sondern geklebt oder gesteckt, und somit kaum ohne Schaden zu öffnen, geschweige denn zu reparieren. Immerhin reagierte die Pressestelle des Handy-Herstellers postwendend: Der HTC-Kundendienst sei daraufhin angewiesen worden, solche missverständlichen Aussagen nicht mehr zu tätigen.[8] Die Furcht vor Imageverlust führt also durchaus schnell zu Reaktionen – nicht notwendigerweise bei der Qualität, aber auf jeden Fall bei der Öffentlichkeitsarbeit.

Eine Verkürzung der Produktlebensdauer ist nicht nur bei Kleingeräten wie MP3-Playern und Smartphones festzustellen. Flachbildfernsehgeräte haben inzwischen fast überall die wuchtigeren Röhrenfernseher ersetzt. Deren Nutzungszeit lag meist deutlich über zehn Jahren. Teure Flachbildschirmgeräte dagegen sind oft schon nach wenigen Jahren unbrauchbar. »Ob Toshiba, Sony, Samsung oder Philips, die sind alle so gebaut, dass sie schnell kaputtgehen«, so der Techniker eines TV-Reparaturunternehmens im Mai 2012. Hier gehe man derzeit von einer Lebensdauer von drei bis vier Jahren aus.[9] Dieses Phänomen ist nicht auf Fernseher beschränkt. Gerade bei großen Innovationen wie dem Umstieg von Röhren- auf Flachbildschirmen oder von Filmrollen auf digitale Bildverarbeitung gehen Verbraucherorganisationen anfangs von einer großen Bandbreite unterschiedlicher Qualitätsstufen aus.[10]

Qualitative Obsoleszenz, der vorzeitige materielle Verschleiß also, spielt auf diesen Gebieten jedoch nicht die Hauptrolle. Entscheidend wird vielmehr die Verkürzung des Produktlebenszyklus. Seit den Zeiten von Vance Packard hat sich die Situation auf den Konsumgütermärkten mit dem Siegeszug elektronischer Produkte stark verändert. In jedem Jahr werden mehr von ihnen auf den Markt geschwemmt, und bei all diesen Produkten ist im Großen und Ganzen eine enorme Beschleunigung bei den Produktlebenszyklen festzustellen: Die Zeitspanne zwischen der Markteinführung und der Herausnahme aus dem Markt wird immer kürzer.

Eine Verkürzung des Produktlebenszyklus eines Konsumartikels ist nicht mit der Verkürzung seiner Lebensdauer zu verwechseln. An der Glühbirne kann man den Unterschied gut verdeutlichen: Die einzelne verkaufte Glühbirne hielt nicht sehr lange, die Lebensdauer dieses Produkts war also relativ kurz. Gleichzeitig hielt sich die Glühbirne über hundert Jahre technisch praktisch unverändert auf dem Markt, der Lebenszyklus des Produkts war somit sehr lang. Wäre die Glühbirne nicht per Gesetz vom Markt genommen worden, könnte man sie sicher heute noch kaufen. Auf dem Gebiet der Unterhaltungselektronik dagegen hat sich der durchschnittliche Produktlebenszyklus im Vergleich zur Glühbirne unglaublich verkürzt. Künstlich begrenzte Haltbarkeit eines Produktes würde den Kunden oft gar nicht tangieren, weil er sein funktionierendes Gerät idealerweise schon vorher aus freien Stücken durch ein Nachfolgemodell ersetzt hat. Wenn jedoch für eine Kundschaft produziert wird, die sich in der Regel sowieso alle 18 Monate ein neues Telefon anschafft, ist es für den Hersteller manchmal besser (weil günstiger), ein Handy so zu konstruieren, dass es nicht unbedingt länger als die garantierten 24 Monate funktioniert.

Echte Sollbruchstellen sind riskant. Wenn etwas frühzeitig nicht mehr funktioniert und gar der Verdacht entsteht, dass das kein Zufall ist, ist der Kunde verärgert und wandert womöglich zur Konkurrenz ab. Sinnvoller arbeiten die Industriedesigner darum mit einer geschickt choreografierten Abfolge von Produktlebenszyklen. Alternativ (oder ergänzend) zur Verkürzung der Lebensdauer eines Flachbildfernsehers bietet sich eine andere Strategie an: Die neue Technik wird sukzessive am Markt eingeführt und den Konsumenten jedes Jahr aufs Neue als nächster großer Innovationsschritt angepriesen, mit den passenden Labels aus den Marketingabteilungen – HD Ready, HD Ready 1080p oder Full HD.

Der Obsoleszenzforscher Manuel Zalles-Reiber geht daher sogar so weit, die qualitative Obsoleszenz in seiner Untersuchung nur als Randphänomen zu betrachten und rückt andere Erscheinungsformen der Obsoleszenz in den Fokus. Dazu hält er zunächst einmal eine Verfeinerung der Packardschen Obsoleszenzkategorien für sinnvoll. So unterteilt er die technisch-funktionelle Obsoleszenz in eine ingenieurtechnische und eine gebrauchstechnische Veralterung. Die ingenieurtechnische Obsoleszenz zielt auf technische Innovationen, die ein Produkt verbessern. Ein nachvollziehbares Beispiel ist die Entwicklung des Camcorders, dessen erste Modelle noch die Ausmaße eines Aktenkoffers hatten und mehrere Kilo wogen.

Die zunehmende Miniaturisierung der elektronischen Bauteile ermöglichte es, dass die schweren Geräte abgelöst wurden durch immer handlichere Videokameras, die schließlich nicht mehr als 700 Gramm wogen.

Die Entwicklung immer kleinerer und besserer Computerchips seit den 1980er-Jahren führte zu einem bis dahin nie dagewesenem »Boom« ingenieurtechnischer Veralterung in allen elektronischen Bereichen.[11] Jedes Jahr kommen noch leistungsfähigere Computer oder Kompaktkameras mit noch mehr Megapixel auf den Markt, und bislang setzt sich der Trend zu weiterer Miniaturisierung und Leistungsfähigkeit fort. Bereits in den 1960er-Jahren formulierte Gordon Moore, Gründer des Chip-Herstellers Intel, die als Moore's Law bekannt gewordene Faustregel, dass sich die Zahl der Schaltkreiskomponenten pro Fläche alle zwölf Monate verdoppelt. Heute geht man eher von einem Zeitraum von 18 Monaten aus, aber ob Festplattenspeicher, Bildschirmauflösung, Netzübertragungsbandbreite: Die Leistung verdoppelt sich schnell und zuverlässig.

Und egal, ob die Erhöhung der Prozessorgeschwindigkeit sich im Alltagsgebrauch wesentlich bemerkbar macht oder nicht – jedes Nachfolgemodell mit einem neuen, besseren Leistungswert, der sich in Zahlen ausdrücken lässt, hat die umgehende ingenieurtechnische Veralterung seines Vorgängers zur Folge.[12] Dem Konsumenten wird auf diese Weise das Gefühl vermittelt, bereits kurz nach dem Kauf eines Produkts technisch nicht mehr auf der Höhe der Zeit zu sein; sei es, weil die eigene Kompaktkamera nur acht statt der inzwischen üblichen sechzehn Megapixel besitzt, oder weil die neue iPad-Generation – jedes Jahr als riesiges Event inszeniert – den kürzlich angeschafften Tablet-Computer alt aussehen lässt.

Dass solche »Verbesserungen« oft nicht nur von zweifelhaftem Nutzen sind, sondern sogar zum Nachteil der Produkte werden können, zeigt die Jagd nach immer kleineren Digitalkameras mit immer höheren Pixelwerten. Gerne lässt man den Käufer glauben: Je mehr Megapixel, desto besser. Doch was zunächst einleuchtend klingt, ist leider falsch. Denn wenn immer mehr Pixel auf immer kleineren Bildsensoren untergebracht werden sollen, geht das auf Kosten der

Lichtempfindlichkeit der einzelnen Pixel, und es entsteht ein unangenehmes »Bildrauschen«, eine Verschlechterung der Bildqualität. Das macht Programme erforderlich, die dieses Rauschen reduzieren, wodurch wiederum das Bild an Schärfe und Detailreichtum einbüßt. Unwahrscheinlich, dass den Ingenieuren der Herstellerfirmen der Zusammenhang unbekannt ist. Die Jagd nach immer mehr Megapixeln geht wider besseres Wissen weiter und suggeriert eine ständige Verbesserung des Produkts. Für Fachleute gelten Kompaktkameras mit kleinen Bildsensoren mit einer Auflösung von sechs Megapixeln als optimal.[13] Ingenieurtechnische »Verbesserungen« können also auch zu einem schlechteren Ergebnis führen. Es hängt ganz davon ab, welchen Auftrag man den Ingenieuren gibt – ob das Ziel optimale Fotos sind oder ein optimales Vermarktungspotenzial.

Wirkliche technische Revolutionen dagegen, die auf einem gesättigten Markt endlich wieder neue Absatzmöglichkeiten schaffen können, lassen oft lange auf sich warten. 1996 beobachtet Zalles-Reiber die intensive Suche der Elektronikindustrie nach neuen Entwicklungen auf dem Fernsehermarkt, um neue Kaufimpulse zu schaffen. Denn der Umsatz stagniert: Zwar steht in vielen Haushalten irgendwann sogar mehr als ein Apparat – so muss man sich nicht darauf einigen, was aus der inzwischen beträchtlichen Auswahl an Programmen eingeschaltet wird, sondern die Kinder können in ihrem Zimmer bequem und ohne jemanden zu stören gucken, was sie wollen. Danach aber ist erst mal keine Nische mehr zu entdecken, wofür noch ein neues Gerät anzuschaffen wäre.

Seit der Erfindung des Farbfernsehens gab es lange keine grundlegende Innovation in dem Segment. Das änderte sich erst mit den Flachbildfernsehern, und 2006, zehn Jahre nach der von Zalles-Reiber bemerkten Sehnsucht nach einer ingenieurtechnischen Produktalterung, wurden in Deutschland erstmals mehr Flachbild- als Röhrenfernseher verkauft. Wie bei jeder noch neuen Technologie, die erst noch ausreifen muss, eröffnete sich damit ein wahres Paradies für die ingenieurtechnisch induzierte Verkürzung der Produktlebenszyklen. Ständig gibt es jetzt irgendeine Modifikation oder Neuerung, und jede von ihnen hat das Potenzial, bestehende Technologien bald obsolet werden zu lassen: PDP, LCD, LED, OLED, SED und natürlich nicht zu vergessen die diversen 3D-Technologien – jedes neue Kürzel verspricht neue Kunden.

Was Zalles-Reiber als gebrauchstechnische Veralterung bezeichnet, ist damit eng verbunden. Sie beruht zwar ebenfalls auf technologischen Änderungen, aber es geht dabei nicht um die Erhöhung der Leistung, sondern um eine verbesserte Handhabung oder neue Anwendungsmöglichkeiten für den Nutzer: So ließ die Erfindung des elektrischen Anlassers das Auto zwar nicht schneller fahren, aber gegenüber der Handkurbel vereinfachte sie seine Handhabung wesentlich. Wer wollte noch mühsam kurbeln, wenn auch eine kleine Schlüsseldrehung genügte?

So etwas wie die technischen Werte sind für den Kunden in solchen Fällen zweitrangig, solange die Neuerung ihm einen Vorteil in der Nutzung bietet. Er muss nicht wissen, wie ein Induktionsherd funktioniert. Wenn er das Gefühl hat, dass er besser zu bedienen ist als sein alter Gasherd, wird seine Anschaffung für ihn interessant. Die CD hat – auch wenn die Meinungen darüber, ob es sich dabei wirklich um Verbesserungen handelt, auseinandergehen – natürlich gewisse klangliche Vorteile gegenüber der Vinyl-LP. Fast noch wichtiger aber ist für den Kunden, dass die CD weniger sorgfältig behandelt werden muss, wenn der Klang nicht leiden soll, und dass sich die einzelnen Titel komfortabler ansteuern lassen, zum Beispiel per Fernbedienung.

Auch Packards Kategorie der psychologischen Obsoleszenz wird von Zalles-Reiber weiter ausdifferenziert in eine ästhetisch-kulturelle und eine soziale Unterkategorie. Unter erstere fallen für ihn sämtliche Modemechanismen, wobei er nicht für eindeutig geklärt hält, ob Mode als Steuerungsmechanismus überhaupt gezielt eingesetzt werden kann, um Konsumenten zu manipulieren. Einerseits nimmt er als »unbestritten, dass der Modewandel in Verbindung mit anderen absatzwirtschaftlichen Instrumenten einen Zwang auf den Verbraucher ausüben kann«, andererseits weist er auf die Risiken so einer Strategie hin, weil das Verhalten der Konsumenten als Modesubjekte sich weitgehend den Prognosemethoden entziehe.

So gab sich Ford beispielsweise Mitte der 1950er-Jahre größte Mühe, nach umfassenden Marktuntersuchungen das perfekte Auto für den herrschenden ästhetisch-kulturellen Geschmack zu produzieren. Das Ergebnis war der Ford Edsel, der 1957 auf den Markt kam und finanziell zum größten Fiasko der Automobilgeschichte wurde. Ford fuhr mit dem Edsel einen Verlust von 350 Millionen Dollar ein, was nach heutigen Maßstäben fast 3 Milliarden Dollar entspräche.[14] Nichtsdestotrotz gibt es natürlich Gegenbeispiele, denn General Motors wie im Grunde alle anderen großen Hersteller waren mit der gleichen Strategie sehr erfolgreich. Der zeitgleich auf den neuen »Forward Look« getrimmte 1957er DeSoto von Chrysler verkaufte sich bestens.

Und Moden, von jeher nicht nur ein Thema für Kleidung, Frisuren oder Möbel, erweisen sich nach wie vor als sehr erfolgreiche Grundlage für Veralterungsstrategien. Wie ich heute meinen Kaffee koche und was ich dafür an Zubehör brauche, resultiert nicht unbedingt aus einer pragmatischen, sondern aus einer ästhetisch-kulturellen Erwägung: Kapseln, Pads oder Filter, Steigrohr, Zentrifuge oder Hochdruck. Selbst wenn die modische Planung wie beim Ford Edsel einmal versagt, gelingt es in der Regel doch, im Kunden das mehr oder weniger diffuse Gefühl hervorzurufen, irgendetwas ändern, irgendetwas Neues kaufen zu müssen, irgendetwas, mit dem man seinen Geschmack und seinen Stil ausdrücken kann.

Perfider als die Strategie der ästhetisch-kulturellen Veralterung ist die der sozialen Veralterung, da sie direkt auf das Selbstverständnis und die Akzeptanz des Einzelnen innerhalb der Gesellschaft oder einer Gruppe zielt: Wer nicht mitmacht, wird von den anderen geächtet. Es gibt zwar keinen offiziellen Zwang, ein bestimmtes Produkt zu kaufen, aber man kann mit Gegenwind rechnen, wenn man sich für das falsche entscheidet. Wenn alle anderen in Hosen von Carhartt skaten, kann ich schlecht mit Röhrenjeans auftauchen. Anders als die ästhetisch-kulturelle Obsoleszenz appelliert die soziale Obsoleszenz also nicht an das Bedürfnis des Einzelnen, etwas Neues zu besitzen, sondern an sein gesellschaftliches Statusbewusstsein, seinen Wunsch nach Gruppenzugehörigkeit, die sich über ein bestimmtes Konsumverhalten definiert. »Wer einen Rollenverlust vermeiden möchte, wird die vorgegebenen Konsummuster hinnehmen und befolgen«, konstatiert Zalles-Reiber.[15]

Ganz offen und denkbar simpel bringt dieses Prinzip ein Werbespot für Kartoffelchips auf den Punkt: Ein bis dahin offensichtlich einsamer Mensch öffnet die Chipstüte einer bestimmten Marke. Plötzlich umtanzen ihn daraufhin alle seine Freunde und tröten ihm ein fröhliches »Suddenly all your friends are there« in die Ohren. Der Kaufakt wird zum magischen Ritual. Vollziehe ich ihn, umgibt mich die Gemeinschaft, verweigere ich ihn, bin ich einsam. Trinke ich Red Bull, habe ich coole Freunde, bleibe ich bei Apfelschorle, versauere ich. Werbung spielt ganz bewusst mit unserem Bedürfnis und unserer Suche nach sinnstiftenden Gemeinschaften. Sie suggeriert, dieses Bedürfnis könne mithilfe der beworbenen Produkte gestillt werden und versucht dafür sogar, eigens Gemeinschaften mit großer Anziehungskraft zu etablieren. Jedes neue Produkt erzeugt im Idealfall die Angst, aus dem sozialen Netz zu fallen, wenn man es nicht kauft – »Wie, du hast keine Playstation?!« Keine für Geld zu erwerbende Chipstüte der Welt kann echte Gemeinschaft erzeugen, aber gern wird sie als kurzzeitig beruhigendes Substitut inszeniert. Und im elektronischen Zeitalter braucht man für die Zugehörigkeit zu bestimmten Gemeinschaften auch eine bestimmte technische Ausrüstung. Ohne Smartphone hat man weder Anschluss ans allgemeine Getwitter noch ans Abendfreizeitprogramm. Ohne entsprechende Konsole kein Anschluss zu den Internet-Gamern.

Sowohl für die ästhetisch-kulturelle als auch für die soziale Obsoleszenz sind Langeweile und »psychische Sättigung« wichtige Faktoren. Nichts ist langweiliger als die Mode vom Vorjahr, und spätestens, wenn die Gemeinschaft der Rubik-Würfelspieler die Farbflächen des berühmten Würfels blind wieder in Ordnung bringen kann, haben die Mitglieder sich satt gespielt und suchen neue Herausforderungen.

Nach Zalles-Reiber muss das Marketing darum zwei Aufgaben lösen: Werbebotschaften sind so zu takten, dass sie eben nicht ermüden, sondern aufmerksam machen. Und idealerweise werden Produkte

von Anfang an mit der Aussicht auf Modifikation entworfen, sodass
der Käufer bei einsetzender Gewöhnung und Ermüdung einen erfri-
schenden kleinen Impuls geboten bekommt, ohne dass gleich auf
ein komplett anderes Produkt umgeschwenkt werden müsste. Ein
positives Beispiel dafür ist Lego-Spielzeug. Neben dem mitgeliefer-
ten Bauplan für ein Ritterturnier samt Burg können die Bausteine
prinzipiell zu beliebig vielen anderen, selbst erfundenen Konstruktio-
nen kombiniert und vor allem, sonst hätte der Hersteller selbst wenig
davon, erweitert werden.
Gegen diese Art, der Monotonie des Immergleichen gutes Produktdesign entgegenzusetzen, hätte auch Packard nichts einzuwenden
gehabt. Bei den Designern seiner Zeit stellt er hingegen fest, dass sie
stattdessen den schnellen Überdruss des Konsumenten gerade als
eines der zentralen Marketinginstrumente für sich entdeckt haben.
Für diesen Ansatz ist ein Produkt, von dem man schnell genug hat,
ideal. Der Hunger nach Neuem darf nicht dauerhaft gestillt werden, der Konsument soll Appetit auf immer neue Güter haben. Die
Werbung möchte deshalb gerade keine Kunden heranziehen, die
kreativ mit ihren Produkten umgehen. Sie sollen sich schnell langweilen und dann zum nächsten Produkt weiterziehen. Der Ideal-
kunde ist ein Nimmersatt, der nach jedem Neukauf schon nach
dem Folgeprodukt lechzt – dem es im Grunde nicht mehr um den
Gegenstand selbst, sondern um den Kick der Neuanschaffung geht.
Die Zeitschrift *Fortune*, die Werbeagentur J. Walter Thompson und
Wissenschaftler der Universität Yale ließen 1957 in einer Reihe von
amerikanischen Städten eine Untersuchung durchführen, die die
Eigenschaften eines fiktiven Durchschnittsstädters aus einem fiktiven »Interurbia« erkunden sollte und Packards Diagnose bestätigte:
»Der Normalverbraucher dieser ›Interurbia‹ entwickelt, wie es in diesem Bericht heißt, alle Kennzeichen eines hervorragenden Konsumenten. In seinen persönlichen Beziehungen neigt er zu Rastlosig-
keit, Konformität und Aggression und hat einen chronischen ›Hunger
nach Verbrauchsgütern‹.«[16]
Bereits Ende der 1950er-Jahre beschreibt Packard junge Amerikaner, die an »den Lärm eines Radiogerätes, der ständig in ihr Ohr

dringt« gewöhnt worden sind; Kinder, die ständig Vergnügen durch Konsum brauchen; Werbefachleute, »die sich selber voller Stolz als Händler in Unzufriedenheit bezeichnen« und eine Werbung, die »zu einem der großen Werkzeuge der sozialen Lenkung in den USA« geworden ist. Diese Unzufriedenheit, die nur kurzfristig durch Konsum zu stillen ist, hat gravierende gesellschaftliche Folgen. Als Konsequenz dieser Lebensform sieht Packard eine amerikanische Gesellschaft vor sich, für die der englische Philosoph und Ökonom John Stuart Mill schon 1848 konstatierte, dass »das Leben des einen Geschlechts von der Jagd nach Dollars erfüllt ist, und das Leben des anderen mit der Aufzucht von Dollarjägern.«[17]

Der ständige Konsumhunger wird von einer weiteren Form der Obsoleszenz begleitet, der ökonomischen Veralterung nämlich. Ihr schreibt Zalles-Reiber ebenfalls eine wichtige Rolle zu und verortet sie auf einer Ebene mit den Packardschen Kategorien von funktionell-technischer und psychologischer Obsoleszenz. Die ökonomische Obsoleszenz ist uns aus den Angebotsblättern der großen Elektromärkte bestens bekannt. Sie greift, wenn der Konsument durch ein besonders gutes Preis-Leistungs-Verhältnis zum Neukauf animiert wird. Wie zum Beispiel bei der Armbanduhr. Anfangs war ein solides, präzises Laufwerk ein teures Luxusgut. Aber durch neue Fertigungstechniken konnten teure Metallteile durch Kunststoff ersetzt werden, und die Automatisierung sparte teure Arbeitskräfte. Wenn also eine Billiguhr statt aus 130 nur noch aus 31 Einzelkomponenten besteht und das Uhrwerk durch ein neues Ultraschallverfahren direkt mit dem Kunststoffgehäuse verschweißt wird, kann das Produkt zu einem Preis auf den Markt gebracht werden, der völlig neue Käuferschichten erschließt.[18] Allein schon der niedrige Preis erzeugt das Gefühl, zugreifen zu müssen, sich auch so ein schickes Teil anzuschaffen. »Ich bin doch nicht blöd!« Wie weit ökonomische Obsoleszenz systematisch getrieben werden kann, zeigt sich darin, dass genau dieser Satz zusammen mit »Geiz ist geil!« zum Werbeslogan erhoben wurde. Nicht zuletzt dadurch konnte Shoppen für eine sehr breite Konsumentenschicht erfolgreich zum Selbstzweck und Lebensgefühl erhoben werden.

Wer Kunden zum häufigen Neukauf bewegen möchte, muss billig anbieten. Auf Dauer geschieht das aber nicht nur auf Kosten eingesparter Arbeitsplätze. Opfer solcher ökonomischen Obsoleszenzstrategien sind nicht selten irgendwann auch die Hersteller, die dem enormen Preisdruck auf Dauer nicht standhalten können. Wenn sie das Preisniveau ihrer Güter nicht mehr senken können, sind sie selbst die nächsten Opfer der ökonomischen Veralterung.[19]

Ganze Industriezweige sind durch den Preisverfall von Produkten obsolet geworden und können sich mit etwas Glück nur noch mit spezialisierten Nischenprodukten über Wasser halten. Hier wird eine spezielle Form der Obsoleszenz augenfällig: Nicht nur Produkte unterliegen immer kürzeren Produktlebenszyklen, auch die Fertigungsweisen verkürzen sich bzw. verschwinden völlig und werden durch andere ersetzt. So berichtet der ehemalige Leiter der Entwicklungsabteilung einer Uhrenfirma im Schwarzwald, wie billige Quarzuhren das klassische Uhrmacherhandwerk überflüssig machten. Wenn er von Uhrmachern um Fortbildung im Umgang mit Quarzuhren gebeten wurde, konnte er ihnen bestenfalls noch zeigen, wie man Batterien wechselte. Der Rest war für den herkömmlichen Uhrmacher nicht mehr zu bewältigen und sollte es auch gar nicht sein. Wozu auch? Der niedrige Preis der meisten Uhren machte eine Reparatur für den Kunden sowieso unrentabel. Damit war ein ganzer Berufsstand obsolet geworden. Die Schwarzwälder Firma versuchte, auf die billige Massenproduktion von Uhren umzustellen, um das eigene Überleben zu sichern. Aber die globale Konkurrenz war für das kleine Unternehmen zu groß. Vielleicht hätte sich die Firma spezialisieren müssen, beispielsweise auf Mikroelektronik und Sensorenherstellung, um nicht zu verschwinden. Sie tat es nicht, ging pleite und verschwand.

Eine bestimmte Form der ökonomischen Veralterung scheint dagegen erst einmal ganz vernünftig zu klingen: Berechnet man neben dem Anschaffungspreis die laufenden Kosten für den Betrieb mit ein, wäre es schon vor Jahrzehnten sinnvoll gewesen, die Glühbirne durch eine Energiesparlampe zu ersetzen. Ähnliches gilt für energiesparende Kühlschränke oder Waschmaschinen – wohlgemerkt nur für den Endverbraucher; die komplette Produktbilanz inklusive der ökologischen Kosten kommt oft zu einem wiederum anderen Ergebnis. Trotz langfristiger Kostenersparnis schrecken jedenfalls viele grundsätzlich vor höheren Anschaffungspreisen zurück. Wenn etwas Billiges schnell kaputtgeht, ärgert man sich kurz und freut sich aber gleich schon darauf, auf die Suche nach dem nächsten Schnäppchen gehen zu können. Der Konsument scheint sich in seiner Kurzfristigkeitswolke ganz wohl zu fühlen.

1 vgl. Burkhart Röper, *Gibt es geplanten Verschleiß? Untersuchungen zur Obsoleszenzthese*, Göttingen 1976

2 vgl. ebd., S. 3

3 ebd., S. 330

4 vgl. Manuel Zalles-Reiber, *Produktveralterung und Industrie-Design*, München 1996, S. 76ff

5 vgl. ebd., S. 80f

6 vgl. Stiftung Warentest, *40 Jahre Stiftung Warentest*, Berlin 2004, S. 65

7 Ein internes Apple-Dokument belegt dies mit der folgenden Anweisung an die firmeneigenen Kundendiensttechniker: »The MacBook Pro (Retina, Mid 2012) top case assembly includes an embedded battery, keyboard, fan ducts and microphone. Batteries must be replaced with the top case assembly. The battery alone is not a replaceable part.« (Quelle: www.iFixit.org)

8 Heike Holdinghausen, »Garantiert im Eimer, sobald Garantie abläuft«, in: *die tageszeitung*, 21.6.2012

9 Achim Sawall, »Viele Flachbildfernseher halten nur wenige Jahre«, IT-Web-Portal *golem.de*, 2.5.2012, www.golem.de/news/hdtv-viele-flachbildfernseher-halten-nur-wenige-jahre-1205-91517.html

10 vgl. Stiftung Warentest, *40 Jahre*, a.a.O., S. 65

11 vgl. Zalles-Reiber, *Produktveralterung*, a.a.O., S. 91f

12 vgl. ebd., S. 92

13 vgl. http://6mpixel.org/2011/06/beste-bildqualitat-mit-6-megapixeln

14 vgl. Zalles-Reiber, *Produktveralterung*, a.a.O., S. 107f

15 ebd., S. 110

16 Vance Packard, *Die große Verschwendung*, aus dem Amerikanischen von Walther Schwerdtfeger, Düsseldorf 1961, S. 45 u. 279

17 vgl. ebd., S. 370f, John Stuart Mill, *Grundsätze der politischen Ökonomie*, Buch IV, Kap. 6, § 2, London 1848

18 vgl. Zalles-Reiber, *Produktveralterung*, a.a.O., S. 124f

19 vgl. ebd., S. 128f

Wachsende Müllberge und Ressourcenknappheit

Im Jahr 2009 fielen in Deutschland pro Einwohner 29 Kilogramm Sperrmüll an.[1] Klingt nicht sehr beeindruckend? Bei einer Bevölkerung von rund 82 Millionen kommen dabei beinahe 2,4 Milliarden Kilogramm oder 2,4 Millionen Tonnen Müll zusammen, der irgendwie zu entsorgen ist. Der täglich entstehende, »normale« Abfall ist dabei ebenso wenig eingerechnet wie Elektroaltgeräte. Von denen verschrottet jeder Europäer pro Jahr im Schnitt 20 Kilogramm zusätzlich.[2]

Sperrmüll und Elektroschrott kommen zustande, weil wir so gerne kaufen. Wir kaufen zwischendurch schnell ein paar Schuhe, weil sie so toll reduziert sind. Wir kaufen das Bohrmaschinenset im Discounterangebot, weil die Gelegenheit so schnell nicht wiederkommt. Wir kaufen ein Sprossenkeimgerät, weil wir davon in einer Zeitschrift gelesen haben und uns schon lange gesünder ernähren wollen. Laut Bundesumweltministerium besitzt jeder Bundesbürger durchschnittlich 10.000 Gegenstände.[3] Allerdings haben wir weder genug Platz, um die vielen schönen Gegenstände aufzubewahren, noch genug Zeit, um sie alle zu benutzen. Und so wollen wir sie irgendwann wieder loswerden.

Am Beispiel Mobiltelefon lässt sich die immer schneller werdende Abfolge von Anschaffen und Ausmustern gut verfolgen: Sobald eine neue Modellgeneration auf den Markt gekommen bzw. der nächste Handyvertrag abgeschlossen ist, gilt die vorhergehende als veraltet. Wird das zwei Jahre alte Handy dann nicht – was die Ausnahme ist – an einer Sammelstelle abgegeben, liegt es zusammen mit der inzwischen haushaltsüblichen Sammlung inkompatibler Ladekabel und anderem Elektroschrott eine Weile in einer Kiste oder Schublade. In einem Jahr fallen auf diese Weise in Europa bis zu 20 Millionen Tonnen Elektroschrott an, bis zu 50 Millionen Tonnen sind es weltweit.[4] Der Großteil davon wird nicht recycelt, sondern landet irgendwann im normalen Müll. Nach Angaben der EU werden dadurch Ressourcen im Wert von zwei Milliarden Euro jährlich vernichtet.[5]

Es ist eines der wesentlichen Probleme, die sich aus strategischen Varianten von Obsoleszenz ergeben: Wo permanent neu produziert, gekauft, weggeworfen und neu gekauft werden muss, wachsen die Müllberge und schwinden irgendwann die Ressourcen. In den letzten fünfzig Jahren haben wir mehr Ressourcen verbraucht als sämtliche Generationen zuvor zusammen.[6] Die 1,5 Milliarden Handys, die 2010 weltweit verkauft wurden, enthalten zusammen rund 14 Tonnen Palladium, 36 Tonnen Gold und 375 Tonnen Silber.[7]

Langsam sickern diese Tatsachen ins Bewusstsein. In Deutschland gibt es immer mehr Aktionen, die sich auf das Einsammeln von sogenannten »Schubladenhandys« konzentrieren. Schulkinder werden aufgefordert, mitzubringen, was zu Hause ungenutzt herumliegt; oft kommen sie am nächsten Tag mit einer ganzen Tüte Handys wieder, die Eltern und Geschwister in ihren Zimmern verstaut und vergessen haben. Online-Ankaufportale schalten Werbespots im Fernsehen, in denen wir ermuntert werden, alte Mobiltelefone, Digitalkameras und Computer gegen (bescheidenes) Geld einzuschicken. Lernen wir langsam, das verstaubte Sammelsurium in Kisten und Schränken mit anderen Augen zu betrachten?

Realistisch gesehen: nein. Nur ein Prozent der Handys kommt überhaupt bei Recyclingfirmen an. Der Rest bleibt in heimischen Schubladen liegen, landet irgendwann im Hausmüll oder bei der Wertstoffsammlung und am Schluss über undurchsichtige Kanäle dann doch zu einem hohen Prozentsatz illegal auf Müllkippen in Asien und Afrika.[8] Und das, obwohl laut UN-Experten in 41 Mobiltelefonen genauso viel Gold wie in einer Tonne Golderz steckt. Von den Kriegen, die im Kongo um das seltene Metall Coltan für die Herstellung neuer Handys geführt werden, ganz zu schweigen.

Das hat interessante Effekte. Auf der einen Seite werden in der sogenannten Dritten Welt für Gold, Silber, Coltan und andere wertvolle Stoffe ganze Berge abgetragen, um sie auf den auslaufenden Schiffen in Fabriken zu transportieren, wo sie in Elektrogeräte eingebaut und in den Handel gebracht werden. Und auf der anderen Seite kommt ein Großteil davon mit den einlaufenden Schiffen in Bergen von Zivilisationsmüll wieder zurück, um auf illegalen Müllkippen abgeladen zu werden. Kreislaufwirtschaft bekommt unter diesem Aspekt eine neue Bedeutung.

Der in Accra aufgewachsene Umweltjournalist und Aktivist Mike Anane beschreibt die Entwicklung aus der Perspektive seiner Heimat Ghana: »Vor etwa zehn Jahren bemerkte ich, dass hier ganze Containerladungen mit Elektroschrott ankamen. Alte Computer und Fernsehgeräte, die in den Industrieländern keiner mehr haben will.« Die Basler Konvention, die den grenzüberschreitenden Transport gefährlicher Abfälle regelt und nur von Afghanistan, Haiti und den USA nicht ratifiziert wurde, verbietet zwar die Ausfuhr von Elektroschrott in Dritte-Welt-Länder. Doch diese Verbote werden im großen Stil umgangen, zum Beispiel indem der Schrott als »Gebrauchtwaren« deklariert wird. Dann ist der Export legal. Um den Schein zu wahren, wird nach vorn gepackt, was noch gut ist. »In der Regel sind es vielleicht zehn brauchbare Geräte je 12-Meter-Container. Der ganze Rest ist Schrott. Wenn die Zollbeamten den Container öffnen, denken sie jedoch, das ist alles gut und funktionsfähig«, sagt Anane.

Ein anderer Trick besteht darin, einer Hilfsorganisation funktionstüchtige Computer zu spenden. Da kann es durchaus passieren, dass die Empfänger in einem Container zwar wirklich die versprochenen, funktionierenden Geräte vorfinden. Als Beigabe und Großteil der Gesamtlieferung bekommen sie allerdings kaputte Geräte dazu, auf denen sie dann sitzenbleiben, ohne die finanziellen Mittel oder technischen Möglichkeiten zu haben, sie sachgemäß zu recyceln oder umweltverträglich zu entsorgen.

Neu ankommender Schrott wird gewöhnlich direkt im Hafenbereich ausgeladen und begutachtet. Die wenigen Elektrogeräte, die noch funktionsfähig oder reparabel sind, sind sehr geschätzt. In Ghana wird nichts weggeworfen, was noch repariert werden kann. Örtliche Händler kaufen alles, was aussieht, als sei es noch zu gebrauchen, und nehmen es mit nach Accra. Wie zum Beispiel Quittungsdrucker: Ob an der Tankstelle, im Einzelhandel oder im Restaurant – auch in Ghana werden Quittungen in der Regel längst nicht mehr von Hand ausgestellt, sondern laufen aus einem anderswo ausgemusterten Apparat, der seine Zwecke noch prima erfüllt.

Händler mit Bastlergeschick wie Andrew Owusu kaufen gebrauchte Computer aus Europa und machen sie für ihre Kunden flott. In Owusus Laden gibt es darum etwas, für das es in Europa kaum einen Markt gibt – gebrauchte Rechner. »Hier ein Computer aus Spanien. Die Festplatte war defekt. Ich habe sie ausgetauscht, nun läuft er wieder«, führt Owusu durch sein Reich, das nicht einmal halb so groß ist wie ein Überseecontainer und außer Rechnern auch noch solche Schätze enthält wie in Europa längst als veraltet geltende Videokameras im Hi-8- und Mini-DV-Format. Beim Eingang steht eine Auswahl an verkaufsbereiten Geräten, darunter auch ein Tintenstrahldrucker, den Owusu wieder in Schwung gebracht hat.

Andrew Owusu verkauft die Rechner an Studenten, Schulen und kleine Betriebe. Für die Wegwerfmentalität der Industrieländer hat er kein Verständnis. »Hier in Afrika sind Computer schwer zu bekommen. Darum werfen wir sie nicht einfach weg, wir reparieren sie. Wenn ich den Fehler gefunden habe, dauert die Reparatur zwischen zehn und dreißig Minuten. Bei dem da liegt es an der Grafikkarte. Mit einer anderen funktioniert er wieder.«

Eine interessante Erkenntnis: Ein Gerät, das ein europäischer Kundendienst nach einem kurzen Blick mit den Worten »zu teuer, den zu reparieren« zur Müllhalde verdammt, kann von einem jungen Hobbybastler mit rudimentären Werkzeugen in wenigen Minuten wieder funktionstüchtig gemacht werden. Wie wahrscheinlich ist es da, dass ein Kundendienst in Europa die gleichen Handgriffe nicht zu einem möglicherweise höheren, aber doch nicht unbezahlbaren Preis ausführen könnte?

Aus mehr als achtzig Prozent des Elektroschrotts, der in Ghana ankommt, ist jedoch auch mit gutem Willen und Improvisationsvermögen nichts Brauchbares mehr zu machen. Da hilft es den Ghanaern wenig, wenn sie selber nicht in einer Wegwerfgesellschaft leben. Es landen trotzdem ganze Containerladungen Müll auf illegalen Halden. Eine dieser Müllhalden ist die von Agbogbloshie, einem der Armenviertel von Accra. »Früher floss hier ein schöner Fluss durch, der Odaw River«, erinnert sich Mike Anane. Wenn er heute am Ufer entlangläuft, muss er die ganze Zeit aufpassen, nicht über Plastikteile oder Tastaturen zu stolpern. Rechnermonitore schwimmen auf dem Fluss, als hätte jemand eine Flotte großer Papierschiffchen zu Wasser gelassen. »Früher wimmelte es hier von Fischen, wir kamen zum Fußballspielen her oder hingen am Fluss rum. Aber das ist nun alles vorbei.«

Heute spielt hier keiner mehr. Stattdessen suchen Kinder aus armen Familien nach Altmetall. Sie verbrennen kunststoffummantelte Kabel, um das Metall herauszulösen. »Wir holen sie aus Computern, Fernsehern und Maschinen. Manchmal werden wir krank, wir husten«, sagt Kojo, der eigentlich zur Schule gehen sollte, dessen Familie sich aber nicht leisten kann, auf seinen Zusatzverdienst zu verzichten. »Manchmal schneiden wir uns an Glas. Nachts können wir nicht schlafen vor Husten«, bestätigt sein Kumpel Abdul Rahim. Schnittwunden bergen ein hohes Vergiftungsrisiko, denn Glasscherben aus Hightech-Schrott enthalten oft giftiges Blei und Kadmium. Dazu sind die Kinder und Jugendlichen den ganzen Tag den giftigen Dämpfen der schmorenden Kunststoffe ausgesetzt. Selbst die Jüngsten sind dabei. Sie durchwühlen die Reste auf der Suche nach kleinsten Metallteilen, die die Älteren vielleicht übersehen haben.

Was die Kinder an Metall zusammengetragen haben, wird wiederum von Händlern dorthin weiterverkauft, wo eine neue Wachstumswirtschaft entsteht. Ihre Hauptabnehmer sind zurzeit Dubai und China. Sind die recycelnden Kinderarbeiter womöglich Teil des Kalküls, um immer auf die günstigste Weise an Rohstoffe zu kommen? Das Argument einiger Schrottlieferanten, sie wollten die digitale Kluft zwischen Europa und den USA auf der einen und Afrika auf der anderen Seite verringern, findet Mike Anane jedenfalls zynisch. Nach seinen Recherchen sind es vor allem private Recyclingfirmen, die Altgeräte einfach in Afrika abladen, anstatt sie sachgerecht zu recyceln. Sie tun es aus einem einzigen Grund – es ist billiger. »Ihren Auftraggebern gegenüber behaupten sie, den Müll zwecks Wiederverwertung zusammenzutragen. In Wahrheit verpacken sie ihn auf Schiffe und schicken ihn nach Ghana.«

Damit sich daran etwas ändert, sammelt der Umweltaktivist detaillierte Informationen. Im Eingangsbereich seines Büros, in dem sich auch die ghanaische League for Environmental Journalists befindet, ein Zusammenschluss von Umweltjournalisten, stapelt sich der Schrott bis unter die Decke. Anane zieht ein graues Plastikgehäuse heraus, das er in Agbogbloshie gefunden hat. »Hier sind noch Inventaraufkleber drauf. Auf dem hier zum Beispiel steht AMU Centre in West Sjaelland, der kommt aus Dänemark. Der da ist aus Deutschland.« Anane hat noch mehr Herkunftsnachweise parat: Westminster College, Leeds City Council oder ein Apple-Computer aus Italien.

An seinem Schreibtisch, über dem die Flügel eines altmodischen Deckenventilators wirbeln und für Kühlung sorgen, gibt Anane die neuen Funde in eine Liste ein. »Ich habe eine Datenbank mit den Adressen und Telefonnummern der Firmen, deren Elektroschrott hier in Ghana landet.« Mike will seine Informationen als Beweismaterial für einen Prozess nutzen. »Wir können uns nicht nur auf die Umweltverordnungen anderer Länder verlassen. Wir müssen selber handeln und Strafmaßnahmen ergreifen, damit sie aufhören, hier alles abzuladen.«

Auch in den Verursacherländern gibt es Ansätze, gegen diese Art der »Entsorgung« vorzugehen. Umweltschutzregelungen wie der Clean Air Act und der Clean Water Act in den USA, Gesetze zur Luft- bzw. Wasserreinhaltung, ließen sich leicht auf Elektronik und deren Produktion übertragen. Auf diese Weise könnten Hersteller verpflichtet werden, eine umweltfreundliche Entsorgung ihrer Produkte zu gewährleisten – wobei der Begriff »umweltfreundlich« sich dann auf die internationale Umwelt beziehen sollte. In der Europäischen Union sind die Rücknahme und das professionelle Recycling eines Geräts seit 2005 per Gesetz schon in seinem Preis enthalten, auch wenn es nicht ausdrücklich auf dem Kassenzettel ausgewiesen ist. Die Verbraucher sollen ihre ausrangierten Elektro- und Elektronikgeräte kostenlos bei Sammelstellen abgeben oder einem Rücknahmesystem seitens der Hersteller oder Vertreiber zuführen. Was ab da mit den Altgeräten zu passieren hat, ist nicht so genau definiert.[9] Jedenfalls darf offiziell kein EU-Mitglied seinen Müll einfach in Entwicklungsländern abladen. Aber wohin damit? Der Elektroschrottberg wächst in Europa dreimal schneller als der gesamte kommunale Hausmüll.[10] So landet ein Großteil davon trotz aller Verbote in Ländern wie Ghana.

Nicht nur obsolet gewordene Geräte stellen ein gewaltiges Müllproblem dar. Auch die Frachter, in denen die illegalen Müllcontainer nach Afrika und Asien transportiert werden, sorgen für ganz eigene Schwierigkeiten. So meldete die Presseagentur dpa am 13. September 2012 ein Auslaufverbot für das im Tiefwasserhafen Wilhelmshaven liegende Containerschiff Northern Vitality. Die Sprecherin des niedersächsischen Umweltministeriums, Inka Burow, begründete das Verbot so: »Es besteht der Verdacht der illegalen Abfallentsorgung.« Und dabei ging es nicht um die Ladung des Schiffs. Das Ministerium wurde tätig, nachdem die Organisation Shipbreaking Platform, ein Zusammenschluss von Menschenrechts-, Arbeitsrechts- und Umweltschutzorganisationen in Brüssel, Alarm geschlagen hatte: Sie hatte den Tipp bekommen, dass der Käufer des Schiffes auf Abwracken spezialisiert sei.

Schiffe gelten wegen der vielen an Bord befindlichen gefährlichen Stoffe wie Asbest, Kühlmitteln, Ölrückständen und -schlämmen sowie Schwermetallen als Sondermüll. Der darf nach dem Basler Abkommen von 1992 nicht einfach in der indischen Küstenstadt Alang, dem Zentrum der weltweiten Schiffsverschrottungsindustrie, entsorgt werden, wie das allem Anschein nach auch mit der Northern Vitality geplant war. Umweltstandards spielen in den dortigen »Abwrackwerften« keine Rolle: Die Schiffe werden einfach bei voller Fahrt in den Schlick gerammt, das Schweröl sickert nach und nach in das empfindliche Küstengewässer, und viele Schadstoffe laufen mit der Flut ins Meer. »Seit 1982 wurden rund 6.000 Schiffe hierhergebracht und ohne Rücksicht auf das fragile Ökosystem an der Küste zerlegt«, so Gopal Krishna von der Umweltorganisation Toxic Watch gegenüber der *tageszeitung*. »Schiffseigner und Abwrackunternehmen umgehen Gesetze auch mithilfe gefälschter Dokumente.«[11] Statt teure Entsorgungskosten zahlen zu müssen, bekommen die Schiffseigner von den illegalen Verschrottern mehrere Millionen Euro Schrottwert – Stahl ist ein begehrter Rohstoff. Ein Schiff wie der 1989 vor Alaska havarierte Öltanker Exxon Valdez war auf diese Weise nach der Ölpest, die er verursacht hatte, gleich noch an der nächsten Ökokatastrophe mitbeteiligt, als er in Alang illegal abgewrackt wurde. Dem Eigner brachte das rund zwölf Millionen Euro ein. Die Arbeiter, die das Verschrotten ohne jede Sicherheitsvorkehrung durchführen, sind billig.[12]

Auch bei Schiffen begegnen wir dem Phänomen der Obsoleszenz. Die Northern Vitality, die im Herbst 2012 den Weg zu ihrer Verschrottung hätte antreten sollen, war für ein Schiff noch nicht alt: 1997 gebaut, hätte sie gut noch ein paar Jahre länger die Weltmeere befahren können. »Doch der Boom ist vorbei. 2012 wurden so viele Containerschiffe verschrottet wie noch nie«, schreibt Eiken Bruhn in der *tageszeitung*. Seinen Recherchen zufolge ist es eher die Ausnahme, dass illegale Entsorgung verhindert wird. »Bis geklärt ist, wer zuständig ist, ist das Schiff in der Regel längst weg«, so Delphine Reuter von der NGO Shipbreaking Platform.[13]

Vertrauter als die Lebensdauer von Containerschiffen ist den Konsumenten die ihrer PCs – weil sie oft erschreckend kurz ist. Während elektrische Werkzeuge und Haushaltshelfer jedoch meist erst ausgemustert werden, wenn sie nicht mehr funktionieren, führt bei elektronischen Geräten der technologische Fortschritt bei Speicherkapazität, Auflösung, Prozessorgeschwindigkeit etc. viel schneller dazu, dass sie veraltet sind oder erscheinen.

Ein üblicher Desktopcomputer besteht aus rund sieben Kilo Plastik, das in der Regel nicht recycelt wird. Das Isoliermaterial um die Drähte und andere elektronische Bauteile setzt bei der Verbrennung krebserzeugende Dioxine und Furane frei. Die für die Schaltkreise verwendeten, halogenierten Flammschutzmittel wirken wie Neurotoxine und greifen die Schilddrüse an. Elektronische Geräte enthalten mehr als fünfzig giftige Schwermetalle. Ein Bericht der amerikanischen Umweltbehörde schätzte 2004, dass verschrottete Elektronik für rund siebzig Prozent der Schwermetalle und vierzig Prozent des Bleis auf den amerikanischen Müllhalden verantwortlich ist.[14]

Achtzig Prozent des Elektroschrotts landen in China, Pakistan, Indien oder Westafrika. Das UN-Umweltprogramm Unep rechnet mit deutlichen Zuwachsraten: Bis 2020 werde sich der Elektroschrott in China

und Südafrika im Vergleich zu 2007 vervierfachen, in Indien verfünf-
fachen. In afrikanischen Ländern wie dem Senegal oder Uganda könne der Zuwachs sogar das Achtfache betragen.[15]

»Seit der großen technologischen Beschleunigung in den 1960er-
Jahren haben wir uns darauf konzentriert, was die Gigabytes uns
bringen würden, und haben die Berge von Plastik, Metall, Bleiglas
und Chemikalien ignoriert, die mit jedem Upgrade unserer Hardware weiterwuchsen«, schreibt die Journalistin Elizabeth Grossman,
die in ihrem Buch *High Tech Trash* den Weg der Mikroelektronik von
der Rohstoffgewinnung über die Produktion bis zur Verschrottung
nachverfolgt hat.[16] Gerade was diese Umweltaspekte angeht, ist sie
dabei in der Computerwelt auf ein massives Wahrnehmungsproblem
gestoßen: »Hightech-Elektronik hat ›virtuelle Welten‹ geschaffen
und die Illusion genährt, wir hätten die materielle Welt hinter uns
gelassen.« Sie möchte mit diesem weit verbreiteten Denkfehler auf-
räumen: »Miniaturisierung ist keine Entmaterialisierung.« So war
zum Beispiel das IBM-Werk in Endicott, New York im Jahr 1987 der
größte Einzelverursacher von die Ozonschicht schädigendem FCKW
in den USA – für die Herstellung eines Mikrochips wird das 630-fa-
che seines Gewichts an fossilen Brennstoffen verbraucht. Zum Vergleich: Für jedes Gramm Auto sind es zwei Gramm fossile Brenn-
stoffe. Dagegen verbraucht ein zwei Gramm schwerer Mikrochip
schon mehr als 1,1 Liter Erdöl.[17]

Man sieht einem Gerät nicht an, wie viel Energie hineingesteckt
wurde, bis es auf dem Ladentisch liegt. »Handys haben als Teil des
Informationszeitalters eine Aura von Leichtigkeit«, sagt der Designexperte John Thackara, »aber sie tragen einen unsichtbaren Rucksack mit sich, in dem die Grabarbeiten für die Rohstoffe, Material-
transport, Sendestationen und vieles mehr stecken. Wenn man sich
das veranschaulicht, wiegt so ein Smartphone nicht 200 Gramm,
sondern eher eine halbe Tonne. Es wirkt klein und harmlos, aber
seine Auswirkung auf den Planeten ist beachtlich.« In Deutschland
verursachten Mobilfunkgeräte im Jahr 2007 so bereits mehr CO_2-
Emissionen als der gesamte deutsche Flugverkehr. Für 0,034 Gramm
Gold im Handy werden 100 Kilogramm Erde bewegt und mit gifti-

gen Substanzen wie Quecksilber oder Zyanid malträtiert, um das Gold aus dem Erz herauszulösen. Dadurch werden Böden und Wasser vergiftet und die Arbeiter, darunter viele Kinder, unmenschlich behandelt.[18] Diese Fakten hat das Bundesministerium für Bildung und Forschung zusammentragen lassen, um über die Folgen unserer Technologisierung aufzuklären. Die Prospekte dazu sehen toll aus. Aber werden auch politische Maßnahmen ergriffen?

»Bei jeder Konferenz und öffentlichen Versammlung zu Elektronik und Umwelt, an der ich teilgenommen habe, und in den meisten Gesprächen, die ich mit Hightech-Herstellern geführt habe, fiel früher oder später das Wort ›Chancengleichheit‹, ohne die gar nichts ginge«, stellt Grossman ernüchtert fest. Wie ein Mantra würde es immer dann heruntergebetet, wenn die Sprache auf Regulationsvorschläge hinsichtlich der Recyclingvorschriften und Herstellerverantwortung kam. »›Chancengleichheit‹ war so eine Art Codewort für ›keine ungerechten Wettbewerbsvorteile‹. Kein Unternehmer wollte mehr Verpflichtungen eingehen, als er selbst für sich an Mitverantwortung für angemessen hielt. An dieser Grundhaltung war nicht zu rütteln.«[19]

Wie weit diese freiwillige Mitverantwortung reicht, kann sich bei Betrachtung seines eigenen heimischen Elektronikparks jeder selbst überlegen. Denn, wie Grossman bemerkt, »die Hightech-Industrie hat die Realität der globalen Wertschöpfungskette in jedes Zuhause mit Zugang zu Computer und Internet gebracht.«[20] Man hat von den Schrotttransporten in ärmere Länder vielleicht gehört. Aber was würde es bringen, wenn man genauer nachfragte? Wie beim Hausmüll, der außer Sichtweite transportiert wird, sobald wir ihn in die Tonne oder einen Wertstoffsack befördert haben, gilt: Wir müssen uns anschließend nicht weiter darum kümmern. Daran haben wir uns gewöhnt – aus den Augen, aus dem Sinn. Und Hauptsache, die neue Müllverbrennungsanlage oder -deponie wird nicht direkt neben der eigenen Wohnsiedlung eingerichtet.

Wenn wir ausnahmsweise trotzdem einmal darüber nachdenken, was mit dem DVD-Player passiert, wenn der Blu-ray-Player im Haus ist, und wohin dieser wandert, wenn die nächste Bildwiedergabetechnologie entwickelt ist, können wir im trauten Kreis der eigenen Geräte auch trefflich noch über etwas anderes meditieren: nämlich über die Umstände, unter denen die in immer kürzeren Intervallen vorgestellten Neuheiten produziert werden.

Wir können uns zum Beispiel fragen, ob die Massenschlägerei von 2.000 Arbeitern im September 2012 in der chinesischen Fabrikstadt des Apple-Zulieferers Foxconn möglicherweise etwas mit dem kurz zuvor auf den Markt gebrachten iPhone 5 zu tun hatte.[21] In dieser Stadt arbeiten 79.000 in Wohnheimen zusammengepferchte Menschen für einen Minilohn, der zu einem Gutteil für die eigene, mit »unkomfortabel« noch euphemistisch bezeichnete Unterbringung draufgeht. Sie arbeiten sechs Tage die Woche, zwölf Stunden am Tag. Denkt man bei solchen Meldungen, dass man gern fünfzig Euro mehr fürs Handy zahlen würde, wenn dafür in China der Acht-Stunden-Tag eingeführt wird? Überlegt man, wieso man das iPhone 3 eigentlich ausrangiert hat? Ob es zusammen mit dem kürzlich entsorgten Röhrenmonitor nun von Kindern auf der Müllhalde von Agbogbloshie in Ghana oder auf einem chinesischen Parkplatz unter noch elenderen Bedingungen auseinandergenommen wird, als es einst zusammengebaut wurde? Oder hat man sich vorsichtshalber bereits am Dienstag den ersten Platz in der Warteschlange vor einem Hamburger Apple Store gesichert, die bis zum Freitag, dem Tag der Auslieferung des ersten neuen iPhones, auf 2.500 Menschen angewachsen ist?[22]

---

1 vgl. Statistisches Bundesamt, »Leichter Anstieg an Haushaltsabfällen je Einwohner 2011«, Pressemitteilung vom 18.1.2013, www.destatis.de/DE/PresseService/Presse/Pressemitteilungen/2013/01/PD13_025_321.html

2 vgl. Verena Kemna, »Wertvoller Elektroschrott. Umsetzung der neuen EU-Richtlinie ist in Deutschland unklar«, *Deutschlandfunk*, 13.8.2012, www.dradio.de/dlf/sendungen/umwelt/1838230/

3 vgl. »Des Guten zu viel. Überfordert uns der Überfluss?«, *Deutschlandfunk*, 8.6.2012, www.dradio.de/dlf/sendungen/lebenszeit/1774482/

4 vgl. Portal Bildung für nachhaltige Entwicklung, »Elektroschrott ist Gold wert«, www.bne-portal.de (kompletter Link unter http://tinyurl.com/abvf8tj)

5 vgl. Kemna, »Wertvoller Elektroschrott«, a.a.O.

6 vgl. »Des Guten zu viel«, a.a.O.

7 vgl. Die Rohstoff-Expedition, »Rohstoffe und der Lebenszyklus eines Handys«, www.die-rohstoff-expedition.de/die-rohstoff-expedition/lebenszyklus-eines-handys.html
8 vgl. z.B. Steven Geyer, »Goldsucher im Hightech-Schrott«, in: *Frankfurter Rundschau*, 11.6.2011, www.fr-online.de/wirtschaft/recycling-goldsucher-im-hightech-schrott,1472780,8545608.html
9 vgl. Umweltbundesamt, Elektro- und Elektronikgerätegesetz – ElektroG, www.umweltbundesamt.de/abfallwirtschaft/elektrog/index.htm
10 vgl. Bette K. Fishbein, *Waste in the Wireless World*, New York 2002
11 vgl. Stefan Mentschel, »Endstation für maritimen Schrott«, in: *die tageszeitung*, 19.9.2012, S. 4
12 Der Dokumentarfilm *Working Man's Death* von Michael Glawogger vermittelt einen Eindruck von den skandalösen Arbeitsbedingungen, unter denen dieses »Recycling« vonstatten geht.
13 Eiken Bruhn, »Das Wrack aus Wilhelmshaven«, in: *die tageszeitung*, 19.9.2012, S. 4
14 vgl. United States Environmental Protection Agency, »Multiple Actions Taken to Address Electronic Waste, But EPA Needs to Provide Clear National Direction«, Report No. 2004-P-00028, Washington, D.C., 1.9.2004, www.epa.gov/oig/reports/2004/20040901-2004-P-00028.pdf
15 vgl. Axel Bojanowski, »Uno-Berechnungen zu Elektroschrott: Gold-Berge auf Müllhalden«, in: *Spiegel Online*, 22.2.2010, www.spiegel.de/wissenschaft/technik/uno-berechnung-zu-elektroschrott-gold-berge-auf-muellhalden-a-679381.html
16 für dieses und die folgenden Zitate: Elizabeth Grossman, *High Tech Trash: Digital Devices, Hidden Toxics, and Human Health*, Washington 2006, S. 264, 262, 9, 108
17 vgl. Environmental Literacy Council, »Computer Chip Life Cycle«, www.enviroliteracy.org/article.php/1275.html
18 vgl. Die Rohstoffexpedition, »Entdecke, was in (d)einem Handy steckt!«, Broschüre des Bundesministeriums für Bildung und Forschung, S.15
19 Grossman, *High Tech Trash*, a.a.O., S. 263
20 Ebd., S. 264
21 Die Presseagentur AP meldete dazu: »Auslöser war laut Augenzeugen ein Streit zwischen einem Mitarbeiter und einem Wachmann. Ein Angestellter sagte, die Beschäftigten seien bereits seit längerem wütend über ihre Behandlung durch Manager und Wachpersonal.« (www.welt.de/newsticker/news3/article109442079/Foxconn-nimmt-Produktion-nach-Massenschlaegerei-wieder-auf.html), vgl. auch: Jordan Pouille, »Im Profithimmel von Sichuan. Schuften bei Foxconn, einem der größten Unternehmen in China«, in: *Le Monde diplomatique*, 8.6.2012, S. 12f
22 vgl. »Schlangen vor Apple Stores: Weltweites Warten auf das iPhone 5«, *Spiegel Online*, 21.9.2012, www.spiegel.de/netzwelt/gadgets/iphone-5-warteschlangen-vor-apple-stores-a-857125.html

Recycling *revisited*

Gegen die alptraumhaften Szenarien bei Foxconn und in Agbogblos-hie formuliert Elisabeth Grossman, die Autorin von *High Tech Trash*, einen Traum, der wie eine bescheiden konkretisierte Fortsetzung von John Lennons Song *Imagine* klingt: »Stell dir vor, wie das wäre, wenn man für ein Software-Upgrade nicht gleich den ganzen Computer neu kaufen, sondern nur einen neuen Prozessor einstecken müsste. Oder wenn Drucker und anderes Zubehör universell kompatibel wären. Stell dir vor, der Preis für ein neues Notebook oder ein neues Handy würde die Kosten für ein ordentliches Rücknahmesystem für Altgeräte abdecken. Stell dir vor, dieser Preis würde einen akzeptablen Lohn und sichere Arbeitsbedingungen für alle garantieren, die mit der Produktion, der Demontage und der Materialrückgewinnung beschäftigt sind. Stell dir vor, so etwas wie Müll gäbe es nicht.« Ein schöner Traum. Und bis auf Weiteres leider auch nicht mehr als das.

Es gibt jedoch Bestrebungen, die in diese Richtung gehen. Angesichts des Verbrauchs von Energie und Rohstoffen und des Ausstoßes von Treibhausgas, den die Herstellung von Computern verursacht, fordert das deutsche Umweltbundesamt dafür eine längere Gewährleistung und einen modularen Aufbau. Durch einfache Austauschbarkeit von Prozessoren, Speicherbausteinen und Grafikkarten wäre ein regelmäßiges Aufrüsten möglich, sodass PCs länger genutzt werden könnten. Christof Windeck von der Computerzeitschrift *c't* erklärt im Interview mit dem Deutschlandfunk, dass Labels wie zum Beispiel Energystar zwar etwas über den Verbrauch des PCs während des Betriebs aussagen, aber nichts darüber, was ein Rechner in der Herstellung an Energie kostete: »Das ist ein Vielfaches [...]. Damit können Sie einen Rechner sechs, sieben Jahre lang betreiben, ohne dass er ausgemacht wird.«[1]

Das Festhalten am Altgerät ist aus ökologischer Sicht nicht selten auch dann die bessere Alternative, wenn das Neugerät weniger Energie verbraucht. Hinter vorgeblich ökologisch motivierter Ausmusterung verbirgt sich nicht selten doch nur psychologische Obsoleszenz.

Das bestätigt auch eine Studie, in Auftrag gegeben vom deutschen Umweltbundesamt (UBA) vor dem Hintergrund, dass die deutsche Bundesregierung sich zum Ziel gesetzt hat, den durch Informations- und Kommunikationstechnik bedingten Energieverbrauch in den Bundesverwaltungen um vierzig Prozent zu senken. Am Beispiel des Notebooks sollte untersucht werden, ab wann sich der Ersatz eines alten, weniger energieeffizienten Geräts unter ökologischen Gesichtspunkten lohnt.

Das Ergebnis war eindeutig: Eine Neuanschaffung amortisiert sich selbst bei einer siebzigprozentigen Energieeffizienzsteigerung erst nach 12 bis 13 Jahren. Nimmt man realistischere Effizienzsteigerungsraten von zwanzig Prozent an, sind es sogar 40 bis 44 Jahre. In der Konsequenz formulierte die Studie die Empfehlung, nicht voreilig neu zu kaufen, sondern »den Fokus [...] auf Aspekte wie Möglichkeiten der Auf- und Nachrüstung, modularer Aufbau, recyclinggerechte Konstruktion, Ersatzteilverfügbarkeit, Standardisierung von Komponenten und Mindestgarantie auszuweiten«.[2]

Das gilt nicht nur für Behörden und nicht nur in Bezug auf Notebooks. In einer Stellungnahme der Beratungsstelle Green IT beim UBA rät die Mitarbeiterin jedem Verbraucher, sich vor dem Kauf eines Neugeräts immer zu befragen: Brauche ich wirklich ein neues Gerät oder laufe ich einem Trend hinterher?[3] Denn die Hersteller tun alles, um den Kunden von der Notwendigkeit eines Neukaufs zu überzeugen. Die Studie des UBA zeigt, dass man als Kunde auch beim Argument der scheinbar ökologisch sinnvollen Ausmusterung von Altgeräten zugunsten von neuen Energiesparmodellen misstrauisch sein sollte.

Die Regel, ein schon angeschafftes Gerät grundsätzlich so lange zu benutzen wie es geht, gilt so gut wie immer. Jedes Neugerät, so ökologisch korrekt es auch sein mag, bedeutet einen zusätzlichen Verbrauch an Energie und Material. Wenn sich die Neuanschaffung dann nicht mehr vermeiden lässt, ist es sinnvoll, sich nach Ideen wie der der gemeinnützigen Waag Society in den Niederlanden umzusehen. Die möchte im Jahr 2013 ein »Fair Phone« auf den Markt bringen, ein Smartphone der oberen Mittelklasse (Neupreis: 250 bis

300 Euro), das ethisch einwandfrei hergestellt ist. Dazu gehören Rohstoffe aus »fairer« Herkunft und ein geschlossener Materialkreislauf. Ein hoch gestecktes Ziel bei einem Produkt, für das dreißig verschiedene Minerale und Metalle benötigt werden, die in der Regel unter sozial und ökologisch höchst zweifelhaften Bedingungen gewonnen werden, an dem ein so kleiner Anbieter leicht scheitern könnte. Trotzdem könnte auch schon die Existenz eines vielleicht nur zu fünfzig Prozent fairen Fair Phones ein Anreiz für Samsung, Nokia oder Apple sein, ähnliche Überlegungen anzustellen – zumindest, wenn eine genügend große Anzahl von Konsumenten sich für Angebote dieser Art zu interessieren beginnt.

Für die Umwelt ist entscheidend, dass immer nur möglichst wenige Teile erneuert werden müssen und so weniger Materialaufwand betrieben wird. Das gilt umso mehr, als alle Erlasse, die sich auf bereits entstandenen Müll beziehen, in der Regel durch die Lobbyarbeit verschiedenster Interessengruppen zu Kompromissen verwässert und existierende Regelungen wie im Fall des illegalen Mülltransfers nach Ghana oder des illegalen Abwrackens in Alang einfach umgangen werden.

In den 1990er-Jahren attestierte der Obsoleszenzforscher Manuel Zalles-Reiber dem von ihm identifizierten Prinzip der ökologischen Veralterung noch optimistisch das Potenzial, eine Alternative zum Kaufen für die Müllhalde zu bieten. Die dadurch eröffnete Aussicht auf eine bessere Zukunft schien ihm 1996 geradezu greifbar; eine Morgendämmerung von Elektroschrottverordnung, Kreislaufwirtschaftsgesetz, Ökobilanzen, Rücknahmegarantien und Ökokühlschränken: »In Zukunft werden sich Produkte nur noch dann auf dem Markt durchsetzen, wenn sie umweltgerecht gestaltet sind. Aus diesem Grund ergreifen heute viele Unternehmen die Initiative und bereiten sich mit neuen, demontage- und recyclingfreundlichen Konstruktionstechniken auf die integrative Kreislaufwirtschaft vor. Die Hersteller senken nicht nur den Energieverbrauch und die Emission umweltgefährdender Stoffe während der Fertigung. Sie entwickeln auch Produkte, die während des Gebrauchs weniger Energie verbrauchen, weniger Schadstoffe verbreiten und nach der Nutzungsperiode recyclingfähig sind.« Konkret umgesetzt, hieße das unter anderem: »Neben der Begrenzung auf wenige, sortenreine Werkstoffe werden insbesondere neue Konstruktionsprinzipien für die Demontage eingeleitet. Baukastensysteme und bessere Füge- und Verbindungsverfahren sollen gewährleisten, dass Produkte nach dem Ablauf der Nutzungsperiode wirtschaftlich zerlegt werden. [...] Produkte, die aus technisch-funktioneller Sicht dieser Orientierung nicht entsprechen und nicht zur Wieder- oder Weiterverwendung zurückgeführt werden können, werden einer ökologischen Veralterung unterliegen.« Angesichts solcher Erwartungen überrascht es nicht, dass sich – nach Zalles-Reiber – natürlich auch das Verhalten der Konsumenten »stetig in Richtung Umweltschonung und Müllvermeidung« bewegen werde.[4]

Was davon ist wahr geworden? Zwar hält die 2008 novellierte EU-Richtlinie zum Umgang mit den jährlich rund zwei Milliarden Tonnen Abfall fest, dass Abfallvermeidung immer noch die beste Lösung ist und weder Deponielagerung noch Müllverbrennung befriedigende Lösungen darstellen. Aber ergänzend dazu schreibt sie auch der Abfallverwertung in Form von Recycling der im Müll enthaltenen Wertstoffe und ihre Wiedereinführung in den Produktkreislauf eine wesentliche Rolle zu – »soweit hierfür wirtschaftlich rentable und ökologisch akzeptable Verfahren vorhanden sind«, wohlgemerkt. Die Frage, was in dem Zusammenhang als »rentabel« bzw. als »akzeptabel« zu bewerten ist, ist nicht absolut zu beantworten. Wahrscheinlich wird sich das Urteil darüber in den nächsten Jahren und Jahrzehnten verschieben – wenn wir den Schaden, den der Ressourcenraubbau und die Mülllast auf Dauer anrichten, nicht nur wahrnehmen, sondern auch in Kosten beziffern können.

Wenn man die Maßstäbe nicht zu hoch ansetzt, gibt es solche sowohl wirtschaftlich rentablen als auch ökologisch akzeptablen Verfahren schon, und zwar für die derzeit am stärksten wachsenden und am schwierigsten sortenrein zu verwertenden Müllberge aus Hightech-Schrott. Eine Handvoll Firmen weltweit können die Berge von Computern, Handys und ähnlichem Müll in Teilen so effizient wiederaufbereiten, dass zum Beispiel der weltgrößte Kupferrecycler

Aurubis in Hamburg durch das recycelte Metall zum drittgrößten Kupferproduzenten der Welt avanciert ist. Diese Form der Rückgewinnung von Metallen ist sogar so ergiebig, dass man das Verfahren als »Urban Mining« bezeichnet. Und tatsächlich muss weniger Schrottmasse verarbeitet werden, um an Metalle zu kommen, als vergleichbare Mengen von Gesteinserzen in herkömmlichen Minen. Elektroschrott ist im Wortsinn eine Goldgrube.

Will man aber nicht nur einen Teilrohstoff recyceln, sondern sich verantwortungsbewusst um das gesamte Gerät kümmern, findet man die Verwirklichung der fortschrittlichsten Innovationsideen zur Wiederverwertung nicht bei einem der großen Recycler oder in einem staatlich geförderten Entwicklungslabor, sondern bei einem Ein-Mann-Schrotthandel in Fürth. Vor dreißig Jahren stieg Thomas Adamec in das damals noch von seinem Vater geführte Geschäft ein. Die Art der Verwertung im heimischen Betrieb stellte seinen Ingenieursgeist auf Dauer jedoch nicht zufrieden. Also begann er vor rund fünfzehn Jahren daran herumzutüfteln, wie sich Recycling optimieren lässt. Gar nicht aus ökologischen Überlegungen, sondern einfach, weil er das, was er machte, möglichst gut machen wollte. Nach etlichen Experimenten mit allen möglichen Sortiertechniken, nach Einsatz von Röntgen- und Induktionstechnik, Mahlwerken, Kameras und rund zehn Millionen Euro Kapitaleinsatz später war die aus über 200 Einzelmaschinen bestehende Anlage fertig. Adamec nennt sie »Verbundstoff-Elektronikschrott-Recycling-Anlage«. Er kann sie mit Fritteusen, Spielkonsolen, Getränkeautomaten oder Klimaanlagen füttern. Die Recyclingquote liegt bei 95 Prozent.[5]

»Um zu verstehen, was Adamecs Erfindung so besonders macht, muss man wissen, wie mit Elektronikschrott konventionell umgegangen wird«, erklärt Luise Tremel von der Stiftung Futurzwei. Konventionell heißt: Von den Verbrauchern ausgemusterte Elektronik wird von den Kommunen oder Elektronikherstellern an Recyclingunternehmen verkauft. Die zerlegen die Altgeräte in grobe Hauptkomponenten und transportieren sie an Verwerter einzelner Bestandteile weiter, die oft Hunderte Kilometer entfernt sind. »Der Eisenverwerter isoliert Eisen, der Kupferverwerter Kupfer; die noch

enthaltenen anderen Metalle und Kunststoffe sind für sie Müll.«[6]
Am Schluss landet also ein hoher Prozentsatz des zu recycelnden
Materials statt in der Wiederverwertung doch auf der Müllhalde.
Mit diesen Fakten im Hinterkopf versteht man, warum Tremel eine
Recyclingquote von 95 Prozent, die Adamec mit seiner zusammen-
gebastelten Anlage erreicht, als »sagenhaft« bezeichnet. Adamec
selbst schaut eher bescheiden auf die noch fehlenden Prozente und
möchte in den nächsten Jahren den Verwertungsanteil auf 99 Prozent steigern.

Warum ist Deutschland angesichts solcher Tüftler eigentlich be-
rühmt für seine perfekten Müllverbrennungsanlagen, die es in alle
Welt exportiert, nicht aber für perfekte Recyclinganlagen? Statt
die von Deutschland gelieferten, hoch effizienten Verbrennungs-
anlagen mit zusätzlichem Heizöl füttern zu müssen – dazu später
mehr –, hätte China sicher auch gern eine zu 99-prozentiger Effizienz weiterentwickelte Recyclinganlage nach Adamecschem Muster
gekauft. Warum lässt man das Streben nach den 99 Prozent allein
in den Händen eines mittelfränkischen Einzelkämpfers? Am besten
gibt man diese Frage als Entscheidungshilfe für die nächsten Wah-
len an seinen örtlichen Abgeordneten weiter. Immerhin erkannte
das Bundesumweltministerium Adamecs Leistung 2008 insoweit an,
dass es sein Unternehmen mit rund 1,5 Millionen Euro aus dem
Umweltinnovationsprogramm förderte.

Der Chemiker und Verfahrenstechniker Michael Braungart hat das
Prinzip in eine andere Richtung weitergedacht. Er geht davon aus,
dass mehr Zurückhaltung beim Konsumieren zwecks Müllvermeidung unsere Probleme sowieso nicht lösen wird. Unter bestimmten
Bedingungen müsse man den Wachstumsgedanken oder den gewohnten und geliebten rhythmischen Modellwechsel nicht aufgeben, sagt er. Seiner These nach könne »ökologische Obsoleszenz«,
die regelmäßige Neuanschaffung neuer, auch unter Umweltaspek-
ten verbesserter Produkte und die damit verbundene Verschwendung, sogar Verbündete in dem Bestreben werden, Müll ganz zu
vermeiden. Klingt unlogisch? Nicht für den ehemaligen Leiter der
Chemieabteilung von Greenpeace: »Wenn man über Umweltschutz

redet, meint man bei uns immer Sparen, Verzichten, Vermeiden, Reduzieren, null Abfall, weniger schädlich. Dabei sollte man sich lieber die Natur im Frühling anschauen, einen Kirschbaum zum Beispiel, da ist kein Sparen, kein Verzichten, kein Vermeiden.« Die Natur produziert im Überfluss, wie die Industrie. Aber es gibt einen entscheidenden Unterschied: Verwelkte Blüten, Laub, überhaupt alles organische Material sind kein Abfall, sondern sie ernähren andere Organismen, in einem ständigen Kreislauf. Daraus hat Braungart seinen Ansatzpunkt entwickelt. »Die Natur kennt keine Abfälle, sie kennt nur Nährstoffe. Einem Kirschbaum sagt ja auch keiner, das sind jetzt aber genug Blüten.«

Gestalt nahm Braungarts Idee an, als er irgendwann beschloss, nicht mehr nur gegen Schadstoffe und Umweltbelastung zu protestieren, sondern aktiv Lösungen zu entwickeln. 1987 gründete er zu diesem Zweck die Environmental Protection Encouragement Agency, heute EPEA Internationale Umweltforschung GmbH, ein Privatunternehmen. Im Zentrum stand von Anfang an der Versuch, Konsumgüter nach dem Vorbild der Natur vollständig zyklusfähig herzustellen – die Industrie sollte den Verwertungszyklus der Natur imitieren können. Ein schöner Gedanke, aber war er auch praxistauglich? Um das herauszufinden, suchte sich Braungart eine konkrete Aufgabe: die Umgestaltung des Produktionsprozesses einer Schweizer Textilfirma.

Bis dahin wurden in der Fabrik wie selbstverständlich Hunderte von toxischen Farbstoffen und Chemikalien benutzt. »Wenn man mit solchen Stoffen ein Sofa oder einen Stuhl bezieht, dann sind die abgeschnittenen Reste so giftig, dass sie als Sondermüll entsorgt werden müssen«, erklärt er und sagt auch gleich dazu, welchen Weg er für seine Lösung keinesfalls einschlagen würde: »In Europa denkt man, es sei Umweltschutz, wenn man diesen Sondermüll aus der Schweiz nach Bilbao in die Sondermüllverbrennung gibt. Aber es ist irrsinnig zu glauben, Umweltschutz bestehe aus einer möglichst effektiven Zerstörung der Rohstoffe.«

Für Braungart ergibt es keinen Sinn, auf der ganzen Welt die Technologie der Müllvernichtung zu verbreiten und damit immer mehr

Materialien unwiederbringlich zu zerstören. Zum einen haben heutige Müllverbrennungsanlagen oft Überkapazitäten. Die wollen aus wirtschaftlichen Gründen ausgelastet sein. Es existiert also ein Interesse daran, Müll zu verbrennen, statt ihn zu recyceln. »Müll brennt nur, wenn man Papier und Kunststoff im Müll drin lässt«, sagt Braungart. Nochmal zum Mitschreiben: Die Betreiber von Müllverbrennungsanlagen haben großes Interesse daran, dass Papier und Kunststoff nicht mehr in den Kreislauf zurückkehren, da sie sonst immer wieder Heizöl dazugeben müssten. »Dann schenkt zum Beispiel Deutschland Shanghai für 174 Millionen Euro eine Müllverbrennungsanlage für Müll, der überhaupt nicht brennt. Das heißt, die müssen jetzt bis zu neunzig Tonnen Heizöl am Tag hinzugeben, um den Müll zu verbrennen«, rechnet Braungart vor.

Angesichts solcher Absurditäten war klar, dass er im Fall der Schweizer Textilfirma einen anderen Weg als den der pseudoökologischen Verbrennung, auch »thermische Verwertung« genannt, einschlug. Für die Produktion neuer Stoffe haben er und sein Team die Liste der verwendeten Substanzen auf 36 reduziert, allesamt biologisch abbaubar. Der Chemiker ist überzeugt, dass sein Konzept nicht nur in Textilunternehmen, sondern bei jedem industriellen Prozess anwendbar ist: »Wir können alles noch mal neu erfinden, sodass es entweder biologisch oder technisch nützlich ist. Wenn man eine Müllgesellschaft hat, ist jedes kurzlebige Produkt natürlich ein Müllproblem. Wenn es aber eine Gesellschaft ist, die Nährstoffe erzeugt, ist jedes kurzlebige Produkt wieder eine Chance, etwas Neues zu machen.«

Braungart nennt sein zusammen mit William McDonough entwickeltes Konzept »Cradle to Cradle«, von der Wiege zur Wiege – im Gegensatz zu dem verbreiteteren Prinzip, das man analog »Cradle to Grave« nennen könnte, von der Wiege bis zur Bahre, von der Produktion auf die Müllhalde.[7] Im Cradle-to-Cradle-Designkonzept sind Produkte entweder nützlich für die Biosphäre, weil ihre Bestandteile kompostierbar, essbar oder problemlos ohne Filter verbrennbar sind. Oder sie sind nützlich in der Technosphäre. Dann sollten die Materialien so beschaffen sein, dass sie im Prinzip endlos recycelt werden können. Eins sollte aus ihnen jedenfalls nie werden – echter Abfall, der nur noch giftig und zu nichts mehr zu gebrauchen ist.

Ein Beispiel: Um eine Waschmaschine herzustellen, verwendet man normalerweise rund 250 verschiedene Plastiksorten. Da ist das Müllproblem schon vorprogrammiert. »Unsere neue Sorte Waschmaschine hat nur noch fünf Sorten Kunststoffe, und diese Kunststoffe sind so beschaffen, dass man sie beliebig oft wieder in Kreisläufe geben kann«, setzt Braungart dagegen. Schon entstehe kein Abfall mehr! Braungart sähe sein Ziel erreicht, wenn der Gedanke an Abfall im Zusammenhang mit der Produktion von Konsumgütern so abwegig geworden wäre, dass man ein Wort wie »Abfallvermeidung« nicht mal mehr denken müsste.

Gerade Hightech-Geräte wie TV-Apparate bieten für ihn das Potenzial, ihre Produktion neu zu gestalten. In einem herkömmlichen Fernseher identifizierte Braungart 4.360 verschiedene Chemikalien. Aber warum, fragt er, »soll ich Eigentümer von Sondermüll werden, wenn ich fernsehen möchte?« In der idealen Cradle-to-Cradle-Welt würden Fernseher so gestaltet, dass sie kinderleicht und ohne toxische Ausdünstungen demontiert und die verschiedenen Materialien problemlos wieder in die jeweiligen Kreisläufe eingespeist werden können. Auch den Haarfön sollte man zur Entsorgung einfach gegen die Wand werfen können, sodass er an den eingebauten Sollbruchstellen wie ein Lego-Bauwerk auseinanderfällt und die Stücke anschließend kinderleicht separat recycelt werden können.

Produkte und Materialien, bei denen das nicht möglich ist, sollten so beschaffen sein wie die Sitzbezüge für den Airbus A 380. Der dort eingesetzte Bezugsstoff wurde auf Basis des ersten Cradle-to-Cradle-Produkts, einem Textil namens Climatex Lifecycle, von Braungart entwickelt. Er ist kompostierbar und verbessert angeblich sogar die Innenraumluft. Braungart hat auch eine Eiscremeverpackung konzipiert, die gefroren eine Folie und bei Raumtemperatur flüssig ist. »Die kann ich mitten in Madrid wegwerfen, und sie baut sich in weniger als zwei Stunden ab. Dabei enthält sie Samen von seltenen Pflanzen, sodass ich durch das Wegwerfen zur Artenvielfalt beitragen kann. Das heißt, ich bin nützlich wie ein Singvogel, der nicht nur eine Kirsche verspeist, sondern damit gleichzeitig den Kern verteilt.« Das klingt nun geradezu märchenhaft und vor allem nicht so deprimierend wie der unkreative Umgang mit unserer Umwelt, den wir im Moment pflegen: »Unsere Produktgestaltung ist so primitiv, dass wir ständig Abfall produzieren. Auf diese Art und Weise wird die ganze Erde früher oder später ein großer Müllplatz. Damit verlieren wir alle Rohstoffe und sind eine Plage für den Planeten. Dann ist es besser, es gäbe uns nicht.«

Wie sich dieses Bild von unserem Verhältnis zur Welt auf den Kopf stellen ließe, verdeutlicht Braungart am Beispiel der Ameisen: Verglichen mit der Gesamtheit aller Menschen entspricht die Gesamtheit aller Ameisen auf der Erde in ihrer Biomasse und in Bezug auf ihren Kalorienverbrauch etwa dreißig Milliarden Menschen. Trotzdem wird niemand von einem drängenden Überbevölkerungsproblem bei Ameisen reden. Aus der Perspektive wäre das Problem also nicht unbedingt die Menge. Wenn es uns gelänge, aus den mit unserem Leben einhergehenden »Abfallprodukten« positive Emissionen zu machen, von denen die Natur und andere Lebewesen profitieren können, müssten wir uns gar nicht beschränken, meint Michael Braungart.

Befeuert durch die Idee des positiven Wegwerfens ist der Unternehmer ein Gegner des Kaufens für die Müllhalde, aber durchaus ein Befürworter der Obsoleszenz. Wachstum und Innovation hält er für unerlässlich. Der Hersteller muss es nur auf die richtige Weise machen. Warum sollte man sich an Verschwendung und Abwechslung, wenn sie nicht mit Müllproduktion einhergehen, nicht als Kräften der Veränderung erfreuen? Mit den richtigen Materialien könnten wir wegwerfen, so viel wir wollen, weil dadurch die Stoffe wieder vollständig und verwertbar zurück in die Kreisläufe gebracht würden, meint Braungart. Durch unsere Verschwendung würde dann nur mehr »Nahrung« für den biologischen oder den technischen Kreislauf entstehen.

Eine wichtige Voraussetzung für echtes Recycling im Braungartschen Sinn wäre, dass die physischen Nebenprodukte unseres Lebensstils nicht irgendwo landen, wo sie vielleicht den Boden vergiften oder anderen Schaden anrichten, sondern tatsächlich und möglichst vollständig genau dort, wo sie einer sinnvollen Verwendung zugeführt werden können. Dafür müsste man nach Braungart an der Beziehung zwischen Herstellern und Kunden ansetzen: Der Hersteller versteht sich nicht mehr als jemand, der eine Ware verkauft, sondern als jemand, der eine Dienstleistung bzw. Nutzungszeit bereitstellt – zum Beispiel zwei Jahre Turnschuhbenutzung anstatt die Ware Turnschuhe. Oder 3.000-mal Waschen anstatt das Gerät Waschmaschine. »Dann wüsste der Kunde genau, was er bekommt. Er bezahlt pro Waschgang.« Und könnte ohne Mehrkosten davon ausgehen, dass innerhalb des abgeschlossenen Vertrags alles funktioniert bzw. ohne Mehrkosten repariert wird.

Ein ähnliches Modell hat Braungart mit einem holländischen Teppichbodenhersteller realisiert. Der verkauft in diesem Sinne keinen Teppich mehr, sondern eine Art Fußbodenverpackungsversicherung mit einer vordefinierten Nutzungszeit von drei, fünf oder acht Jahren – und führt nach Ablauf der Nutzungszeit das Zweikomponentenprodukt wieder dem nächsten Nutzungsprodukt zu. Die obere Schicht kommt auf den Kompost, die untere bildet die Basis für neuen Teppichboden.

Im Ergebnis wäre das, was der Kunde für sein Geld bekommt, wenn er nur die »Nutzungsrechte« erwirbt und nicht den Gegenstand selbst, wahrscheinlich gar nicht so anders. Denn wie in den vorhergehenden Kapiteln beschrieben, sind viele Produkte heute sowieso daraufhin ausgelegt, dass sie nach einer bestimmten Gebrauchsdauer ihren Dienst versagen. Nur wäre der Konsument zufriedener, wenn er von Anfang an weiß, dass die Freude von begrenzter Dauer ist. Er würde sich nicht übers Ohr gehauen fühlen – weil das, was nach zwei Jahren kaputtgeht, nie als Anschaffung »fürs Leben« gedacht war.

Der wesentliche Unterschied aber läge darin, dass alle Produkte, wenn sie nicht mehr funktionieren, nicht zur nächsten Deponie, sondern zurück zum Hersteller gebracht werden könnten, wo der Kunde eine Art Pfand dafür zurückbekäme. Aus dem Grund würden die

Hersteller auf bessere Materialien zurückgreifen – schließlich kämen diese zurück ins eigene Haus und würden wieder in technische Kreisläufe eingespeist. Da liegt es im eigenen Interesse, nichts zu verwenden, was zwar billig sein mag, dafür aber giftig. Das Material wird so ausgewählt, dass das nächste »Leben« schon mit eingeplant ist. So entwickelt Braungarts Team mit einem großen Chemiehersteller eine Chemikalie, mit der man die Molekülkettenlänge bei Kunststoffen so reparieren kann, dass beim Einschmelzen und Wiederverwerten die Qualität des Kunststoffs erhalten bleibt.

Braungarts Cradle-to-Cradle-Vision wird mit Interesse aufgenommen. Ob sie einen wirklichen Ausweg bietet, wird jedoch skeptisch gesehen. »Ich kann mich auf Michaels Sitzbezügen im Flugzeug sehr wohlfühlen. Ich warte aber noch immer auf den detaillierten Vorschlag, die anderen 99,99 Prozent des Airbus A 380 nach seinen Prinzipien zu gestalten«, gibt Friedrich Schmidt-Bleek, ehemaliger Leiter des Wuppertaler Instituts für Klima, Umwelt und Energie, zu bedenken. »Es scheint mir völlig ausgeschlossen, die Stoffkreisläufe der menschlichen Wirtschaft ohne Massen- und Energieverluste zu schließen – sie vollständig in die stofflichen Umsätze der Natur einzugliedern –, ohne die lebensnotwendigen Dienstleistungen der Natur zu schädigen.«[8]

Und dann gäbe es noch eine Kleinigkeit, die zu lösen wäre, wenn wir weiter fleißig konsumieren wollen, auch bei konsequenter Umstellung auf das Cradle-to-Cradle-Prinzip. Wir müssten die Energiequelle wechseln und von fossilen Brennstoffen konsequent umsteigen auf die praktisch unerschöpfliche Energiequelle Sonne. Denn im Gegensatz zu organischem Material zerfallen Kunststoffe in der Regel nicht oder nur in einem über Jahrhunderte andauernden Prozess von selber. In der Regel benötigen sie dazu Fremdeinwirkung, meistens in Form von Hitze. Klimaneutrale Energieerzeugung ist die Voraussetzung für die klimaneutrale »Verschwendung« von Ressourcen. So braucht man für Solarzellen zum Beispiel große Mengen Germanium und Gallium und für die Dauermagnete in Windrädern unter anderem große Mengen an Seltenen Erden wie Neodym, die übrigens gar nicht so selten sind, sondern nur selten in großen

Lagerstätten vorkommen und für deren Gewinnung aufwendige Trennverfahren notwendig sind. Vorschlage, wie diese umweltneutral oder gar »nährstoffspendend« abgebaut werden könnten, gibt es bisher nicht. Braungarts Vision klingt also schön, aber solange die Koppelung von Sonnenenergie und Maschinenkraft nicht so rückstandslos gelingt wie bei der Photosynthese in der Pflanzenwelt, wird sie ein blumiger Zukunftstraum bleiben.

Ein Blick auf die Umsetzung von Braungarts Konzept in der Realität zeigt, wie begrenzt die Möglichkeiten im Moment noch sind. Er hat ein Unternehmen gegründet, das Produkte nach den C2C-Prinzipien zertifiziert, das Cradle to Cradle Products Innovation Institute. Ein mit C2C-Label zertifizierter Fernseher von Philips ist nach Herstellerangaben zu hundert Prozent halogenfrei, also ohne aus Flammschutzgründen halogenierte Kabelummantelung, die beim Ablösen giftige Dämpfe freisetzt, und besteht zu sechzig Prozent aus recyceltem Aluminium. Vierzig Prozent des unter hohem Energieaufwand hergestellten Metalls ist immer noch konventionell produziert, und der Anspruch, für eine problemlose Demontage konstruiert zu sein, ist nur teilweise eingelöst. Sonnenenergiebetrieben ist immerhin die Fernbedienung.[9] Man kann das Ganze sicher als Schritt in die richtige Richtung sehen – aber von der Vision einer Welt, in der unser Müll sich auf ein Fingerschnippen hin sozusagen in Mutterboden für neue schöne Dinge verwandelt, ist es noch weit entfernt.

Generell ist gerade beim Thema Öko-Etikettierung Vorsicht nicht verkehrt. Je umweltbewusster die Verbraucher werden, desto öfter verbergen sich hinter der Betonung ökologischer Aspekte rein profitorientierte Veralterungsstrategien. Vor diesen warnte selbst der Recyclingoptimist Zalles-Reiber schon in den 1990ern: »Die ökologische Produktqualität darf nicht nur als Zusatznutzen, als emotionale Anreicherung der Güter betrachtet werden. [...] Medienwirksame Aktivitäten, aufwendige PR-Kampagnen oder die Schöpfung verkaufswirksamer Produktnamen wie ›Jim Nature‹ bei Fernsehgeräten oder ›Öko-Vampyr‹ bei Staubsaugern dienen nur der psychologischen Produktveralterung. Den Konsumenten soll das Gefühl induziert werden, ökologisch veraltete Produkte zu besitzen, die durch ›umweltfreundliche‹ ersetzt werden müssen.«[10]

Das Grundproblem auch bei der Suche nach ökologischen Lösungen bleibt das unerschütterliche Festhalten an der Notwendigkeit von Wachstum. Mit einem großen Automobilhersteller über Nachhaltigkeit zu reden, führt fast zwangsläufig zu einer Verschiebung der Ausgangsfrage nach der Vermeidung von Obsoleszenz hin zu anderen Diskussionen: Wie sollen die vielen Fließbänder ausgelastet und die vielen Arbeitsplätze erhalten werden? Es wird gefeilscht über Abgaswerte, die Weiterentwicklung von Antriebssystemen und die Schaffung von Neukaufakzeptanz.

Und so bewegt man sich schnell wieder in Richtung eines Phänomens, für das der österreichische Ökonom Joseph Schumpeter einmal den schön euphemistischen Begriff »schöpferische Zerstörung« geprägt hat, also zu einer Reaktion nach dem Muster: Ich führe gern einen 3-Liter-Golf ein, wenn die vorhergehende Golfgeneration dafür vom Markt genommen, vulgo verschrottet, und der Neuwagen in zwölf Monaten durch ein verbessertes Bio-Dieselmodell ersetzt wird. Großstrukturen neigen dazu, allen Problemen mit der gleichen Strategie zu begegnen: Veränderungen möglichst minimieren und mit minimalsten Veränderungen maximale Produktionssteigerung erzielen. Das Innovationsprodukt dient allenfalls am Rande der Lösung eines Mobilitäts- oder gar Umweltproblems. Im Wesentlichen geht es um die Lösung eines Absatzproblems.

Für den Greenpeace-Landwirtschaftsexperten Martin Hofstetter ist der sogenannte Biosprit ein gutes Beispiel. Seine Geschichte ist eine Geschichte des politischen Versagens: »Die Politik hat genau das getan, was die Auto- und Agrarindustrie von ihr verlangt hat.« Den Bauern sei ein neuer Markt erschlossen worden, und die Autoindustrie habe die Chance erhalten, den Treibhausgasausstoß ihrer Fahrzeugflotte zu senken, ohne sparsamere Autos anzubieten.[11] Was umweltfreundlich als Biosprit verkauft wird, ist eine Mogelpackung. Dass seine Produktion hierzulande zu immer mehr Maismonokulturen, auf anderen Kontinenten zu zunehmender Urwaldrodung und insgesamt zu steigenden Lebensmittelpreisen führt, weil der Anbau von Pflanzen für Treibstoff mehr Gewinn bringt als der von Lebensmitteln, illustriert diese Form des ökologischen Umbaus hervorragend als das, was man Greenwashing nennt.

Ökolabels bieten das ideale Umfeld für Greenwashing-Effekte. Man muss nur einen Blick auf die Liste »grün« zertifizierter Hersteller werfen. Für den Aluminiumhersteller Alcoa, für einen zimperlichen Umgang mit der Umwelt wirklich nicht bekannt, ist es sicher schön, etliche Male auf den Materiallisten der C2C-zertifizierten Produkte zu erscheinen.

Auch das Schlüsselwort »Recycling« steckt sich die Industrie oft nur wie eine schmückende Blume ans Revers. Ihre Motivation ist nicht immer eine ernsthaft angestrebte Umstellung auf nachhaltiges Wirtschaften. Es ist eher die Einsicht, dass man den kritischeren Teil der Kundschaft, der ihr Umweltgewissen das gedankenverloren lustvolle Shoppen vermasselt, keineswegs verloren geben muss. Es genügt, ihnen einen Deal vorzuschlagen: Das werbende Unternehmen streut sich – am besten einigermaßen dezent, um die eher unkritische Hauptkundschaft nicht unnötig zu verschrecken – etwas Asche aufs Haupt und gaukelt den kritischen Kunden damit Problembewusstsein sowie einen problemlosen Recyclingplan vor. Und schon können, solchermaßen besänftigt, diese die Bequemlichkeit, beim Großanbieter zu kaufen, weiternutzen.

Wie so etwas funktioniert, lässt sich gut am Internetauftritt der vier großen Mobilfunknetzbetreiber Deutschlands studieren. Wenn man auf den Websites von T-Mobile, Vodafone, Telefonica (O2) und E-Plus an den Verführungen zum sofortigen Handyneukauf vorbeinavigiert und ein bisschen sucht, wird man entdecken, dass alle vier als Partner einer Aktion des Bundesministeriums für Bildung und Forschung (BMBF) firmieren, die sich »Die Rohstoff-Expedition« nennt. Die möchte im Rahmen des Wissenschaftsjahrs 2012 unter dem Motto »Zukunftsprojekt Erde« die »gesellschaftliche Debatte über Ziele, Herausforderungen und Aktionsfelder einer nachhaltigen Entwicklung« anstoßen. Da werden detailliert die Themen Plünderung von Umweltressourcen und Kinderarbeit behandelt, die der Kunde mit seinem Handykauf unterstützt.

Auf der Website der Aktion werden drei Lösungsansätze dazu vorgestellt: Die Effizienzstrategie, die auf technische Optimierung der Abläufe setzt, um den Rohstoffverbrauch zu verringern. Die Konsistenzstrategie, die die Stoff- und Energieströme an die Regenerationsfähigkeit der Ökosysteme anpassen möchte – Stichwort Cradle to Cradle. Und die Suffizienzstrategie, die auf Konsumverzicht und Nutzen statt Besitzen setzt. Es wird deutlich gemacht, dass nur eine Kombination aus allen drei Strategien den ökologischen Rucksack von Hightech-Produkten leichter machen kann. Die »Rohstoff-Expedition« ist anschaulich und leicht verständlich und stellt geeignetes Unterrichtsmaterial für die Schulen zur Verfügung. Ihre Stoßrichtung ist eindeutig: Lieber dreimal überlegen, ob man sich wirklich wieder ein neues elektronisches Spielzeug anschaffen muss.[12]

Welche Konsequenzen ziehen nun die Mobilfunkpartner aus der gemeinsamen Aktion? In welche Richtung ihre Überlegungen gehen, zeigt beispielhaft das Angebot, das T-Mobile seinen Kunden zum Umgang mit Altgeräten macht: »Sie erhalten für Ihr altes Handy einen Telekom Shop-Gutschein in Höhe von bis zu 200,- Euro (z. B. Sony Ericsson X10 Xperia).«[13] Die Botschaft ist klar: Je schneller man recycelt und je funktionsfähiger und jünger das »Altgerät« ist, desto höher die Belohnung, wenn man es trotzdem ausmustert. Eine interessante Interpretation der Ergebnisse der »Rohstoff-Expedition«, die unmissverständlich ein Abbremsen der immer schneller aufeinanderfolgenden Veralterungsschleifen fordert.

Dennoch ist der Glaube an den Sieg der ökologischen Vernunft bei vielen ungebrochen. Selbst der strenge Obsoleszenzkritiker Giles Slade ist bereit, dafür ein Bekenntnis abzulegen: »Ich glaube, dass in den kommenden Jahren das erdrückende Problem mit Müll aller Art die amerikanischen Hersteller zwingen wird, ihre auf Wegwerfmentalität beruhende Fertigungspraxis zu ändern. Das Goldene Zeitalter der Obsoleszenz [...] wird den Weg der Büffel gehen. Was auch immer an dessen Stelle tritt, wird auf den gemeinsamen Anstrengungen informierter Kunden und verantwortlicher Firmen beruhen. Diese werden begreifen, welchen Vorteil es hat, wenn sie im Interesse ihrer Kunden wirklich grünes Design anbieten.«[14]

Glaube und Hoffnung sind schön. Aber dem Tag, an dem die Verwirklichung solcher Hoffnungen näher rückt, muss wohl der Tag vorausgehen, an dem 2.500 Konsumenten den Apple Store Hamburg nicht belagern, weil sie auf ein neues iPhone warten, sondern um für bessere Arbeits- und Umweltbedingungen bei Foxconn und sauberes Recycling ihrer Altgeräte zu demonstrieren.

1 Michael Voregger, »Warten auf den umweltfreundlichen Computer. Hersteller verschieben Umstieg auf grüne Informationstechnologie«, *Deutschlandfunk*, 2.1.2013, www.dradio.de/dlf/sendungen/umwelt/1965196

2 Siddharth Prakash, Ran Liu, Karsten Schischke, Lutz Stobbe, »Zeitlich optimierter Ersatz eines Notebooks unter ökologischen Gesichtspunkten«, *Umweltforschungsplan des Bundesministeriums für Umwelt, Naturschutz und Reaktorsicherheit,* 44/2012, www.umweltdaten.de/publikationen/fpdf-l/4316.pdf

3 Svenja Bergt, »Neue Notebooks. Schick, sparsam, aber nicht öko«, in: *die tageszeitung*, 22.10.2012, www.taz.de/Neue-Notebooks/!103985

4 Zalles-Reiber, Produktveralterung und Industriedesign, München 1996, S. 133ff

5 www.adamec.de/service/elektronikschrottrecyclinganlage.html/?showall=1

6 www.futurzwei.org/#113-adamec-recycling

7 vgl. Michael Braungart, William McDonough, *Einfach intelligent produzieren. Cradle to cradle: Die Natur zeigt, wie wir die Dinge besser machen können,* Berlin 2005

8 Peter Unfried, »Der Umweltretter Michael Braungart«, in: *die tageszeitung*, 7.3.2009, www.taz.de/!31442

9 vgl. http://epea-hamburg.org/index.php?id=268

10 Zalles-Reiber, Produktveralterung, a.a.O., S. 140f

11 zit. nach: Heike Holdinghausen, »Ernte Tank«, in: *die tageszeitung*, 21.8.2012

12 »Rohstoffe und der Lebenszyklus eines Handys«, www.die-rohstoff-expedition.de/die-rohstoff-expedition/lebenszyklus-eines-handys.html

13 www.t-mobile.de/handys-und-datengeraete/0,23914,24796-_,00.html

14 Giles Slade, *Made to Break. Technology and Obsolescence in America*, Cambridge Mass. 2006, S. 281

Das Gleiche in Grün

Wachstum muss sein. Wir wollen das so. Wir möchten ein Auto, einen Flachbildfernseher, ein Smartphone, schöne Kleider und Reisen. Dafür geben wir oft Geld aus, das erst noch verdient werden muss. Die Menschen, die in den Fabriken in China, Indien und Vietnam unsere Jeans und unsere Hightechgeräte herstellen, wollen auch ein Auto, Flugreisen und einen Computer. Dazu müssen wir die Waren, die sie herstellen, kaufen. Wenn immer mehr Menschen alles haben wollen, müssen wir wachsen. Und wegwerfen. Wenn wir keinen neuen Fernseher kaufen, bricht die Spirale, die zu immer mehr Wohlstand führen soll, ab. Wenn nicht immer mehr verkauft wird, können die Kredite nicht bedient werden, und das Wirtschaftssystem bricht zusammen. Das können wir uns nicht leisten. Wir nicht und die zwei Drittel der sieben Milliarden Menschen, die noch starken Nachholbedarf in Bezug auf Lebensstandard, Konsumgüter und Dienstleistungen haben, auch nicht. »Wachstum ist nicht das Problem, sondern die Lösung, weil es der Schlüssel zu Fortschritten im Umweltschutz ist und die nötigen Ressourcen für Investitionen in saubere Technologie bereitstellt«, wie Ex-US-Präsident George W. Bush 2002 in einer Rede zur globalen Erwärmung festgestellt hat.[1]

Und damit hat er im Grunde die Haltung aller Industrienationen in Worte gefasst. Man kann sich vieles ausdenken, was im Detail anders gemacht werden könnte – aber Wachstum bleibt die Grundvoraussetzung, daran führt nach aktuell vorherrschender Meinung kein Weg vorbei. Vielleicht lässt sich Wachstum generieren, ohne immer mehr Ressourcen zu verbrauchen. Vielleicht lässt sich die ökonomische Wertschöpfung, das Wirtschaftswachstum, von Naturverbrauch und Emissionsbelastungen entkoppeln. Es würde bedeuten, dass wir weiterhin immer mehr produzieren, dabei aber weniger Rohstoffe und weniger Energie verbrauchen und weniger Müll produzieren. Klingt gut. Die Frage ist nur: Kann das funktionieren?

Laut einer 2011 veröffentlichten Studie der KPMG, einer der weltgrößten Wirtschaftsprüfungs- und -beratungsgesellschaften, sind die Weichen dafür zumindest gestellt. Von den befragten Führungskräften aus 378 großen und mittelständischen Unternehmen vor allem in Europa, Nordamerika und Asien haben sich der Studie zufolge nur fünf Prozent von ihnen noch keine Gedanken zu einer Nachhaltigkeitsstrategie gemacht.[2] Die *Wirtschaftswoche* begrüßt dieses Ergebnis als »Beginn des Zeitalters der Green Economy«, das Heraufdämmern einer neuen »Massenbewegung«, der sich nach und nach alle Hersteller anschließen würden. Viele haben schon damit angefangen: Der Technologiekonzern Siemens nutzt bei der Stahlschmelze entstehende Abgase zur Stromerzeugung und senkt so den jährlichen CO_2-Ausstoß um 30.000 Tonnen. Der japanische Wärmepumpenhersteller Daikin reduziert in seinem belgischen Werk den Energieverbrauch durch Umstellung der Montagetechnik um ganze 90 Prozent. Die mehr als 1,6 Millionen Fahrzeuge, die BMW jährlich fertigt, sollen bald mit »grünem Strom« produziert werden.[3]

Grünes Wachstum, umweltverträgliches Wachstum, nachhaltiges Wachstum – niemand, der heute von Wachstum redet, vergisst einen entsprechenden Zusatz. Immerhin 36 Jahre, nachdem eine vom Club of Rome beauftragte Studie unter dem Titel »Die Grenzen des Wachstums« das Ergebnis präsentierte, dass bei gleichbleibender Bevölkerungszunahme, Umweltverschmutzung und Ressourcenausbeutung die absoluten Wachstumsgrenzen auf der Erde noch innerhalb des 21. Jahrhunderts erreicht sein werden, propagiert das UN-Umweltprogramm (UNEP) offiziell eine »ökologische und ressourcenschonende Wachstumsstrategie«.[4] Die grüne Heinrich-Böll-Stiftung wirbt für einen »Green New Deal«, um »wirtschaftliches Wachstum in ökologische Bahnen zu lenken«; die EU setzt Ziele für »nachhaltiges Wachstum«.[5]

Auch im Privaten tut sich etwas. Menschen ziehen in Passiv- oder gar Plusenergiehäuser, tragen Ökotextilien, fahren mit dem Elektroauto zur Arbeit, das Naturenergie aus der Steckdose tankt, und beruhigen ihr schlechtes Gewissen wegen der häufigen Flugreisen, indem sie eine kleine Zusatzabgabe zur Wiederaufforstung der Regenwälder leisten – wie so vieles scheint das Wiederaufforsten nur eine Frage des Geldes, und erstaunlich günstig ist es auch! Wird Obsoleszenz also bald entweder, wie Obsoleszenzkritiker Slade glaubt, »den Weg

des Büffels« gegangen sein und aussterben, wenn sie nicht umweltverträglich ist, oder gemäß Braungarts Vision vom Cradle-to-Cradle-
Prinzip zumindest keinen Abfall mehr produzieren, sondern nur noch
ewig »reinkarnierbare« Wertstoffe?

Warner Philips ist einer von denen, die an einen ökologischen Umbau
glauben, und versucht, selbst daran mitzuwirken. Den traditionellen
Wachstumsbegriff und die klassischen Formen der Obsoleszenz kennt
er aus nächster Nähe, schließlich war sein Urgroßvater als Mitbegründer der heutigen Koninklijke Philips Electronics N.V. maßgeblich an
den Machenschaften des Glühbirnenkartells beteiligt. Warner kann
sich gut an die Faszination uneingeschränkten Wachstums erinnern:
»Ich weiß noch, wie mir mein Großvater in einer der Philips-Fabriken
in Eindhoven die Massenproduktion von Glühbirnen vorgeführt hat.
Ich fand das toll. Nachhaltigkeit war kaum ein Thema. Die Menschen
sahen die Erde nicht als einen Planeten mit begrenzten Ressourcen.
Für sie gab es alles im Überfluss.« Dass Firmen damals auf den Einbau
von Sollbruchstellen setzten, kann er durchaus nachvollziehen. Wenn
keine Umweltbedenken bremsen und Wirtschaftswachstum höchste
Priorität genießt, ist der Anreiz groß, durch geplante Obsoleszenz
den Umsatz zu steigern. Wenn man es für den heutigen Leuchtmittelmarkt mit durchschnittlich vierzig Lichtquellen pro Haushalt durch-
rechnet (was bei hundert Millionen Haushalten in den USA vier Milliarden Glühbirnen entspricht), macht es schon einen wesentlichen
Unterschied, ob diese spätestens alle 2, alle 10 oder alle 25 Jahre ausgetauscht werden müssen.

»Aus geschäftlicher Sicht ist das nach wie vor ein gewaltiges Potenzial«, räumt Warner Philips ein. Trotzdem hat er für sich entschieden,
einen anderen Weg zu gehen: »Ich denke, wir haben allmählich begriffen, dass die Voraussetzungen im 21. Jahrhundert andere sind.
Wir begrenzen nicht absichtlich die Lebensdauer von Produkten,
nur um kurzfristig mehr Geld zu verdienen, wenn wir damit langfristig unseren Planeten und den Konsumenten belasten. Kein Konsument würde sowas akzeptieren. Damit kommt man heute nicht mehr
durch. Auch die großen etablierten Player können sich nicht mehr
sicher fühlen, und ich finde, das ist eine gute Sache.«

Er meint das nicht nur als Lippenbekenntnis. Fast hundert Jahre nach der Entstehung des Glühbirnenkartells hat Warner Philips sich von dem Verschleißprinzip verabschiedet. Mit seiner eigenen Firma stellt er LED-Lampen her, die bis zu 25 Jahre lang halten. In der Entscheidung sieht er selbst keinen grundlegenden Bruch mit der Familientradition. Auch seine Vorfahren hätten die neue Technik begrüßt, meint er – »weil es ihre eigentliche Mission voranbringt: den Menschen auf effizienteste Weise das Licht zu bringen«.

Für Warner stehen langlebige Produkte und Geschäftsdenken allerdings nicht im Widerspruch: »Es ist ja nicht hier die grüne Welt und da die Geschäftswelt. Wenn Business und Nachhaltigkeit Hand in Hand gehen, ist das die beste Geschäftsgrundlage.« Auch eine einfache Glühbirne wäre wesentlich teurer, wenn alle versteckten Kosten wie CO_2-Emissionen, Rohstoffe, Umweltbelastung, Abfallbeseitigung und Recycling mitbezahlt werden müssten. »Würde das alles in die Produktkosten einfließen, ergäben sich gewaltige Anreize für Unternehmer weltweit, möglichst langlebige Produkte herzustellen. Deshalb achten wir auch auf den Energieverbrauch bei der Produktion und den indirekten Energieverbrauch beim Transport.«

Wenn grünes Wachstum funktionieren soll, muss man damit auch reich werden können, davon ist Philips überzeugt. Denn es sei doch so: »Je mehr ich von meinen nachhaltigen Produkten profitiere, desto mehr Nachhaltigkeit schaffe ich damit. Von mir aus sollen Leute, die ein sehr gutes Unternehmen aufbauen, das dem Planeten und den Menschen dient, gern unglaublich reich werden.« So sehen das naturgemäß die meisten Unternehmer. Möchte man also ernsthaft eine umfassende Erneuerung des Produktionssektors, sollten zusätzliche Anreize für die Produzenten geschaffen werden, die eine nachhaltige Unternehmensstrategie honorieren. Man müsste das System so umstellen, dass Firmen mit langlebigeren Produkten auch erkennbar mehr Geld verdienen können.

Mit Nachhaltigkeit und Ökologie in Konkurrenz zu billigeren Anbietern Geld zu verdienen, ist allerdings nicht unbedingt leicht. Warner Philips hat es selbst erlebt. Noch vor einigen Jahren waren Kunden nur mit großen Schwierigkeiten davon zu überzeugen, dass eine einmalige Investition von 50 Dollar sich auch im Verhältnis zu den 60 Cent einer Billigbirne durch längere Lebensdauer und Energieersparnis in 25 Jahren mehr als amortisiert. Der Konsument rechnet einfach anders: Um die 40 Glühbirnen in seinem Haushalt auf einen Schlag durch energiesparende Birnen zu ersetzen, müsste er 2.000 Dollar auf den Ladentisch legen statt 24 Dollar für 40 konventionelle Glühbirnen. Dass sie auf Dauer dennoch sparen würden, ist den Kunden nur schwer zu vermitteln.

Damit der ökologische Umbau sich auch ökonomisch rechnet, müssten zum Beispiel die Vorteile, die weniger nachhaltige Konkurrenten durch geringere Produktionskosten haben, ausgeglichen werden. Das ist zum Teil bereits heute so, denn der große Preisunterschied kommt nicht von ungefähr. Was den Leuchtmittelmarkt angeht, dürften die Prognosen für Warner Philips' Unternehmen gut aussehen. Sekundärkosten werden verstärkt berücksichtigt: Es gibt einen Emissionshandel, und seit 2005 sind nach europäischem Gesetz auch Rücknahme und Recycling eingepreist. Außerdem hat die EU die Glühbirne per Verbot aus dem Verkehr gezogen. Den nächsten Schritt hat die UNO Anfang 2013 verkündet: Bis 2020 soll Quecksilber bei der Herstellung von Energiesparlampen verboten sein. Mit den quecksilberhaltigen Leuchtstoffröhren wäre ein weiterer Konkurrent von Warner Philips ausgeschaltet. Spätestens ab da dürfte es möglich sein, mit LEDs und ohne geplanten Verschleiß reich zu werden – zumindest, bis auch dieser neue Markt seinen Sättigungspunkt erreicht hat.

Auch die deutsche Bundesregierung gibt sich Mühe, mit Maßnahmen zur Wachstumsförderung ihren Beitrag zu mehr Nachhaltigkeit zu leisten. Als sie 2009 den von den Folgen der weltweiten Finanzkrise gebeutelten deutschen Autobauern und ihren Zulieferern unter die Arme greifen wollte, lobte sie eine »Umweltprämie« von 2.500 Euro aus. Die bekam, wer sein altes Auto verschrottete, eine schriftliche Bestätigung für seine Zerstörung vorlegen konnte und sich im Gegenzug einen »umweltfreundlicheren« Neuwagen anschaffte. Auf diese Weise wurde der dramatischen Absatzflaute in der Autobranche ein Ende gemacht: 1,7 Millionen Fahrzeuge wurden von ihren

Besitzern abgeliefert und durch Neuwagen mit – in Relation zu ihrem Verbrauch, wohlgemerkt – geringerem Ausstoß von Rußpartikeln, Stickoxiden, Kohlenmonoxid und CO_2 ersetzt.

Das so angeschobene Wachstum hatte ein paar problematische Aspekte. 1,7 Millionen nicht mehr neue, aber großteils ohne Weiteres fahrtüchtige Autos landeten in der Schrottpresse; inklusive aller intakten Fahrzeugteile, die sowieso keinerlei Abgase produzierten. Damit gingen sie nebenbei auch der simpelsten Form des Recycling verloren, die bei Autos normalerweise vor dem Verschrotten steht: Sie wurden dem Gebrauchtwagenmarkt entzogen, wodurch wiederum ein erhöhter Bedarf an Neufahrzeugen kreiert wurde. Selbst bei einem Umstieg auf ein 3-Liter-Modell verbraucht die Produktion neuer Fahrzeuge jedoch mehr Ressourcen und Energie, als die spritsparenden Autos je kompensieren könnten. Da es für die Prämie keinerlei Unterschied machte, ob man sich ein kleines, sparsames Auto anschaffte oder einen schweren Spritfresser, ist selbst die Begründung, die Abgase modernerer Wagen belasteten die Luft weniger mit Schadstoffen, letztlich fadenscheinig. Wo ein kleiner Corsa durch einen SUV mit doppeltem Benzinverbrauch ersetzt wurde, mit staatlichem Zuschuss, konnte sich der Effekt sogar umkehren. Kurz: Ein entsprechendes, weniger rohstoff- und energieintensives Nachrüsten der Altwagen hätte der Umwelt wohl mehr geholfen.

Damit ist ein grundsätzliches Problem von grünem Wachstum benannt: Jeder »ökologische Umbau« löst zwangsläufig eine gigantische Welle ökologischer Obsoleszenz aus. Egal, ob ich meinen Altwagen, meinen Kühlschrank oder die Waschmaschine gegen ein neues Ökosparmodell austausche, die Produktion steigt. Das muss auch so sein. Auch die Befürworter grünen Wachstums sehen die Notwendigkeit, mit den neuen Produktionsanlagen Gewinne zu erwirtschaften. Und dafür gelten die ganz normalen Voraussetzungen jeder Wachstumsökonomie: Je mehr aufgrund gesteigerter Nachfrage investiert werden muss, desto mehr Anschaffungskredite sind zu bedienen. Neue Lieferketten müssen aufgebaut werden; bei erst noch zu etablierenden Produkten fallen hohe Werbekosten an. Dadurch werden immer höhere Mindeststückzahlen bei entsprechender Absatzsteigerung notwendig. Der Effekt eines ökologischen Umbaus wäre, allein bezogen auf die Produktionsmenge, also derselbe wie bei herkömmlichem Wachstum: Alles wird immer mehr.

Dazu kommt: Je radikaler der Umbau, desto größer die Rückstände. Wird ein Produkt wie die Glühbirne verboten, wird damit auch ihre gesamte Fertigungsinfrastruktur ausgemustert – Maschinen, Fabriken, Zulieferketten. Ähnliches ist für die Leuchtstoffröhrenfertigung zu erwarten. Zumindest kurzfristig wachsen also die Berge von Rückständen. Und selbst scheinbar moderate Umrüstungen haben zuweilen kontraproduktive Effekte. So hat vor der verpflichtenden Einführung des Fahrzeugkatalysators Ende der 1980er-Jahre wohl niemand miteinberechnet, dass jeder einzelne Katalysator einen ökologischen Rucksack von drei Tonnen verbrauchter Ressourcen mit sich herumschleppt, weil allein die Gewinnung der für ihn nötigen Menge an Platin so aufwendig ist.[6]

Ist grünes Wachstum dann vielleicht nichts anderes als eine Fortsetzung des gleichen Spiels, nur auf dem nächsten Level? Befürworter beharren trotz der genannten Negativeffekte darauf, dass es möglich sein wird, Wirtschaftswachstum von Naturverbrauch und steigenden Emissionen zu entkoppeln. Das im Einzelnen zu bewerkstelligen erweist sich jedoch als höchst vertrackt. Ottmar Edenhofer ist Chefökonom des Potsdam-Instituts für Klimafolgenforschung und Berater der Weltbank in Fragen des Wirtschaftswachstums und des Klimaschutzes. Er sieht die Formel vom grünen Wirtschaftswachstum auf drei Säulen ruhen: 1. Die fossilen Energieträger gehen bald zur Neige, 2. erneuerbare Energien werden aufgrund von Lerneffekten bald günstiger als fossile Energieträger sein, und 3. drastische Verbesserungen der Energieeffizienz sind mit geringen ökonomischen Kosten erreichbar.

Am Beispiel vom fossilen Brennstoff Mineralöl verdeutlicht Edenhofer, dass diese Säulen wackelig sind. Steigt der Ölpreis, weil Öl knapper wird, richten sich nicht etwa sofort alle Bemühungen auf die erneuerbaren Energien. Es werden vielmehr höchst energieintensive und umweltschädliche Alternativen wie der Abbau von Ölsanden und die Verflüssigung von Kohle rentabel, die vorher niemand ernsthaft in Betracht gezogen hatte. Aktuell führt das zu einer weltweiten Renaissance der Kohle. »Die Daten zeigen deutlich, dass eine Einheit Primärenergie heute mit mehr Kohlendioxidemissionen als noch vor fünf Jahren produziert wird«, präzisiert Edenhofer seine Skepsis.[7]

Selbst angenommen, die Energiefrage ließe sich zugunsten alternativer Energiequellen lösen und riskante Techniken wie die Kohlenstoffabscheidung und Einlagerung im Untergrund (CCS) würden die vorhandenen Probleme nicht vergrößern, sondern bei der Lösung helfen, ist kaum anzunehmen, dass das mit den bisherigen Strukturen zu leisten ist. Es braucht dafür neue Produktionsstandorte, Stromtrassen, Industrien für Speichermedien, Versorgungsstationen für Elektroautos und Entsorgungsindustrien für ausgediente Akkus. Was passiert mit den alten Produktionsstandorten? Was passiert, wenn die ersten Photovoltaikpanele und Wärmedämmverbundsysteme ersetzt und entsorgt werden müssen? Und was, wenn der stolze Besitzer von Passivhaus und spritsparendem Pkw von dem Geld, das er an Energiekosten einspart, nun in eine CO_2-schwere Flugreise nach Indien investiert? Wie sich das alles umweltneutral bewältigen lassen soll, ist noch unbeantwortet.

Der Volkswirt und Wachstumskritiker Niko Paech bezweifelt schlicht, dass es möglich ist. Seine ernüchternde These lautet: Jegliche Anstrengungen, wirtschaftliches Wachstum auch durch noch so »grüne« technische Innovationen von ökologischen Schäden zu entkoppeln, sind zum Scheitern verurteilt und führen oft sogar zu einer Erhöhung der Umweltbelastungen.[8]

Schon den Grundgedanken einer wie auch immer gearteten »Green Economy«, die die Ökosphäre entlasten würde, ohne auf beständiges Wirtschaftswachstum zu verzichten, hält Paech für absurd. Ein Umbau ohne Verzicht auf Wachstum würde bedeuten, dass wir weiterhin jedes Zimmer mit einem Computer, Flachbildschirm und Internetanschluss versehen könnten und dass jedes Familienmitglied auch weiterhin ein Smartphone, eine Digitalkamera und perspektivisch ein eigenes Auto besäße. Die Küche könnten wir weiterhin mit Kaffeevollautomat, Küchenmaschine, Mikrowelle und Salz vom Himalaya ausstatten. Wir könnten weiter auf Geschäftsreise gehen, in Urlaub fahren und Bestellungen via Internet aufgeben, die per Kurier an die Haustür geliefert werden. Sich vorzustellen, dass sich dieser Lebenswandel nicht nur ressourcenneutral aufrechterhalten lässt, sondern auf mittlere Sicht sogar weiteren vier bis sechs Milliarden Menschen ermöglicht werden soll, erfordert schon einiges an Fantasie.

Dass man dieser Schimäre trotzdem gern hinterherläuft, liegt laut Paech daran, dass die damit verbundene Botschaft so angenehm ist: »Unbekümmert weitermachen und alles Problematische dem kollektiv beschworenen Fortschritt überlassen!«[9] So einfach will er den Konsumenten jedoch nicht davonkommen lassen. Für jeden, der ernsthaft eine gerechte, nachhaltige Lebensweise für alle anvisiert, führt nach Paechs Überzeugung kein Weg daran vorbei, für sich eine Art kategorischen Imperativ zu akzeptieren: »Jeder Mensch darf nur das Quantum an ökologischen Ressourcen verbrauchen, von dem sich sagen lässt, dass dann, wenn alle anderen Erdbewohner sich ähnlich verhalten, die irdische Tragekapazität dauerhaft erhalten werden kann.«[10] Der Wissenschaftliche Beirat für Globale Umweltveränderungen (WBGU) hat, bezogen auf das Klimaschutzziel der EU, für diesen Imperativ sogar einen Leitwert ermittelt: Will man die globale Erwärmung auf 2 Grad Celsius beschränken, steht bei einer Weltbevölkerung von sieben Milliarden Menschen jedem die Verursachung von jährlich 2,7 Tonnen CO_2 zu.[11]

Nimmt man diesen Grundsatz ernst, erkennt man schnell, dass die Grenzen des Wachstums längst erreicht sind. »Wie kann ein einzelner Mensch, der pro Jahr fünf Flugreisen in Anspruch nimmt, die hierzu erforderliche Energie nebst anteiliger Nutzung aller erforderlichen materiellen Voraussetzungen selbst ›erarbeitet‹ oder ›verdient‹ haben?«, fragt Paech.[12] Allein ein Flug nach New York schlägt schon mit 4 Tonnen CO_2 pro Person zu Buche, eine Reise nach Australien produziert 14,5 Tonnen des Klimagases. Es liegt aber nicht nur am Fliegen. Für Paech leben wir in dreifacher Hinsicht über unsere Verhältnisse: in Bezug auf unsere körperlichen Fähigkeiten, die mithilfe »ganzer Scharen von Energiesklaven« wie Autos, elektrischen Zahnbürsten, Brotschneidemaschine, Laubbläser usw. potenziert werden;

in Bezug auf den Zugriff auf Ressourcen, der durch die globalen Wertschöpfungsketten geradezu maßlos ist; und in Bezug auf die Gegenwart, indem wir durch Verschuldung die Zukunft bereits mitverbrauchen.[13] Ein kleiner Wisch auf dem iPad, und die neueste Digitalkamera macht sich vom Webshop auf den transkontinentalen Weg zu uns – schon um eine so alltägliche Handlung zu kompensieren, müsste eine Menge Regenwald wiederaufgeforstet werden; auch dann, wenn alle diese Bewegungen auf »grüner« Basis ermöglicht würden. Wir leben über unsere Verhältnisse, und das ist eigentlich auch ohne komplizierte Berechnungen des CO_2-Fußabdrucks offensichtlich.

Hat der begonnene ökologische Umbau denn gar nichts erreicht? Auch Edenhofers Bilanz der bisherigen Ansätze zu grünem Wachstum fällt ernüchternd aus: Die Energieeffizienz habe sich in den vergangenen zwanzig Jahren zwar weltweit verbessert, zwischen 1990 und 2010 um durchschnittlich etwa 1,6 Prozent pro Jahr. Die zahlreichen Investitionen, etwa in Gebäudedämmung oder die Förderung des öffentlichen Nahverkehrs, seien ebenfalls vernünftig. »Allerdings wurden diese Energieeffizienzsteigerungen in der Vergangenheit regelmäßig durch das Wirtschaftswachstum überkompensiert.«[14]

Mit all den schönen neuen Ideen, mit Maßnahmen wie der Einpreisung von Umweltschäden durch entsprechenden Zertifikatehandel, mit Produkten von der Wiege bis zur nächsten Wiege unter Umgehung des Müllgrabes oder auch mit der verbesserten Ökoeffizienz von Kühlschränken ist die magische Formel für eine Versöhnung von Wirtschaftswachstum und Umweltschutz also nicht gefunden. Bisher wird jeder Rückgang der Umweltverschmutzung pro produzierter Einheit durch wachsende Produktionszahlen zunichte gemacht. Man nennt das »negative Rückkopplung«.

Was das in der Praxis bedeutet, zeigt eine Meldung aus dem Flugverkehr vom September 2012. Da kündigte Airbus an, innerhalb der nächsten zwanzig Jahre 10.350 alte Maschinen auszutauschen und durch verbrauchsärmere Modelle zu ersetzen. Das klingt nach einem guten Signal. Fast noch freudiger aber wurde in der gleichen Meldung verkündet, dass im gleichen Zeitraum die Zahl der Passagierflugzeuge von 15.500 auf 32.550 und die der Transportflugzeuge von 1.600 auf 3.000 anwachsen wird.[15] Die Flugzeugflotte wird sich also verdoppeln – von den anfallenden Altlasten durch die ausgemusterten Maschinen ganz zu schweigen. Die Flugzeugbranche ist nicht die einzige, die Ökologie auf diese Art mit Wachstum verbindet.

Was ist angesichts solcher Zahlen von dem Traum eines grünen Wachstums zu halten? Lässt sich ein ökologischer Umbau ohne Verzicht bewerkstelligen? Kann man den Kuchen aufessen, ohne ihn zu verzehren? Allein um das Klimaziel zu erreichen, die Erderwärmung bis 2050 auf 2 Grad Celsius zu begrenzen, dürfen bis dahin nicht mehr als 750 bis 1.100 Gigatonnen CO_2 emittiert werden. Damit wäre die maximale Deponiekapazität der Atmosphäre erreicht. Edenhofer gibt weiter zu bedenken: »Bei 33 Gigatonnen globaler Emissionen an CO_2 im Jahr 2010 und anhaltender Wachstumsrate wäre die Deponie in wenigen Dekaden voll. Nun lagern aber noch 15.000 Gigatonnen CO_2 in Form von Kohle, Gas und Öl im Boden. Wird der Deponieraum begrenzt, können also die fossilen Ressourcen nur noch in begrenztem Umfang genutzt werden. Damit werden die Vermögensbestände der Besitzer von Kohle, Öl und Gas entwertet – ihre Renteneinkommen werden abgeschmolzen.«[16]

Nicht alles wächst also, irgendjemand muss auch verzichten. Was werden die Besitzer von Kohle, Öl und Gas tun, wenn sie sich zwischen »grün« und »Wachstum« entscheiden müssen? In den USA ist die Entscheidung gefallen. Dort werden überall Gas- und Erdölvorkommen per Fracking aus dem Boden gepresst, die lange Zeit unrentabel erschienen. Auch am Bodensee liebäugeln britische Konzerne schon mit dieser Methode, bei der unter Hochdruck ein Cocktail aus Wasser, Sand und Chemikalien in den Untergrund gepresst wird, um aus geschlossenen Gesteinsschichten rund 3.000 Meter tief in der Erde Gas und Öl nach oben zu spülen.[17] Wird irgendjemand irgendwo auf der Welt vorhandene Bodenschätze ruhen lassen, wenn das mit Verzicht verbunden ist? Nicht in einer Wachstumsgesellschaft.

Wie die Prioritäten im Konfliktfall zwischen Wachstum und Ökologie aussehen, hat schon Warner Philips für die Wachstumsgesellschaft auf den Punkt gebracht: Letztlich zählt, dass man mit dem, was man tut, reich werden kann. Innerhalb der Wachstumslogik ist das auch richtig so, denn wo soll sonst das Geld für die Investitionen in eine bessere Welt herkommen?

Für Kritiker wie Paech ist es deshalb höchste Zeit, den Tatsachen ins Auge zu sehen: »Unter der Bedingung eines beständigen Wirtschaftswachstums ist es unmöglich, die Ökosphäre absolut zu entlasten. Unter der Bedingung einer absoluten Entlastung der Ökosphäre ist es unmöglich, ein beständiges Wirtschaftswachstum aufrechtzuerhalten.«[18] Auch grünes Wachstum ist Wachstum. Und um sich klar zu machen, dass unbegrenztes Wirtschaftswachstum weder möglich ist noch sinnvoll wäre, braucht man nur einen einfachen Taschenrechner, wie der Heidelberger Wirtschaftswissenschaftler Prof. Dr. Hans Diefenbacher vorrechnet: »Eine Wachstumsrate von einem Prozent pro Jahr führt zur Verdoppelung eines Anfangsbetrags in nur 72 Jahren. Beträgt die Rate drei Prozent, verdoppelt sich der Anfangsbetrag in 23,5 Jahren. Bei vier Prozent Wachstum wäre nach ungefähr sieben Generationen das Tausendfache des Anfangsbetrages erreicht.«[19]

Die Zuwachsraten im chinesischen Automobilsektor liegen derzeit bei zwanzig Prozent. Das entspricht einer Verdopplung alle 3,5 Jahre. Natürlich verläuft die Realität nicht linear zu solchen Zahlenspielen. Aber sollte China, und daran klammern sich heute viele Autokonzerne, sich weiter in Richtung einer Automobilitätsrate wie in den USA entwickeln, wo auf drei Menschen vier Autos kommen, würde allein diese Kfz-Flotte täglich mehr Öl verbrauchen als derzeit weltweit pro Tag gefördert wird. Solche Probleme wären auch nicht gelöst, wenn alle Neuzulassungen Hybrid- oder Elektroautos wären (deren Strom ebenfalls nicht einfach nur aus der Steckdose kommt, sondern davor irgendwo, ökologisch oder nicht, erzeugt werden muss). Die Versorgungsengpässe würden nur verlagert. Statt Öl wäre dann der Lithiumnachschub für die Akkus ein Problem, und der Energiebedarf bei der Produktion dieser Autos wäre sowieso vermutlich nicht geringer als bei herkömmlichen Modellen.

Muss man sich also auch vom grünen Wachstumsgedanken verabschieden? Müssen wir unsere Lebensgrundlage grundsätzlicher ändern? Die Stimmen, die das fordern, mehren sich, sogar von unerwarteter Seite. »Das grenzenlose Profitstreben, für das es keinen automatischen Haltepunkt gibt, die Erzeugung immer neuer Bedürfnisse in der Konsumgesellschaft und der Raubbau an den auf der Erde verfügbaren natürlichen Ressourcen, sie alle führen zu Zuständen, die für das menschliche Wohlergehen und sogar für das menschliche Überleben bedrohlich sind. [...] So sehr wir uns für die Beseitigung des Hungers überall in der Welt einsetzen müssen, so sehr sollten wir uns andererseits in unseren eigenen westlichen Ländern für eine Begrenzung des Wirtschaftswachstums einsetzen.«[20] Diese Aussage stammt nicht von einem radikalen Wachstumskritiker, sondern von Bundesfinanzminister Wolfgang Schäuble im Jahr 2011 in der Wochenzeitung *Christ und Welt*. Wie ernst er das auch gemeint hat – in Zeiten, in denen Wachstum immer noch die Programme der etablierten Parteien dominiert, ist diese Aussage für einen europäischen Politiker bemerkenswert.

Aber ist sie auch Zeichen eines bevorstehenden Wandels? Immerhin hat im selben Jahr auch der Deutsche Bundestag eine Enquete-Kommission zum Thema »Wachstum, Wohlstand, Lebensqualität« eingesetzt. Die soll zwar nicht explizit die Möglichkeiten einer Wachstumsrücknahme diskutieren, aber immerhin untersuchen, ob Deutschland auch mit geringeren Wachstumsraten zurechtkäme. Ein Zwischenbericht der Projektgruppe, die sich für die Kommission mit Rohstoffpolitik befasste, kam im September 2012 zu einem ähnlichen Ergebnis wie die Wachstumskritiker: Die Einsparung von Rohstoffen durch grüne Technologie und Effizienzsteigerung werde oft durch vermehrten Verbrauch neutralisiert. Dieser sogenannte Rebound-Effekt hat sich als viel größer herausgestellt als vermutet: Selbst umweltbewusste Besitzer eines spritsparenden Autos fahren umso mehr, nicht nur, weil es billiger ist, sondern auch weil sie kein schlechtes Gewissen mehr haben, viel zu fahren.

Der Rebound-Effekt steigere sich in manchen Bereichen sogar zum Backfire-Effekt, bei dem durch den Einsatz moderner Technologien mehr Ressourcen verbraucht werden als zuvor. Der Projektgruppensprecher und Grünen-Abgeordnete Dr. Hermann Ott empfiehlt daher, dem Ressourcenverbrauch politisch Grenzen zu setzen. Der Bericht fordert eine gesamtgesellschaftliche Abkehr von der Wachstumskultur.[21]

Der französische Wachstumskritiker Serge Latouche denkt diesen Gedanken schon seit Längerem konsequent weiter. Um unsere Wachstumsgesellschaften am Leben zu erhalten, werden heute Kriege um Erdöl, Coltan, Wasser und andere Rohstoffe geführt. Ein ökologischer Umbau würde nur etwas daran ändern, welche Rohstoffe jeweils umkämpft sind, aber nichts am Prinzip. Der Ressourcenverbrauch würde weiter steigen. Latouche sieht nur eine Konsequenz: Ein solch zerstörerisches System muss als Grundmodell der Gesellschaft abdanken. Es bringt mehr Ungerechtigkeit und wachsende Einkommensunterschiede und ermöglicht nicht mal den »Bessergestellten« ein gutes Leben, sondern führt sie in eine »an ihrem eigenen Reichtum erkrankte Antigesellschaft«. Er sieht es ähnlich wie Niko Paech: Keine Wachstumsgesellschaft, egal welcher Prägung, kann auf Dauer funktionieren, weil alle auf dem gleichen nicht auflösbaren Widerspruch beruhen – sie verbrauchen in gigantischem Ausmaß Ressourcen, und die sind endlich. Latouche zitiert in dem Zusammenhang gern den amerikanischen Wirtschaftswissenschaftler Kenneth Ewart Boulding, der schon in den 1960er-Jahren die Grundlagen für eine nichtwachstumsorientierte Wirtschaft zu skizzieren versuchte: »An grenzenloses Wachstum auf einem Planeten mit begrenzten Ressourcen glauben nur Verrückte und Ökonomen. Leider sind wir mittlerweile alle Ökonomen.«

Latouche ist selbst Ökonom und war lange Wirtschaftsprofessor in Paris. An den Universitäten stellt er in letzter Zeit ermutigende Tendenzen fest: »Nur eiserne Neoliberale setzen noch darauf, dass die Wissenschaft der Zukunft schon alle Probleme lösen wird und man für alles Natürliche einen künstlich hergestellten Ersatz entwickeln könne.«[22] Offenbar hat sich etwas geändert bei den Ökonomen. Viele Menschen haben begriffen, dass sich etwas ändern muss, und dass kosmetische Eingriffe nicht genügen. »Das ist eine Revolution!«, ist Latouche überzeugt. »Eine kulturelle Revolution, denn es ist ein Paradigmenwechsel, eine Änderung der Geisteshaltung.«

Die Revolution hat einen Namen: »Décroissance« oder »Wachstums-rücknahme«. Ähnlich wie Brooks Stevens in den 1950ern durch die Lande tourte, um den Menschen das Konsumieren nach Herzenslust dank geplanter Obsoleszenz schmackhaft zu machen, reist Serge Latouche von Konferenz zu Konferenz und spricht über Wege aus der Wachstumsgesellschaft. Das Kunstwort »Décroissance« (dt. etwa »Schrumpfwachstum«) sieht er dabei als provokantes Schlagwort. »Es soll den ein wenig euphorischen Diskurs über ein mögliches und vertretbares, womöglich gar umweltfreundliches unendliches Wachstum stören und unterstreicht die Notwendigkeit eines Umdenkens, eines Ausstiegs aus dieser Logik der Maßlosigkeit«, erläutert er. Sein Gegenprogramm lässt sich in einem Wort zusammenfassen: Reduktion. Reduktion der Umweltschäden, der Verschwendung, der Überproduktion und des übermäßigen Konsums. Und wenn wir Konsum und Produktion reduzieren, hat das einen schönen Nebeneffekt: »Dann wird Zeit frei, in der wir andere, unerschöpfliche Formen des Reichtums entwickeln können, wie Freundschaft und Wissen.«
Freie Zeit für Freundschaft und Weiterbildung – ist das konsensfähig? Ist die Freizeit nicht schon derart dem Konsum versprochen, dass man beides kaum noch trennen kann? Und macht Konsum nicht spürbar glücklich? Stellen das neue Handy, der neue Wagen, die neue CD nicht eine gewisse innere Zufriedenheit her? Lassen sich Freundschaften ohne Twitter, Facebook und Skype überhaupt noch richtig pflegen? Latouche hält solche Überlegungen für irreführend. »Wenn das Glück vom Konsumniveau abhängen würde, müssten wir in Glückseligkeit schwelgen, denn wir konsumieren 26-mal mehr als zur Zeit von Karl Marx. Umfragen zeigen jedoch, dass die Leute nicht 26-mal glücklicher sind. Vielleicht kehrt sich ab einem bestimmten Punkt die Relation sogar um zwischen dem Wachstum des Konsums und dem des Glücksgefühls. Glück ist ja etwas Subjektives.«
Die Verfechter der Wachstumsrücknahme haben in der Öffentlichkeit einen schweren Stand. Nicht nur klingt »Rücknahme«, als solle uns etwas weggenommen werden, und weckt damit für viele eher negative Assoziationen. Die Décroissance-Anhänger wollen uns auch noch dazu provozieren, unsere Werte, Glück und Erfüllung jenseits

der neuesten Produktpalette zu suchen. Können Glück und Zufriedenheit nicht auch hervorgerufen werden von einem Job, der mir Spaß macht und mich fordert, mit vernünftigen Arbeitszeiten, die mir noch Luft für andere Aktivitäten lassen? Ist das kein sinnvoller Gegenentwurf zu einem immer höheren Arbeitspensum, um einen Lebensstil zu finanzieren, in dem der Konsum im Mittelpunkt steht? Warum fühlen wir uns reich, wenn es um ein Objekt geht, das in unserer Garage steht und die Nachbarn beeindruckt, aber nicht, wenn wir in einem Land leben, in dem das Studium oder der Arztbesuch erschwinglich oder sogar kostenlos sind? Warum ist unsere Definition von Glück so eng und produktbezogen? Die Zahl derjenigen, die trotz Vollzeitjob sowieso kein Geld haben, um zum Spaß shoppen zu gehen, wächst. Das ist traurige Realität. Aber auch immer mehr Menschen, die es sich leisten können, stellen sich solche Fragen. Und sogar Regierungen, sogar konservative wie die französische unter Sarkozy und die konservativ-liberale Koalition in Großbritannien stellen die Annahme auf den Prüfstand, dass Lebensqualität und Wohlstand immer an Wirtschaftswachstum geknüpft sind. Mithilfe der Glücksforschung suchen sie nach alternativen Indikatoren.[23]

Ein Vorbild für die westlichen Regierungen ist das Bruttonationalglück, das im asiatischen Königreich Bhutan dem Bruttosozialprodukt als Ergänzung zur Seite gestellt wird. Statt des steigenden gesamtgesellschaftlichen Geldvermögens stehen Kriterien des Umweltschutzes, der politischen Partizipation und gerechter Gesellschaftsstrukturen im Vordergrund. Ob die Beschäftigung mit solchen Modellen dazu führen wird, dass in der Politik ernsthaft Alternativen diskutiert werden oder zumindest eine Debatte unter Konsumenten anregen wird, ist noch offen.

Die Tage des Bruttosozialprodukts als einzigem aussagekräftigen Maßstab des Erfolgs sind nach Serge Latouches Überzeugung jedenfalls gezählt. Als Beispiel dient ihm die Umweltkatastrophe nach dem Auslaufen von Rohöl aus dem Tanker Prestige im November 2011. Die Strände waren verseucht, Millionen mussten zur Reinigung investiert werden – und das war gut für das Bruttosozialprodukt Frankreichs, denn all diese Aktivitäten zur Schadensbegrenzung zählen als wirtschaftliche Aktivitäten, obwohl offensichtlich kein Mehrwert geschaffen wurde. In diesem Kontext ist das Bruttosozialprodukt nicht als verlässliche Angabe über den Zustand und den Wohlstand eines Landes zu verstehen – und schon gar nicht über die Zufriedenheit seiner Bürger.

Trotzdem, können wir uns, selbst wenn wir wollten, Konsumverzicht überhaupt leisten? Die Gegner des Konzepts der Wachstumsrücknahme fürchten, dass deren Umsetzung uns nicht weniger Arbeit und mehr Freizeit bescheren würde, sondern die moderne Wirtschaft zerstört und uns zurück in die Steinzeit katapultieren könnte. Nichts als propagandistische Übertreibung, meint Latouche. Die Rückkehr zu einer Gesellschaft, deren Einfluss auf die Umwelt den Planeten nicht zerstört, hieße für ein Land wie Frankreich gerade mal, zum Konsumniveau der 1960er zurückzukehren. Als Leitbild zitiert er Mahatma Gandhi: »Die Welt ist groß genug für die Bedürfnisse aller, aber zu klein für die Gier Einzelner.«

Paech sieht das ähnlich. Unser Wohlstand ist für ihn nichts anderes als »das Resultat einer umfassenden ökologischen Plünderung«. Jeder Versuch, sich das anderweitig schönzureden, sei eine Selbsttäuschung. Reduktion ist für ihn das »einzige noch verantwortbare Gestaltungsprinzip für Gesellschaften und Lebensstile im 21. Jahrhundert«.[24] Um das Alternativprogramm umzusetzen, das sich daraus ergibt, gilt es, unsere Gesellschaft in eine »Postwachstumsökonomie« umzugestalten. Die wäre unter anderem gekennzeichnet durch eine Verkürzung der Produktionsketten bis zur Lokal- oder Regionalversorgung, eine Milderung der Kreditdynamik durch Transparenz und Verwendungskontrolle sowie durch regional eingesetztes, mit einem Negativzins belegtes »Schwundgeld«, das die Konzentration von Geldvermögen unattraktiv macht und so einer wachstumsanheizenden Kreditdynamik entgegenwirkt.

Eine solche Postwachstumsökonomie würde sich weiter auszeichnen durch mehr Gemeingüter, längere Nutzungsdauer von Produkten aller Art, mehr Eigenproduktion und Selbstanbau sowie die Entwicklung des Konsumenten zum »Prosumenten«, der die Kompetenz besitzt, seine erstandenen Güter auch zu reparieren.[25]

Paech verschweigt nicht, dass so eine konsequente Reduktion aufgrund geringerer materieller Kaufkraft und Optionenvielfalt ihren Preis hätte und so eine Postwachstumsökonomie darum wohl nur einer Minderheit akzeptabel erscheinen wird. Aber er sieht darin auch eine Aussicht auf mehr Glück, ein anderes Glück als das im »Hamsterrad der käuflichen Selbstverwirklichung«[26] erzielbare; ein Glück, dass sich aus der Freude über neu gewonnene Fertigkeiten, ein engeres Miteinander mit anderen und weniger Fremdbestimmtheit speist und das nicht auf Kosten der Umwelt, anderer Erdteile oder der Zukunft erworben wurde.

Kann sich ein solcher Paradigmenwechsel in absehbarer Zeit durchsetzen? Zurzeit scheint noch immer die vorsichtige Einschätzung realistisch zu sein, die Latouche vor rund zehn Jahren formulierte: »Man mag sich fortschrittliche Etappenziele ausdenken, doch ob sie von den betroffenen ›Privilegierten‹ einfach hingenommen würden, lässt sich ebenso schwer beantworten wie die Frage, ob sie bei den derzeitigen Opfern des Systems Zustimmung fänden, die geistig wie physisch an der Nadel eben dieses Systems hängen.«[27] Immerhin hat sich in Latouches Heimat Frankreich unter dem Schlagwort »Décroissance« zwar noch keine Revolution, aber doch eine beachtliche konsumkritische Bewegung gesammelt. Auch im benachbarten Spanien findet die Décroissance ein immer größeres Echo, vor allem unter jungen Leuten, die, des Konsumideals überdrüssig und mit wenig Vertrauen in die Politik, nach neuen Anregungen suchen. Ähnliches lässt sich für Deutschland feststellen.

Eine Abkehr vom Prinzip Wachstum ist vorerst dennoch unwahrscheinlich. Zu hartnäckig hält sich die Überzeugung, dass ohne Wachstum alles noch schlimmer würde. Selbst Anhänger der Grünen halten es wie Daniel Cohn-Bendit für unmöglich, eine Partei auf dem Thema der Wachstumsverminderung aufzubauen, denn »Décroissance, das ist für die Leute, die sie heute erleiden, wie ein Fluch«.[28] Auch die kritischen Positionen in einzelnen Projektberichten aus der Enquete-Kommission zu »Wachstum, Wohlstand, Lebensqualität« werden im endgültigen Abschlussbericht, wenn überhaupt, nur in relativierter Form auftauchen.

Sowieso herrscht nicht zuletzt bei denen, die nicht müde werden, die desaströsen Folgen der Wachstumsgesellschaft und mögliche Alternativen aufzuzeigen, große Skepsis, wenn es um die Chancen der Umsetzbarkeit geht. Dennis Meadows, Mitautor der legendären, für den Club of Rome erstellten Studie *Grenzen des Wachstums* von 1972, hält »nachhaltige Entwicklung« für eine ebenso »unsinnige Vokabel wie friedlicher Krieg«. Heute glaubt er sogar, dass demokratische Systeme Menschen nicht dazu motivieren können, Opfer zu bringen für etwas, von dem ein anderer erst viel später profitiert. Er befürchtet, dass die Menschheit aus der Wachstumsfalle nicht herausfinden wird: »Die Voraussetzungen dafür waren nie besser als in den zurückliegenden vierzig Jahren, doch wir haben versagt. Warum sollten wir es also in den kommenden vierzig Jahren lösen?«[29]

In einem Update ihrer Studie haben Meadows und seine Koautoren 2004 errechnet, dass eine Fortsetzung des *business as usual*, Wirtschaften unter den bisherigen Bedingungen also, das System Wachstum ab dem Jahr 2030 kollabieren lasse. Auch die konsequente Umsetzung von strengen Umweltschutz- und Effizienzstandards könne diese Tendenz vielfach nur abmildern, aber nicht mehr verhindern. Erst eine Kombination aus Einschränkung des Konsums, Kontrolle des Bevölkerungswachstums, Reduktion des Schadstoffausstoßes und zahlreichen weiteren Maßnahmen bringe eine Wendung zum Besseren.[30]

Auch der britische Ökonom Tim Jackson, Autor des Buchs *Wohlstand ohne Wachstum*, ist skeptisch, was die praktische Umsetzung seiner Vorschläge für ein auf Wachstumsrücknahme beruhendes Wirtschaftssystem angeht. Wenn die britische Regierung zum Beispiel Einschränkungen im Energiesektor erwägt, wird, kaum dass sie darüber nachdenkt, Angebot oder Nachfrage zu reduzieren, schon auf die ökonomischen Interessen der Energieunternehmen gepocht. Auch im Hinblick auf die Konsumenten ist der zeitweilige Berater von Großbritanniens Exprememinister Gordon Brown pessimistisch: »Verbraucherentscheidungen können in die richtige Richtung führen. Doch die meisten Kaufentscheidungen treffen Menschen aufgrund von sozialem Druck. Dass sie freie Entscheidungen für eine nachhaltige Welt treffen, halte ich deshalb für eine Illusion.«[31] Und sollten sie es doch einmal versuchen, »steht eine Phalanx gewiefter Werber, Marketingexperten, Investoren und Politiker parat, um uns davon zu überzeugen, Geld, das wir nicht haben, für Dinge auszugeben, die wir nicht brauchen, um Eindrücke, die nicht von Dauer sind, bei Menschen zu hinterlassen, die uns nichts bedeuten«.[32]

Vielleicht liegt dieser Fatalismus darin begründet, dass es irgendwie unnatürlich erscheint, sich der Wachstumsdynamik entgegenzustemmen. »Wir haben es doch alle ganz gerne, wenn etwas um uns herum wächst: Die Blumen, unsere Kinder, unser kleines Vermögen, das Bruttosozialprodukt, die Renten und natürlich die Wirtschaft insgesamt«, beschreibt der Philosoph Bernhard H.F. Taureck die Faszination der Wachstumsmetapher. Wer das Gefühl hat, er müsse sich einer mächtigen und im Grunde schönen Naturgewalt widersetzen, um die Welt zu retten, kann leicht mutlos werden. Angesichts des ganzen Geredes vom Wachstum, wundert sich Taureck nur, warum sich so wenige die Frage stellen, was damit überhaupt gemeint ist. Eine Blume ist nach wenigen Wochen ausgewachsen, ein Kind nach zwanzig Jahren. Und die Wirtschaft? Die erinnert Taureck an den Alptraum eines Vaters, der für seinen Säugling berechnet, dass er, wenn er so weiterwächst, mit fünfzehn eine Tonne wiegen wird. Natürliches Wachstum endet irgendwann von selbst. Aber was könnte die Wachstumsraten der Wirtschaft bremsen? Sicher nicht ihre innere Natur, höchstens das Ende der Natur. Wenn man Wirtschaftswachstum unbedingt mit einem Naturvorgang vergleichen will, böte sich etwas an, was ausgewachsene Lebewesen häufig ereilt, wenn sie nicht in freier Wildbahn leben: Sie werden fett. Unsere Wirtschaft wächst also nicht, sondern die Güterproduktion nimmt zu. Ohne Diätplan wird sie immer fetter. Ohne Ende. Es ist das Märchen vom süßen Brei als Horrorfilm.

Unsere Wirtschaft, die derzeit aus nichts anderem als maßloser Gewichtszunahme besteht, sollte sich langsam überlegen, wie ein verantwortungsvolles Erwachsenenleben aussehen könnte. Noch ist sie jedoch weiterhin eher stolz darauf, etwas zustande zu bringen, was die Natur nicht geschafft hat: exponentielles Wachstum, das Wunder von Zins und Zinseszins. Benjamin Franklin fand dafür einen Vergleich, der ebenfalls auf natürliche Vorgänge Bezug nimmt: »Wer ein Mutterschwein tötet, vernichtet dessen ganze Nachkommenschaft bis ins tausendste Glied. Wer ein Fünfschillingstück umbringt, mordet alles, was damit hätte produziert werden können: ganze Kolonnen von Pfunden Sterling.«[33] Die Vorstellung, aus einem Fünfschillingstück über gewisse, quasi magische Handlungen Kolonnen von Pfund Sterling zu machen, hat unsere Gesellschaft nicht mehr losgelassen. Taureck spricht von einer Besessenheit gleich der der Alchemisten, die aus unedlen Stoffen Gold herstellen wollten: »Der bisher letzte Schrei einer Alchemie des Wachstums war der Einfall, mit Kreditversicherungen der Banken einen Wetthandel zu betreiben.«[34]

Aber es gibt einen gewichtigen Unterschied zwischen der Vermehrung von Lebewesen und der von Geld. Geld kann sich im Soll vermehren, Natur nur im Haben: Ein Lebewesen hat sich erst vermehrt, wenn weitere Lebewesen geboren sind. Der Wert einer Aktie kann sich vermehren, ohne dass dieses Unternehmen deswegen eine Maschine, einen Angestellten oder einen Auftrag mehr hat. Geld hat sich in der Regel schon vermehrt, bevor irgendjemand irgendwo den realen Gegenwert dafür erarbeitet hat. Ich kann jetzt Geld ausgeben, dessen Gegenwert erst in der Zukunft geschaffen werden soll, aber ich kann nicht jetzt ein Schwein schlachten, das erst in zwei Generationen gezeugt wird. Geldvermehrung ist eine Spekulation auf die Zukunft, und Zinsgewinne sind eine nach willkürlichen Regeln erzeugte Schimäre. Die hat zwar die Kraft, alle gesellschaftliche Wirklichkeit zu bestimmen, aber mit der Natur hat das nichts zu tun. Taureck möchte deshalb der Legende vom Wirtschaftswachstum das Feigenblatt, etwas Naturgegebenes zu sein, wegreißen und es nackt als das dastehen lassen, was es ist: kein Wachstum, sondern endlose Zunahme. Sich der Urgewalt des Wachstums entgegenzustemmen, scheint sinnlos. Diätpläne für einen krankhaft fettleibigen Patienten aufzustellen ist eine Aufgabe, mit der man sich schon besser identifzieren kann.

Der Volkswirtschaftler Hans Christoph Binswanger rechnet in seinem Buch *Die Wachstumsspirale* einen solchen Diätplan für das Wirtschaftswachstum vor. Demnach müsste die globale Wachstumsrate auf einen Wert von ca. 1,8 Prozent beschränkt werden, damit der Planet nicht an Völlerei zugrunde geht. Hinter den Ausdruck »global« setzt Binswanger ein Ausrufezeichen, denn wenn in Ländern, die großen und zum Teil existenziellen Nachholbedarf an Wohlstand haben, die Wachstumsrate also höher liegt, muss sie bei den entwickelten Ländern entsprechend niedriger ausfallen. Auch Binswanger plädiert dafür, sich vom unantastbaren Credo des Wirtschaftswachstums zu verabschieden: »Ein ›ewiges‹ Wachstum des Sozialprodukts kann nicht mehr das Ziel sein. Es wird sich vielmehr heute und in Zukunft immer mehr darum handeln, der schöpferischen Potenz des Geistes und der Fantasie, gerade in Anerkennung der materiellen Grenzen der Welt, mehr Raum zu geben.«[35]

1 George W. Bush, Rede vor der National Oceanic and Atmospheric Administration, Silver Spring, Maryland am 14.2.2002, http://georgewbush-whitehouse.archives.gov/news/releases/2002/02/20020214-5.html

2 vgl. KPMG Global, Economist Intelligence Unit, »Corporate Sustainability: A Progress Report«, www.kpmg.de/docs/Sustainability-Report-Global-20110418.pdf

3 vgl. Dieter Dürand, »Wie sich das Klima retten lässt. Option 3: Grünes Wachstum«, in: *Wirtschaftswoche*, 26.11.2012, www.wiwo.de/technologie/umwelt/un-klimakonferenz-option-3-gruenes-wachstum/7432094-5.html

4 Deutsche Gesellschaft für die Vereinten Nationen e.V., »Grüne Wirtschaft, nachhaltige Entwicklung und Armutsbekämpfung«, 2008, www.dgvn.de/1187.html

5 Ralf Fücks, »Die ökologische Transformation des Kapitalismus«, www.boell.de/oekologie/marktwirtschaft/oekologische-marktwirtschaft-7260.html

6 vgl. Friedrich Schmidt-Bleek, *Das MIPS-Konzept: weniger Naturverbrauch – mehr Lebensqualität durch Faktor 10*, München 1998, S. 51

7 Ottmar Edenhofer, Michael Jakob, »Die Illusion des grünen Wachstums«, in: *Frankfurter Allgemeine Zeitung*, 1.3.2012, www.faz.net/aktuell/wirtschaft/klimapolitik-die-illusion-des-gruenen-wachstums-11668692.html

8 vgl. Niko Paech, *Befreiung vom Überfluss. Auf dem Weg in die Postwachstumsökonomie*, München 2012, S. 11, 76, 86

9 ebd., S. 92f

10 ebd., S. 57f

11 vgl. Wissenschaftlicher Beirat der Bundesregierung Globale Umweltveränderungen (WBGU), »Kassensturz für den Weltklimavertrag – Der Budgetansatz. Stand 2008«, www.bmbf.de/pubRD/wbgu_sn2009.pdf

12 Paech, *Postwachstumsökonomie*, a.a.O., S. 43

13 ebd., S. 57

14 Edenhofer, Jakob, »Die Illusion«, a.a.O.

15 vgl. Meldung im Handelsblatt vom 4.9.2012

16 Edenhofer, Jakob, »Die Illusion«, a.a.O.

17 vgl. Thomas Wagner, »Fracking am Bodensee – Anwohner fürchten um die Trinkwasserqualität«, *Deutschlandfunk*, 16.11.2012, www.dradio.de/dlf/sendungen/umwelt/192 3908/

18 Paech, *Postwachstumsökonomie*, a.a.O., S. 97

19 Hans Diefenbacher, Roland Zieschank, *Woran sich Wohlstand wirklich messen lässt. Alternativen zum Bruttoinlandsprodukt*, München 2011, S. 15

20 Wolfgang Schäuble, »Sind wir zu satt für Gott«, in: *Christ und Welt* 51/2011, www.christundwelt.de/detail/artikel/sind-wir-zu-satt-fuer-gott/

21 vgl. Enquete-Kommission »Wachstum, Wohlstand, Lebensqualität«, »Senkung des Rohstoffverbrauchs ist die Botschaft«, 24.9.2012, www.bundestag.de/dokumente/textarchiv/2012/40600161_kw39_pa_enquete_wachstum/index.html

22 für dieses und alle folgende Zitate: Serge Latouche, »Circulus virtuosus. Für eine Gesellschaft der Wachstumsrücknahme«, in: *Le Monde diplomatique*, 14.11.2003, S. 3, www.monde-diplomatique.de/pm/2003/11/14/a0021.text

23 Petra Pinzler, Fritz Vorholz, »Sind das Spinner?«, in: *DIE ZEIT* 39/2010, 23.9.2010, www.zeit.de/2010/39/Wirtschaftswachstum/komplettansicht

24 Paech, *Postwachstumsökonomie*, a.a.O., S. 10f, S. 119

25 ebd., S. 120ff

26 ebd., S. 11

27 Latouche, »Circulus virtuosus«, a.a.O.

28 Rudolf Balmer, »Französische Konsum-Verweigerer. Vive la Crise!«, in: *die tageszeitung*, 3.12.2009, www.taz.de/Franzoesische-Konsum-Verweigerer/!44805/

29 Joachim Müller-Jung, »Ein Gespräch mit Dennis Meadows. Grüne Industrie ist reine Phantasie«, in: *Frankfurter Allgemeine Zeitung*, 4.12.2012, http://tinyurl.com/bzcwfw3

30 vgl. Dennis Meadows et al., »Limits to Growth. The 30-Year Update«, White River Junction 2004, S. 22f

31 David Böcking, »Wachstumskritiker: ›Wir haben geprasst, und am Ende gab es Tränen‹«, in: *Spiegel Online*, 17.4.2011, http://tinyurl.com/apatdoc

32 vgl. Prof. Bernhard H. F. Taureck: »Wachstum über alles – Die Karriere einer Metapher«, in: Kunstverein Hannover, Kunsthaus Baselland, Frankfurter Kunstverein (Hg.), *Über die Metapher des Wachstums*, Basel 2011, S. 16-28

33 zit. n. ebd., S. 23

34 ebd., S. 24

35 Hans Christoph Binswanger, »Der Wachstumszwang«, in: *Über die Metapher des Wachstums*, S. 85-88

Die Designer der Zukunft

Wo anders wäre die schöpferische Potenz des Geistes und der Fantasie, auf die Binswanger so große Hoffnungen setzt, zu vermuten als in der Kreativbranche, bei den Gestaltern? »Es gibt Berufe, die mehr Schaden anrichten als der des Industriedesigners, aber viele sind es nicht. Verlogener ist wahrscheinlich nur noch ein Beruf: Werbung zu machen. Die industrielle Formgebung braut eine Mischung aus billigen Idiotien zusammen, die von den Werbeleuten verhökert werden«, so das unbarmherzige Urteil des österreichisch-amerikanischen Designphilosophen Victor Papanek im Jahr 1970.[1] Der Rundumschlag gegen die Designerzunft brachte ihm den Ausschluss aus der Industrial Designers Society of America (IDSA) ein. Das Buch, aus dem das Zitat stammt, *Design for the Real World*, wurde allerdings zu einem der meistgelesenen Designbücher aller Zeiten und der Nestbeschmutzer bald wieder in die IDSA aufgenommen. Als Ehrenmitglied, versteht sich.

Für Papanek ist es eine Qual, den Beruf des Industriedesigners ganz und gar der Absatzoptimierung unterworfen zu sehen. Aber was sollen die Designer machen? Solange die Industrie ihr Auftraggeber ist, müssen sie ihren Teil dazu beitragen, den allgemeinen Konsum zu beschleunigen. Denn laut Papanek geht es nicht um die Befriedigung tatsächlicher Bedürfnisse. Es geht darum, »wie man die Menschen mit propagandistischen Mitteln dazu bringt, das zu brauchen, was produziert wird.«[2] Für ihn unterscheidet das den Industriedesigner seiner Zeit grundsätzlich von den verwandten Berufsfeldern der Architekten und Techniker. Während die einen vorhandene Probleme lösen, schaffen die anderen welche – um hinterher die Lösung für das Problem zu verkaufen: Ist es den Designern »erst einmal gelungen, neue Unzufriedenheit im Leben der Menschen zu stiften, sind sie bereit, vorübergehende Lösungen zu finden. Sie konstruieren zuerst Frankensteins Monster, um dann eifrig seine Braut zu entwerfen«.[3]

Dr. Boris Knuf ist Industriedesigner und Projektmanager bei Volkswagen. Nach Papaneks Maßstäben müsste man ihn wohl auch zu den

Frankensteins seiner Zunft zählen. Papaneks Bewertung seiner Arbeit würde Knuf wohl nicht zustimmen. Der Papanekschen Beschreibung seines Berufsstands könnte er vermutlich schon zustimmen; Knuf sieht seine Aufgabe ganz klar darin, mehr Produkte zu verkaufen, nicht bessere. Im Gegensatz zu Papanek sieht er daran aber nichts Verwerfliches. Für ihn steckt darin die treibende Kraft eines Wirtschaftssystems, das trotz übersättigter Märkte auf permanentes Wachstum angewiesen ist. Ohne ein auf qualitative oder psychologische Obsoleszenz ausgerichtetes Produktdesign gäbe es keine Einkaufszentren. Ohne Einkaufszentren gäbe es keine Verkäufer, kein Reinigungspersonal, keine Security-Leute. Wenn wir nicht für die Müllhalde produzieren würden, wäre die Welt am Abgrund. Davon wirkt der Produktdesigner überzeugt.

Boris Knuf macht darum auch kein Geheimnis aus seiner Sichtweise: »Was wäre für Sie als Unternehmer die ideale Geschäftswelt? Die gleiche Sache immer und immer wieder verkaufen. Und wie sieht der ideale Kunde dazu aus? Jemand, der das gleiche Produkt immer wieder kauft. Jemand, der nicht verärgert ist, wenn Dinge kaputtgehen, sondern vielmehr schon erwartet, dass das passiert.« Der Fachbegriff für so ein Käuferverhalten lautet *frequent repeat purchase* (etwa: »hohe Wiederkaufsrate«). Wenn man nicht gerade Wegwerfartikel wie Papiertaschentücher, Tampons oder Zahnstocher verkauft, bei denen der Kunde tatsächlich erwartet, dass sie nicht lange zu gebrauchen sind, sondern vielmehr verbraucht werden, kostet es allerdings einige Mühen, so einen unenttäuschbaren Kunden heranzuziehen. Wie das gelingen kann, hat der Konzern Apple vorbildlich gezeigt. Dessen Marketingstrategie hat eine Community loyaler Käufer hervorgebracht, die brav jedes neue Produkt der Marke erwerben – selbst wenn der eingeklebte Akku früh den Geist aufgibt und damit das ganze Gerät wertlos macht. Im Zweifelsfall schraubt man lieber die Ansprüche herunter als auf die Produkte des Herstellers zu verzichten.

Natürlich geht es nicht immer um eine möglichst hohe Wiederkaufsrate – zum Beispiel bei teuren Produktionsanlagen, Zügen oder Flugzeugen. Bei solchen Gütern stehen auch für Knuf Haltbarkeit und

Langlebigkeit im Vordergrund. Alles andere wäre nicht nur für Menschen gefahrlich, sondern auch für das Geschäft. Wenn jedoch Styling und Image die Hauptrolle spielen, etwa bei elektronischen Konsumgütern wie Handys, aber auch bei Möbeln und anderen Alltagsgegenständen, geht es für Produktdesigner in erster Linie darum, dass die Konsumenten möglichst häufig neu kaufen.

Worauf es dabei ankommt, erläutert Knuf auch in Workshops für Studenten. Dazu bringt er gern Anschauungsmaterial für alltägliches Industriedesign mit, zum Beispiel einen elegant und hochwertig aussehenden Salzstreuer. Das Material entpuppt sich beim Anfassen allerdings als hochglänzendes Plastik, das schneller verkratzt als Glas oder Keramik und vermutlich schnell unansehnlich wird. Auch der Streukopf, dessen Glanz Metall und Hochwertigkeit vorgaukelt, ist ein Plastikimitat mit einer zerbrechlichen Schraubfassung. Knuf will, dass die Studenten lernen, wo die strategischen Unterschiede sowohl beim Design und der Materialauswahl als auch bei der Fertigung liegen. Dabei gilt es, ein paar Grundregeln zu beachten. Zum Beispiel: Ein kurzlebig geplantes Produkt sollte möglichst trendy und modisch gestaltet werden. Da Stil und Moden sich schnell ändern, ist damit automatisch eine ebenso schnelle Veralterung des Produkts zu erwarten. Das wiederum zieht eine weitere Konsequenz nach sich: »Geld müssen Designer dann für den ersten Eindruck, den ein Produkt macht, in die Hand nehmen. Nicht dafür, es haltbar zu machen. Es muss ziemlich billig sein, damit es den Leuten nichts ausmacht, es zu kaufen und kurz danach wegzuwerfen.« Der schicke Salzstreuer aus minderwertigem Material müsste also gerade so billig angeboten werden, dass er mit seinem frühzeitig zu erwartenden Verschleiß den Kunden nicht verärgert, sondern für den Neukauf wiedergewinnt.

Für den Designphilosophen Papanek ist dieses Selbstverständnis des Produktdesigners ein Alptraum. Noch bevor die Kaufhausabteilungen mit billigen »Design«-Artikeln immer größer wurden und sich überall Ein-Euro-Läden breitmachten, prophezeite er, dass eine derartige Ausrichtung des Designgedankens mittelfristig zu einer Entwertung unserer gesamten Umwelt führe, und wir irgendwann nicht mehr in der Lage seien, überhaupt etwas wertzuschätzen. Denn fingen wir erst an, Dinge zum Wegwerfen zu gestalten und zu planen, dann machten wir uns bald auch keine Gedanken mehr um sinnvolles Design, ließen Sicherheitsfaktoren außer Acht und kümmerten uns nicht mehr um Arbeits- und Produktionsbedingungen. Und wenn wir uns dann daran gewöhnt hätten, alles achtlos auszutauschen, sobald ein neuer Reiz zur nächsten Verlockung führt, würden wir bald auch zwischenmenschliche Beziehungen als Wegwerfartikel betrachten und im Extremfall »ganze Subkontinente wie Kleenex behandeln«.[4] Ein Blick auf die Textilfabriken in Bangladesch, in denen heute unter erbärmlichen Umständen für unsere Modeketten produziert wird, oder auf die Coltan-Minen im Kongo, ohne die unsere Handys nicht funktionieren würden, zeigt, dass Papaneks Äußerung von 1970 auch heute noch aktuell ist.

Papanek findet es bedenklich, wie sich der Berufsstand des Industriedesigners mit den Zielen der Konzerne gemein macht, die mit teils unlauteren Mitteln versuchen, ihren Umsatz zu steigern und dabei die Bedürfnisse der Menschen aus den Augen verlieren. Mit anderen Worten: »Wenn wir industrielles Design so unterrichten, wie wir das jetzt tun, dann bereiten wir die jungen Menschen darauf vor, Komplizen derjenigen zu werden, die nicht einmal die minimalsten ethischen und moralischen Normen beachten, welche von unserer Justiz ohnedies so mangelhaft durchgesetzt werden.«[5] Für Papanek ist diese Entwicklung besonders tragisch, weil er gerade von den Designern erwartet, in einer komplexen und sich ständig verändernden Welt stets um Synthesen bemüht zu sein. Schließlich erfordert das Berufsbild im Idealfall eine komplexe Auseinandersetzung mit den Möglichkeiten des Materials und seiner Gestaltbarkeit sowie den unterschiedlichen Ansprüchen, die Auftraggeber, Kunde und Gesetzgeber an sie stellen. Design ist daher prinzipiell umfassend, integrierend und vorausschauend angelegt. Diese Voraussetzungen sollte ein Designer nicht zur Täuschung nutzen, sondern um zum Verständnis von Zusammenhängen beizutragen.

Andere sehen den Designer allein den Zielen ihres Auftraggebers verpflichtet. Das Prinzip der geplanten Obsoleszenz wird dann gerne auch als »moderne Legende« abgetan.[6] In einem Artikel der *Neuen Zürcher Zeitung* wird dafür als Gewährsmann Mirko Meboldt zitiert, Professor für Produktentwicklung und Konstruktion an der ETH Zürich. Er sagt, ihm sei kein Fall bekannt, in dem ein Hersteller gezielt Schwachstellen in seine Produkte integriert hätte, um die Verkaufszahlen zu verbessern. Für das Beispiel von Marcos López' Drucker etwa gelte: »Druckerhersteller verdienen ihr Geld nicht mit den Geräten, sondern mit der Tinte – warum sollten sie es riskieren, dass der Kunde verärgert ein anderes Fabrikat kauft?« Aus Herstellersicht ist diese Argumentation nachvollziehbar. Aus Sicht des Kunden bleibt sie unbefriedigend, weil sie entscheidende Fragen außen vor lässt: Warum wird der Druckerbetrieb durch den sogenannten »protection counter« dann komplett eingestellt, anstatt zu melden, worauf das Problem zurückzuführen ist und wie es sich beheben lässt? Ein bisschen Ärger mit den Kunden in Kauf zu nehmen, lohnt sich anscheinend doch.[7]

Für die Verfechter von Obsoleszenzstrategien sei es ohnehin ein »fundamentales Missverständnis«, von guter Ingenieursarbeit möglichst langlebige Produkte zu verlangen, so Meboldt weiter. Das Entscheidende sei die geplante Gebrauchsdauer. Produkte brauchten nicht haltbarer konstruiert sein als nötig. Niemand fährt genauso viele Kilometer rückwärts wie vorwärts. Warum sollte man den Rückwärtsgang dann ebenso solide auf Hunderttausende Kilometer Fahrtstrecke hin bauen wie den Vorwärtsgang? Damit die Autoverwerter ihn noch problemlos rückwärts in die Schrottpresse fahren können? In diesem Sinne beteuert auch Sven Matthiesen, Professor am Karlsruher Institut für Technologie: »Die Lebensdauer wird nicht begrenzt, um den Kunden zu ärgern, sondern im Gegenteil, um sein Nutzerprofil möglichst genau abzubilden. Im Idealfall sollten alle Bauteile eines Geräts gleichzeitig am Ende der vermuteten Gebrauchsdauer kaputtgehen.« Die Einbeziehung psychologischer Obsoleszenzstrategien bei der Produktgestaltung wird ebenfalls mit leichter Geste für irrelevant erklärt: Damit müsse sich ein Designer nicht befassen, da die Geräte ja nicht durch ihn auf der Müllhalde landen. Schließlich funktionieren sie in dem Fall noch. Das liege eher in der Verantwortung des Marketings und der Politik und ihrer Versuche, das Wirtschaftswachstum anzukurbeln.

Die Aufgabe des Designers ist nach dieser Auffassung klar definiert: Er muss das Verhältnis von Kosten und Lebensdauer eines Produkts optimal gestalten und immer im Auge behalten, dass am Ende »wenige Rappen darüber entscheiden, ob ein Produkt auf den Markt gelangt oder in der Schublade verschwindet, weil die Kosten zu hoch sind oder die Lebenserwartung zu tief«.[8] Bis zu einem gewissen Grad klingt das sogar einleuchtend. Es erklärt aber nicht, wieso unter anderem in Waschmaschinen namhafter Hersteller seit ein paar Jahren Heizstäbe eingebaut werden, die im Vergleich zu früheren Heizstäben nicht einmal halb so lange halten – bei doppeltem Preis.[9] Der Designer dieses Typs sollte sich also darauf beschränken, ein für die Anforderungen der konsumorientierten Marktwirtschaft bestens gewappnetes Produkt zu entwerfen, zu denen eine »sinnvolle« Begrenzung der Lebensdauer zwingend gehört. Hat er diese Haltung erst verinnerlicht, wird es sowieso unverständlich für ihn sein, was an einer gezielten Anpassung der Produktlebensdauer schlecht sein soll.

Papanek war dieser Horizont zu eng. Der Designer sollte sich seiner Auffassung nach durchaus fragen, welche Folgen es für die Lebensumstände von uns allen hat, wenn die Lebensdauer der Dinge von Anfang an beschnitten, oder schöner ausgedrückt, in den Worten der Werbung: maßgeschneidert wird. Niemand sollte ein Produkt ohne Rücksichtnahme auf sein soziologisches, psychologisches oder ökologisches Umfeld gestalten.[10]

Dafür müsste sich der Berufsstand des Designers allerdings ändern. Eine kritische Auseinandersetzung mit dem Wachstumsgedanken und ein skeptischer Blick auf die Produktionsbedingungen einer globalisierten Welt lassen sich dabei in vielen Fällen nicht umgehen. Welche Konsequenzen hat das Operieren mit den Parametern der »vermuteten Gebrauchsdauer« und der Wirtschaftlichkeit, wenn man beispielweise Designer von Billigjeans für den Massenmarkt ist? Auch da entscheiden ein paar Cent mehr oder weniger – nicht nur darüber, ob das Produkt verwirklicht wird oder nicht, sondern auch darüber, unter welchen Bedingungen es hergestellt wird. Es geht die Designer etwas an, wenn Mitte September 2012 bei einem Brand in einer pakistanischen Textilfabrik über 250 Menschen ums Leben kommen. In der baufälligen Fabrik fehlten Fluchtwege, die Fenster waren vergittert, die Feuerlöscher defekt. Für meist weniger als sechzig Euro im Monat war unbezahlte Mehrarbeit an der Tagesordnung.

Genäht und chemisch auf den *used look* hin gebleicht wurden unter diesen Bedingungen unter anderem Jeans für den deutschen Textildiscounter KiK.[11] Nicht immer kommt dramatisch im Feuer ums Leben, wer unter solchen Arbeitsbedingungen arbeitet. »Normalerweise« sind es eher viele vereinzelte Tode, die wenig oder gar kein Aufsehen erregen und still für die Kalkulation einer Jeans in Kauf genommen werden, welche für 15,99 Euro angeboten werden kann. Eine Jeans, die so günstig ist, mustert man leichten Herzens aus, sobald das nächste Schnäppchen in Sicht kommt.

Und das ist schnell soweit: Die Textilkette Zara zum Beispiel hat sich von dem altmodischen, trägen Rhythmus der Saisonmode für Frühjahr, Sommer, Herbst und Winter längst verabschiedet. Bei der zur Inditex-Gruppe gehörenden Marke hängen mindestens alle zwei Wochen neue Modelle in den Läden, manche Innenstadtfilialen bekommen sogar bis zu zweimal wöchentlich neue Lieferungen. Unverkaufte Ware wird nach spätestens fünf Wochen ausrangiert, und die Käuferinnen und Käufer haben gelernt, dass sich ein Blick in den Laden immer lohnt – weil es ständig etwas Neues gibt und die Stücke jeweils nur vergleichsweise kurz erhältlich sind. Andere Ketten wie Mango etc. imitieren das Modell inzwischen.[12]

Der Energieverbrauch und die Umweltschäden, die solche Obsoleszenzrhythmen zur Folge haben, sind enorm. Und das soll die Designer nichts angehen?

Auf seiner Suche nach anderen Wegen schaute sich Papanek an, wie sich Produktdesign in Zeiten von Ressourcenknappheit verändert. So zwang der extreme Materialmangel im Zweiten Weltkrieg die Hersteller von Konsumgütern, ganz andere Prioritäten zu setzen. Die Kreativität der Designer führte in solchen Zeiten entsprechend zu anderen Ergebnissen, wie etwa zu einem »Drei-Liter-Topf aus plastikbeschichtetem Karton, der mehrere Stunden Temperaturen von fast 3.250 Grad Celsius aushielt, abwaschbar und unendlich wiederverwendbar war«. Das erstaunliche Produkt, »das allerdings nach 1945 eigenartigerweise aus dem Handel entschwand«, kostete im Einzelhandel umgerechnet 45 Cent.[13] Offensichtlich kann auch der Begriff der Wirtschaftlichkeit unter unterschiedlichen Umständen verschieden interpretiert werden.

Ein anderes Beispiel für das gleiche Phänomen, einen sparsamen und dabei auf Langlebigkeit ausgerichteten Umgang mit Ressourcen, ist die sogenannte Gebrauchskleidung (utility clothing), die die britische Regierung während des Zweiten Weltkriegs für die Zivilbevölkerung herstellen ließ. Die Kleidungsstücke wurden mit einem Minimalaufwand an Material, Energie und Personal angefertigt; es gab genaue Anweisungen für einen möglichst verschwendungsarmen Zuschnitt, mit kürzeren Rocksäumen als bisher, und die Anzahl der Knöpfe war auf drei beschränkt. Trotzdem waren die Kleider durchaus modisch und von schlichter Eleganz – sie wurden von namhaften Designern der Incorporated Society of London Fashion Designers entworfen. Die Stoffe waren so haltbar, dass gelegentlich heute noch Stücke aus dieser Zeit in den Secondhandläden auftauchen.

Designphilosoph Papanek setzte große Hoffnungen in die ökologische Vernunft kommender Generationen und hatte hohe Erwartungen an die jungen Designer. Anfang der 1980er-Jahre glaubte er zu erkennen, dass die Phase des destruktiven, an Kurzlebigkeit orientierten Designs sich ihrem Ende näherte. Er war optimistisch, dass in Zukunft neue Werkzeuge entwickelt würden, die Dezentralisierung und größere Autonomie auch für Kleinproduzenten fördern, wie es heute beispielsweise 3D-Drucker und neue Generationen von computergesteuerten Werkzeugmaschinen tun; in offenen Werkstätten werden sie heute prinzipiell allen Interessierten für den Gebrauch zugänglich gemacht und eröffnen so ungeahnte Möglichkeiten. Papanek war überzeugt, dass zukünftige Designer alternative Energiequellen und umweltschonende Produktionssysteme verwenden und hauptsächlich von biologisch abbaubaren Materialien Gebrauch machen würden. Bei aller Zukunftseuphorie sah er auch schon damit einhergehende Widerstände voraus: »Man kann sich gut vorstellen, dass das Big Business Angst vor Veränderungen hat, aufgrund derer seine Anlagen und Produkte nicht mehr gefragt sind. In dem Maße, in dem Fabriken und industrielle Komplexe an Größe, Komplexität und investiertem Material wachsen, stellen sie sich gegen Innovationen. [...] Veränderungen werden daher nicht vom Big Business oder vom militärisch-industriellen Komplex ausgelöst (oder von den gezähmten Designern, die für diese arbeiten), sondern von unabhängigen Designerteams.«[14]

Das sieht der britische Designexperte John Thackara genauso. Er hat es sich zur Aufgabe gemacht, genau solchen unabhängigen Designern, Erfindern und anderen findigen Menschen, die an alternativen Gestaltungsmöglichkeiten arbeiten, eine Plattform zu bieten und Kooperationen zu ermöglichen. Thackara studierte Philosophie, war Designkorrespondent des britischen *Guardian* und erster Direktor des Netherlands Design Institute. Im Jahr 2001 hat er ein interdisziplinäres Netzwerk namens »Doors of Perception« (»Pforten der Wahrnehmung«) gegründet, das er zusammen mit seiner Frau Kristi van Riet von einem französischen Dorf am Südrand der Cevennen aus koordiniert. Es soll ein Sammelbecken für Ideen und neue Perspektiven sein.

Thackara und seine Mitstreiter wollen zeigen, dass eine andere Ökonomie möglich ist, und zum Austausch neuer und alternativer Geschäfts- und Designideen weltweit anregen – ganz im Sinne des Namens seines Netzwerks: Er möchte eine andere Wahrnehmung und neue Blickwinkel ermöglichen. Sein Wahlspruch: »Um Dinge anders zu machen, müssen wir die Dinge anders betrachten.« Er hält es für dringend nötig, das eingeengte Blickfeld des Produktdesigners wieder zu erweitern. Überall auf der Welt greift Thackara neue Ideen und Visionen auf, wie eine nachhaltige Zukunft gestaltet werden kann, und versucht sie miteinander zu vernetzen. Dabei ist es ihm wichtig, sich jeweils vor Ort danach umzuschauen, welche lokalen Projekte es schon gibt und wie man sie als Erstes untereinander vernetzen und ihre regionale Bedeutung stärken kann. Die modernen Kommunikationsmittel helfen ihm dabei, den Spagat zwischen einer regionalen Lebensweise auf dem Land und einem internationalen Arbeitsumfeld zu bewältigen. Soweit möglich, finden Gesprächstermine in Form von Online-Konferenzschaltungen oder via Internet-Telefonie statt. So erspart Thackara sich selbst aufwendige Reisen und der Umwelt unnötige CO_2-Emissionen. Aber über die Weltverbesserung soll nicht nur theoretisiert werden. Was zählt, ist die praktische Umsetzbarkeit. »Wir suchen Menschen, die aktiv Projekte angehen, anstatt nur schwammig daherzureden, wie schlimm alles ist und was sich alles ändern muss«, sagt Thackara.

Produktdesign greift heute so weit ins Weltgefüge ein wie nie zuvor und macht auch nicht vor lebenden Organismen halt. Thackaras Paradebeispiel dafür ist das Saatgut. Während die Bauern früher einen kleinen Teil ihrer eigenen Ernte wieder zur Aussaat benutzten, kaufen mittlerweile sehr viele Landwirte jede Saison neues Saatgut. Zuerst kauften sie Biotechnologieunternehmen Saatgut ab, weil es besonders gut sein sollte. Später, weil sie mussten – durch genetische Manipulation wurden die Pflanzen so verändert, dass es nicht mehr möglich ist, eigenes Saatgut damit nachzuziehen. Die Konsequenzen sind weitreichend. Althergebrachte Anbaumethoden mussten aufgegeben werden, weil sie mit dem neu designten Saatgut nicht mehr »kompatibel« waren.

Dahinter sieht Thackara den Versuch von vier, fünf Konzernen, die Kontrolle über unsere Nahrungsmittel zu gewinnen. »Und das machen sie nicht nur durch gentechnische Sterilisation von Pflanzen, sondern auch durch Patente auf Saatgut, sodass niemand mehr etwas ohne die Erlaubnis dieser Firmen anbauen darf«, erklärt er. Dieses Saatgut ist für Thackara ebenso Symptom der rein profitorientierten Massenproduktion mit ihrem künstlichen Verschleißprinzip, wie es die Glühbirnen des Phoebus-Kartells waren. Pflanzen mit einem gentechnisch eingebauten Wertverlust (nämlich des Werts, sich selbst weiter »fortzupflanzen«) sind ein besonderer Fall von qualitativer Obsoleszenz. Aber gerade im Bereich der Nahrungsmittelproduktion fordert Thackara, mehr noch als bei anderen Produkten, von den zukünftigen »Lebensmitteldesignern« Verantwortungsbewusstsein und Weitsicht. Schließlich gehe es dabei nicht bloß um irgendwelche Konsumartikel, sondern um essenzielle Güter, zu denen die Menschen in einer ganz anderen Abhängigkeit stehen. Auf ein neues Hemd kann man verzichten, wenn man es sich nicht leisten kann. Ein Bauer jedoch kann nicht einfach auf die nächste Ernte verzichten, weil er nicht das Geld für neues Saatgut hat. Dadurch, dass er kein eigenes nachgezogenes Saatgut zurücklegen kann oder darf, wird er wie ein Konsument behandelt, der den jeweils neuen Saatgutmoden folgen muss. Nur hat er im Gegensatz zum Konsumenten nicht die Freiheit, Nein zu sagen – seine ganze Existenz wäre davon bedroht.

Von Initiativen, die genmanipuliertes Saatgut mit mildtätiger Geste den Armen der Welt zur Verfügung stellen wollen, sollte man sich nicht täuschen lassen. Die 2012 von US-Präsident Barack Obama gegründete New Alliance for Food Security and Nutrition (Neue Allianz für Ernährungssicherung) soll offiziell fünfzig Millionen Menschen in Afrika aus der Armut helfen. Eine Verbesserung verspricht die neue Allianz aber vor allem den Ernährungs- und Agrarkonzernen, die von dem Aktionsplan profitieren werden, wie dem US-Saatgut- und Pestizidhersteller Monsanto, dem holländischen Lebensmittelkonzern Unilever und seinen Kollegen Kraft Foods, Nestle etc. sowie dem norwegischen Kunstdüngergiganten Yara. Der Plan ist simpel: Die Landwirte auf die teuren Produkte von Monsanto und Co. einschwören und damit langfristig frei verfügbares Saatgut verdrängen.[15]

Der angestrebte Idealzustand wäre eine vollständige Umstellung auf gentechnisch sterilisierte Pflanzen und vollständige Abhängigkeit der Bauern vom Kauf patentierten Saatguts. In der Folge stellt sich heraus, dass die neuen Sorten anfälliger sind gegenüber Krankheiten und die versprochenen Supererträge nur mit Einsatz von Pestiziden und Düngemitteln erzielt werden können, die ebenfalls bei den Großkonzernen gekauft werden müssen. Um Saatgut, Pestizide und Düngemittel zu finanzieren, sind wiederum Kredite nötig, die die Bauern weiter in die Schuldenfalle treiben.[16]

Der Blick auf diese Ausweitung der Kampfzone verdeutlicht, dass das Wechselspiel aus Wachstum und geplanter Obsoleszenz inzwischen auf unerwartet große Bereiche des Lebens zugreift. Plötzlich steht man vor der scheinbar unausweichlichen Wahl, entweder patentiertes Saatgut zu verwenden oder Hunger zu leiden.

Ist so eine Dynamik erst einmal in Gang gesetzt, hat sie die Tendenz, selbst den Gedanken an mögliche Alternativen obsolet werden zu lassen. Diese werden erst als unzureichende Lösungen für die drängenden Probleme der Gegenwart desavouiert und dann dem Vergessen anheimgegeben, was eine Rückkehr zu den vorhergehenden Strukturen deutlich erschwert. Am besten lässt man Alternativen schon hoffnungslos erscheinen, bevor sie getestet werden – es sei denn, daraus lässt sich ein geschäftsfähiges Modell entwickeln, das für die Großstrukturen nicht bedrohlich ist, da es ihren Anteil am Kuchen nicht schmälert. In dem Moment, in dem die Stromriesen ihren Entwicklungsrückstand auf dem Gebiet der regenerativen Energieerzeugung aufgeholt hatten und sie selber ins Geschäft mit Wind- und Sonnenenergie eingestiegen waren, war es plötzlich nicht mehr nötig, das Potenzial von Windrädern und Photovoltaikflächen als lächerlich abzutun.

Thackara sieht die Aufgabe des unabhängigen Designers darin, immer Alternativen zu suchen, weiterzuentwickeln und die eigene gestalterische Fantasie nicht von den Vorgaben der Großproduzenten vereinnahmen zu lassen. Obwohl der Begriff außerhalb des Fachs heute gängigerweise so verstanden wird, bedeutet Design mehr, als am äußeren Erscheinungsbilds eines Produkts zu arbeiten. Designer sind auch für den konzeptionellen Kern eines Produkts zuständig. Und kreativ sein bedeutet mehr, als sich ästhetisch-künstlerisch zu betätigen. Wer kreativ ist, findet auch Problemlösungen, je nach Fach sogar Lösungen technischer Art. Darauf sollten sich laut Thackara die Designer wieder besinnen: Auf ihre Stärke, jenseits der vorgegebenen Grenzlinien nach neuen Ideen Ausschau zu halten, die zu ganz neuen Ergebnissen führen. Sie sollen die Lust daran wiederentdecken, Erfinder und echte Erneuerer zu sein anstatt Erfüllungsgehilfen einer Massenproduktion, die ohne Maß und Ziel nur immer weiter das Tempo beschleunigt.

Thackara nennt das auf einer solchen Wirtschaft beruhende System

»Weltuntergangsmaschine«, da diese nicht zur Ruhe kommen wird, bis unsere Biosphäre zerstört ist. Bisher fußt das gesamte Industriezeitalter auf der in unserer Gesellschaft verankerten Grundüberzeugung, dass der Planet schon die nötigen Ressourcen zur Verfügung stellen werde und der Mensch das Recht habe, diese unbegrenzt auszubeuten. Aber dem ist nicht so. Darum steht für Thackara wie für die Décroissance-Bewegung die Frage im Mittelpunkt, ob es nicht doch eine Alternative zu einem System gibt, in dem alle drei Minuten irgendwo auf der Welt ein neues Produkt entsteht.[17] Für die Designer bietet das seiner Meinung nach die Gelegenheit, ihre eigene Position zu hinterfragen und dann vielleicht innerhalb des Systems anders zu handeln.

Zwar gibt es nur hie und da einen Henry Ford oder einen Steve Jobs, der das Produkt, das er selbst oder zusammen mit anderen entworfen hat, anschließend selbst produzieren lässt, vermarktet und verkauft. Die meisten Industrie- und Produktdesigner werden von Unternehmen beauftragt oder sind bei ihnen angestellt. Aber das Abhängigkeitsverhältnis ist gegenseitig: Auch die Designer spielen eine zentrale Rolle für die Unternehmen. Wenn sie diese als Chance begreifen, können sie ihre Handlungsspielräume entdecken und nutzen – zum Beispiel, indem sie bei der Entwicklung neuer Produkte darauf achten, sowohl den Ressourcenverbrauch bei der Herstellung als auch den bei späterer Verwendung auf ein Minimum zu reduzieren. Denn wie nachhaltig ein Produkt am Ende ist, liegt für Thackara zum größten Teil in der Hand des Designers: »Für achtzig Prozent der Umweltbelastungen, die von Produkten, Dienstleistungen und der uns umgebenden Infrastrukturen verursacht werden, ist bereits das Produktdesign verantwortlich.«[18]

Wie eine alternative Nutzungsweise von Produkten aussehen könnte, versucht Thackara am Beispiel der Bohrmaschine verständlich zu machen. Diese wird im Laufe ihres Lebens im Schnitt etwas mehr als zehn Minuten genutzt. Trotzdem schaffen sich Menschen überall auf der Welt für diese paar Minuten des Gebrauchs eine eigene Bohrmaschine an (oder gar mehrere), um sie dann mehr oder weniger im Keller verstauben zu lassen. Auf solche Lebenszyklen sind herkömmliche, günstige Heimwerkerbohrmaschinen auch ausgelegt. Ein Designer sollte sich aber nicht als Erstes überlegen, wie er die Leute dazu bringen kann, sich noch ein weiteres und mit den neuesten Gimmicks ausgestattetes, möglichst billiges Folgemodell ins Regal zu legen. Die bessere Betrachtungsweise wäre eine andere: Wie lässt sich dem Problem, dass ab und an mal Löcher gebohrt werden müssen, am besten, und das heißt nachhaltig und ressourcenschonend, beikommen? Für Thackara führt die Überlegung zu neuen Nutzungskonzepten: »Wie kann ich es den Menschen einer bestimmten Gemeinschaft möglichst leicht machen, sich ein oder zwei hochwertige Bohrmaschinen zu teilen, statt dass sich jeder Haushalt eine eigene anschafft?« Es geht also nicht nur darum, höherwertige Bohrmaschinen für eine intensivere Nutzung zu konstruieren, sondern zugleich muss ein gutes Ausleihsystem gefunden werden.

Der Netzwerker, Vordenker und Autor hält in diesem Sinne auch den Blick auf ärmere Weltgegenden für wichtig – und inspirierend. Ein paar Jahrzehnte zuvor hatte schon Victor Papanek den Designern empfohlen, wenigstens zehn Prozent der eigenen Arbeit in gemeinnützige Projekte zu investieren und Produkte aus billigen Alltagskomponenten für die sogenannten Entwicklungsländer zu entwerfen. Papanek selbst konstruierte unter anderem ein primitives Radio, für das man nur eine Blechdose, einen Transistor, Paraffin und einen Docht benötigte. Aber Thackara geht es keinesfalls darum, die Menschen mit tollen westlichen Produktideen für Arme zu beglücken. Wenn reiche Länder aus einer solchen Geberperspektive von Entwicklungshilfe reden, entwickeln sie entweder wie Papanek eine Idee davon, was die Menschen dort wünschen sollten, anstatt sich um die tatsächlichen Belange vor Ort zu kümmern; oder sie schielen ganz unverhohlen mit mindestens einem Auge auf den eigenen ökonomischen Nutzen. So wird der wichtigste Aspekt von Entwicklungshilfe nicht selten, schlicht die Weltwirtschaft anzukurbeln; entweder indem wir direkt unsere Überproduktionsberge nach Afrika verschiffen oder indem neue Absatzmärkte für exportierende Unternehmen schlossen werden. Letzteres ist zum Beispiel beim gentechnisch veränderten Saatgut der Fall.

Aber auch ohne »bösen« Willen genügt oft schon, dass die Vertreter der Industriestaaten sich selbst zum Maßstab nehmen und demgemäß ja gar nicht mehr wollen, als den anderen ein Leben nach dem eigenen Vorbild zu ermöglichen. Die Menschen in den weniger entwickelten Ländern werden daher animiert, so zu konsumieren, wie wir es für selbstverständlich halten – und wenn sie unsere Autos, Telefone, Kühlschränke, Mikrowellen und Blu-ray-Player kaufen, geht es nebenbei nicht nur ihnen, sondern auch unserer Wirtschaft besser. »Tragischerweise zwingen wir damit äußerst sparsam lebenden Menschen unsere verschwenderische Lebensweise auf«, meint Thackara. Wenn wir den Blick nach Afrika oder Asien richten, dann sollten wir das nicht als Exporteur westlichen Lebensstils tun und damit die große Verschwendung noch weiter anheizen. Wir sollten uns dort vor allem umsehen, um zu lernen.

Die rund achtzig Prozent der Weltbevölkerung, die nicht über die finanziellen Mittel verfügen, um sich ineffizient genutzte Bohrmaschinen, Autos und Laubbläser zuzulegen, wissen zwangsläufig, wie man auch anders leben kann – weil sie es müssen. Wo Armut herrscht, hat Eigentum einen anderen Stellenwert als bei uns. Man benutzt eher, als dass man besitzt. »In Südamerika finden sich von der Nahrungszubereitung bis zur Wäsche 1001 verschiedene Arten, wie Menschen sich ihre Ausrüstung teilen«, sagt Thackara. »Sie besitzen es gemeinsam auf nachbarschaftlicher Basis, sehr gut organisiert und mit äußerst fairen Regeln, wie man verschlissene Ausrüstung ersetzt.« Und wenn etwas nicht mehr für den ursprünglichen Zweck nutzbar ist, wird es nicht weggeworfen, sondern mit Fantasie recycelt. Was den effizienten und zugleich schöpferisch-kreativen Umgang mit Ressourcen angeht, können unsere Überflussgesellschaften, die vor allem Unmengen an Müll produzieren, offenbar Nachhilfe gebrauchen.

Immer mehr Menschen in den westlichen Ländern sind dazu bereit, ihre eigene Lebensweise zu hinterfragen – aus Gründen des persönlichen Wohlbefindens, aber auch aus dem Gefühl, Verantwortung auch für den Teil der Welt übernehmen zu müssen, der außerhalb ihres Gesichtsfeldes liegt. Womöglich hängt beides doch irgendwie miteinander zusammen. Auch wenn viele noch nicht konkret wissen, wie diese Verantwortung des Einzelnen aussehen müsste, wenn sie etwas bewirken soll: Das Bewusstsein, dass es so jedenfalls nicht weitergehen kann, breitet sich immer weiter aus. Für Thackara zeigt sich das am »Great Pacific Garbage Patch«, einem gigantischen Strudel aus Plastiktüten, Einmalrasierern, CD-Hüllen, Kabeltrommeln, Zahnbürsten und anderem Plastikmüll.[19] Die Schätzungen über die Ausdehnung des »Teppichs« aus Kunststoffpartikeln, der nicht nur auf der Oberfläche treibt, sondern in tiefere Wasserschichten hinunterreicht, gehen von einem Prozent der Fläche von Texas bis hin zur Größe Mitteleuropas.[20] Jedenfalls weiß keiner so recht, wie die Überreste der Obsoleszenzgesellschaft wieder aus dem Meer zu bekommen sind. Dass der Müll von den Wellenbewegungen immer kleiner vermahlen wird, macht ihn umso gefährlicher, sorgt aber auch dafür, dass er nicht als spektakuläre »Insel« abgebildet werden kann. Er ist unsichtbar. Und doch: »Die Menschen [...] spüren, dass etwas nicht in Ordnung ist. Sie haben genug von schrottigen Wegwerfprodukten. Jenseits des verschwenderischen Alltags zeichnet sich ein kultureller Wandel ab.«

Vielleicht hat Thackara recht. Erste Anzeichen einer gesellschaftlichen Veränderung sind zu erkennen: Gehörte noch vor wenigen Jahren das eigene Auto unbestreitbar zur Statusgrundausstattung jedes Erwachsenen, lässt sich mittlerweile eine steigende Nachfrage nach alternativen Angeboten wie Carsharing, öffentlichem Nahverkehr mit Monatsticket und Fahrradstraßen vermerken. Damit verschieben sich auch die Interessen der Kunden: Welche Taktzeiten sind zweckmäßig, um die Peripherie vernünftig ans Zentrum anzubinden? Wie lassen sich verschiedenen Verkehrsmittel sinnvoll kombinieren? Wie bekomme ich den Kindersitz ins Carsharingauto? Wie lässt sich der individuelle Einkauf bequem bewerkstelligen? Ist bei Autos, die nur im Stadtverkehr eingesetzt werden, ein Umstieg auf Elektromotoren sinnvoll? Lebensqualität bindet sich unter diesem Gesichtspunkt nicht mehr an immer schickere Neuwagen, sondern an immer besser funktionierende Dienstleistungskonzepte zur Lösung alltäglicher Mobilitätsprobleme.

Andere Fragen öffnen andere Horizonte. Möglicherweise findet sich Lebensqualität abseits der Denkmuster, die wir gewohnt sind – zum Beispiel in Form von mehr Freizeit, einem auf anderen Kriterien beruhenden sozialen Prestige, neuen Möglichkeiten des Lebensunterhalts. Bei jungen Männern macht sich beim Thema Mobilität durch einen rückläufigen Trend zum eigenen Auto bereits ein Perspektivwechsel bemerkbar. Nach einer Untersuchung des zur BMW-Group gehörenden Instituts für Mobilitätsforschung (ifmo) verliert der Pkw vor allem bei dieser Gruppe an Strahlkraft als Statussymbol.[21] Und das Center Automotive Research (CAR) der Universität Duisburg-Essen hat einen ähnlichen Nachfragerückgang für Neuwagen auch bei jungen Frauen festgestellt. Man muss das nicht wie CAR-Direktor Ferdinand Dudenhöffer als »ein deutliches Zeichen dafür [sehen], dass Autobauer bei der wichtigen Käufergruppe Frauen nicht vom Fleck kommen«.[22] Man kann das als gutes Signal für eine Zukunft sehen, die andere Möglichkeiten der gesellschaftlichen Teilhabe eröffnet.

Einen beginnenden Paradigmenwechsel stellt Thackara aber nicht nur im Bereich alternativer Mobilitätskonzepte fest. Er glaubt an eine tiefgreifendere Umwälzung. »Ich glaube, wir erwarten heute nicht mehr, dass uns das Kaufen irgendwelcher Produkte eine große Befriedigung verschaffen könnte, wie das noch vor zwanzig oder dreißig Jahren der Fall war.« Zweifellos treibt der Shoppingwahn weiterhin seine Blüten. Aber immer häufiger beobachtet Thackara auch, nicht nur in seinem unmittelbaren Umfeld, dass Menschen sich von der Maxime unseres Wirtschaftssystems lösen und das als Bereicherung ihres Lebens erfahren. Nicht zu konsumieren ist für sie keine Form des Verzichts. Sie entdecken einfach anderes für sich, was sie mehr befriedigt als einkaufen zu gehen. »Ob ich meine eigenen Lebensmittel anbaue, fünf Hühner im Garten halte, aus alten Waschmaschinen Windmühlen baue oder ›Altkleider‹ zu fantastischen Klamotten umnähe – all diese unbedeutend erscheinenden Kleinigkeiten bereiten eine unglaubliche Freude. Sobald man sich auf sie einlässt, bereichern sie dein Leben. Ich persönlich und auch viele Menschen aus meinem Bekanntenkreis haben sehr viel

Spaß und ein erfülltes Leben, seit sie weniger Geld ausgeben als früher«, sagt Thackara. Wer seinen Blick nicht von der aufgeblähten Konsumwelt fesseln lässt, kann eine Menge entdecken.[23]

1 Victor Papanek, *Design für die reale Welt. Anleitungen für eine humane Ökologie und sozialen Wandel,* Wien/New York 2009, S. 7 [gekürzt]
2 Papanek, *Design für die reale Welt*, a.a.O., S. 330
3 ebd., S. 216
4 ebd., S. 98
5 ebd., S. 332
6 Andreas Hirstein, »Moderne Märchen der Konsumkritik«, in: *Neue Zürcher Zeitung am Sonntag*, 18.11.2012
7 Ähnliches gilt übrigens auch für Laserdrucker, wie der Selbstversuch eines Bloggers im August 2012 ergab: »Bis zur automatischen Abschaltung druckte das Gerät 732 Seiten. Nach Überkleben der Lichtschranke sind es bislang 831 weitere Seiten, also insgesamt 1563 Seiten.« (Quelle: »Druckertoner leer? Nicht ganz!«, 12.8.2012, http://blog.metanox.de/?p=407#more-407)
8 dieses und vorheriges Zitat: Hirstein, »Moderne Märchen«, a.a.O.
9 vgl. »Elektrogeräte: Verschleiß gleich mit eingebaut«, *plusminus*, Sendung vom 28.3.2012, http://tinyurl.com/agx5rq7
10 Papanek, Design für die reale Welt, a.a.O., S. 189
11 Hasnain Kazim, Nils Klawitter, »Zuverlässiger Lieferant«, in: *Spiegel Online*, 22.10.2012, www.spiegel.de/spiegel/print/d-89234400.html
12 Kasra Ferdows, Michael A. Lewis, Jose A.D. Machuca, »Rapid-Fire Fulfillment«, in: *Harvard Business Review* 11/2004, http://hbr.org/2004/11/rapid-fire-fulfillment/ar/1
13 vgl. Papanek, Design für die reale Welt, a.a.O., S. 46
14 ebd., S. 332ff
15 vgl. Jost Maurin, »Allianz für Ernährungssicherheit. Langfristig mehr Hunger«, in: *die tageszeitung*, 16.10.12, www.taz.de/!103616/
16 Sandra Blessin, *Angepasste Landwirtschaft in Zeiten des Klimawandels. Förderung der Agrobiodiversität als Strategie im Klimawandel am Beispiel der Philippinen*, Hamburg 2009, S. 33ff
17 »Mintel – 2005 wurde alle 3,5 Minuten ein neues Produkt lanciert«, *Wallstreet Online*, 8.3.2006, http://tinyurl.com/bb7gjxr
18 John Thackara, *In the Bubble. Designing in a Complex World*, Cambridge 2005, S. 17
19 vgl. Gerhard Pretting, Werner Boote, *Plastic Planet. Die dunkle Seite der Kunststoffe*, Freiburg 2010, S. 61ff
20 »Größe des pazifischen Müllstrudels übertrieben?«, in: *scinexx – Das Wissensmagazin*, www.scinexx.de/wissen-aktuell-12794-2011-01-06.html sowie Rüdiger Schacht, »Das alte Meer und der Müll«, in: *Frankfurter Allgemeine Zeitung*, 24.1.2011, http://tinyurl.com/b4yp3wf
21 Dietmar Seher »Für immer mehr junge Männer ist das Auto nicht mehr cool«, in: *Westdeutsche Allgemeine Zeitung*, 12.7.2012, http://tinyurl.com/alz4tnz

22 Pia Krix, »Junge Frauen kaufen immer weniger Autos«, in: *Automobilwoche,* 28.1.2013, automobilwoche.de/article/20130128/NACHRICHTEN/130129952/12 82/
23 Für das Projekt »Windmühlen aus Waschmaschinen« vgl. Dirk Jericho, »Wind für Wedding – Studenten bauen Windmühlen aus Waschmaschinen«, in: *Berliner Woche,* 19.11.2012,www.berliner-woche.de/nachrichten/bezirk-mitte/wedding/artikel/6457-studenten-bauen-windmuehlen-aus-waschmaschinen/

Alternativen!

Berlin, Prenzlauer Berg, Fehrbelliner Straße 92 – unter dieser Adresse ist eine der Innovationskeimzellen zu finden, nach denen Thackara für sein Netzwerk »Doors of Perception« in der ganzen Welt stöbert. Leila, Berlins erster Leihladen, bietet eine mögliche Lösung für das exemplarische Bohrmaschinenproblem: Anstatt sich für die paar Minuten, die man sie wirklich nutzt, eine eigene Maschine zu kaufen und sie dann im Keller verstauben zu lassen, kann man hier eine leihen, wenn man sie braucht. Und das gilt nicht nur für Bohrmaschinen. Die Bedingungen sind einfach: Mitglied im Leihladenverein werden, Gegenstände in den Pool einbringen, andere Gegenstände ausleihen, nach Gebrauch zurückbringen. Zusätzlich muss man neun Leihregeln beherzigen, fertig. Schon steht die Schlagbohrmaschine SBM 710 B gegen ein Pfand von zehn Euro kostenlos zur Verfügung – und damit günstiger als die Geräte, die in Baumärkten und von professionellen Anbietern für zehn bis zwanzig Euro pro Tag gemietet werden können.

Leila, der Leihladen, ist so unspektakulär wie Andrew Owusus Elektroladen in Accra. Mit dem Wort »Innovation«, das eher Assoziationen an schicke Hightech-Tempel mit besten Verbindungen in Wirtschaft und Politik weckt, würde man ihn nicht als Erstes in Verbindung bringen. Und doch werden gerade an Orten wie dem Leihladen oft mehr innovative und vor allem in Hinblick auf eine ressourcenbewusstere Zukunftsgestaltung beachtenswerte Ideen ausgebrütet als in hochsubventionierten Forschungslabors. Denn um etwas zu ändern, und das ist der Kern von Thackaras Idee, ist so viel Aufwand gar nicht zwingend nötig. Manchmal muss nichts Kompliziertes neu erfunden, sondern nur die nächstliegende logische Idee umgesetzt werden. Der Leihladen ist ein gutes Beispiel dafür: Wer vermeiden möchte, für die Müllhalde zu kaufen, lässt schlicht das Kaufen selber weg. Der Leitspruch des Berliner Leila bringt es auf den Punkt: »Wiederverwenden statt Wegwerfen. Benutzen statt Besitzen und Horten. Teilen statt gesellschaftlicher Spaltung.«[1] Diese Formulierung zeigt allerdings auch, worin die Tücken einfacher Ideen liegen: Sie sind oft nicht nur Lösungen für ein praktisches Problem, sondern können auch als Affront aufgefasst werden – und so gemeint sein. Zum Beispiel als Affront gegen Individualbesitz und Konkurrenzdenken. Sich aus dem Teufelskreis der geplanten Obsoleszenz auszuklinken, kann bedingen, dass man sich zumindest teilweise auch aus der gewohnten Logik der Konsumgesellschaft ausklinkt, die für jedes Problem immer nur ein neues Produkt als Lösung anbietet. Andererseits gehen die meisten Menschen nicht aufgrund einer ideologischen Haltung in den Leihladen, sondern in der Regel schlicht um Geld zu sparen. Nicht jeder, der sich auf Alternativen besinnt, will gleich die Gesellschaft umbauen, sondern manchmal auch nur irgendwie durchkommen.

Alternativen zur Wegwerffalle entstehen häufig zuerst dort, wo schon allein aus Mangel an den entsprechenden finanziellen Mitteln nicht ständig neu gekauft werden kann. So liegt es bestimmt eher an den aktuellen Wirtschaftskrisen, dass Tauschmärkte in verschiedenen europäischen Ländern immer beliebter werden, und nicht daran, dass gleich das ganze System damit in Frage gestellt werden soll. Und doch passiert nebenbei genau das. Bei der Teilnahme an solchen Aktivitäten verschiebt sich ganz nebenbei auch die Wahrnehmung vom Verhältnis von Wert und Ware.

Auf einem Tauschmarkt lassen sich – ähnlich wie auf einem Flohmarkt, nur ohne die Tauschwährung Geld – an einem Ort die Wünsche nach Entrümpelung und Neuanschaffung verbinden. In Barcelona zum Beispiel trifft man sich alle drei Monate im Stadtteil von Sant Antoni zum Suchen, Wühlen und Verhandeln. Das Errichten eines Stands ist kostenlos. Nach dem Aufbau des Stands, den man sich meist zu mehreren teilt, schlendert man auf der Suche nach passenden Tauschobjekten über den Markt. Die Gespräche zwischen Tauschpartnern beginnen oft pragmatisch und bekommen dann eine überraschend philosophische Note. Bisweilen scheint es, als probierten die Beteiligten mal aus, ob nicht auch andere Märchen von Glück und Wohlstand alltagstauglich sind als die, die die Werbung erzählt – zum Beispiel das von Hans im Glück, der mit einem Goldklumpen beginnt und am Ende nur froh ist, dass er jeden Ballast losgeworden ist. Oder man versucht sich am modernen Vom-Tellerwäscher-zum-Millionär-Mythos in der Tauschmarktvarlante – mit Nichtigkeiten kommen und mit einem Goldklumpen gehen. Auf jeden Fall hat ein Tauschmarkt einen hohen Erlebniswert. Beim Aufbau und Auspacken herrscht Euphorie: Alle freuen sich darauf, ihr ausrangiertes Zeug gegen etwas Neues, Wertvolles oder zumindest Nützliches eintauschen zu können.

Wer nur Dinge loswerden will, ist hier falsch. Wer dagegen den spielerischen Aspekt von Tausch und Handel schätzt, hat sein Vergnügen. Gerüchte kursieren von Teilnehmern, die nach einer Kette von schlauen Tauschgeschäften – jeder neue Gegenstand ein bisschen wertvoller als der vorherige – einen Kugelschreiber in ein Auto verwandelt haben sollen. In der Währung normaler, mit Geld geführter Geschäfte gesprochen, ließe sich das als Beispiel für »reich werden« lesen. Tatsächlich aber kommt auf einem Tauschmarkt schnell jeder zu der Erkenntnis, dass der Wert von Dingen relativ ist, auch die alte Dame, die ihre angeschlagene Nippesfigur vergeblich gegen ein paar gute Schuhe einzutauschen versucht. Der Gegenstand, den ich hergebe, weil er für mich wertlos oder gut verzichtbar ist, muss für den Tauschpartner begehrenswert sein, einen Wert besitzen. Der »wahre« Wert eines Gegenstands ist eine höchst subjektive und zufällige Angelegenheit, und bei den Tauschverhandlungen kommt es nicht darauf an, welcher Preis damals im Laden auf meinen alten Comics geklebt hat, sondern einzig und allein darauf, ob sie in diesem Moment dem Tauschpartner wertvoller erscheinen als seine noch ungeöffnete Flasche Fußbad, drei Beutel frischgepflückter Kräuter oder die drei Schelllackplatten von Oma, die gut zu meinem Grammophon passen würden. Und schon lande ich bei der nächsten Frage, die wir uns sonst nur selten stellen: Wie nötig brauche ich diesen Gegenstand? Bin ich bereit, auf einen anderen dafür zu verzichten?

Einige Produkte haben sich bei den Tauschmärkten schon fast zur offiziellen Währung entwickelt. DVDs mit Hollywoodfilmen zum Beispiel werden gerne akzeptiert, denn damit, erklären Insider, bekommt man nicht nur einen quasi kostenlosen Film, sondern man kann die DVD nach dem Filmabend beim nächsten Mal wieder mitbringen und sich einen neuen Film dafür eintauschen. Andere Teilnehmer kommen regelmäßig, um ihre Krimis zu erneuern oder ihre Garderobe zu variieren. Der geplanten Obsoleszenz wird hier ein Schnippchen geschlagen, indem zahlreiche Gegenstände, die sozusagen schon mit einem Bein im Müllcontainer standen, einen neuen Besitzer und damit ein verlängertes Gebrauchsleben bekommen.

Wenn sich für das, was ich zu bieten habe, nicht der richtige Interessent vor Ort befindet, kann ich meinen Kram wieder mit nach Hause nehmen und bei Tauschbörsen im Internet anbieten – einem zwar größeren Interessentenpublikum, aber ohne Begegnung mit dem künftigen Besitzer und mit einer lästigen Zusatzlogistik von Verpackung und Versand. Oder ich lasse zurück, was ich nicht losgeworden bin. Vielleicht fühlt es sich sogar wie ein befreiendes Loslassen an, und ich finde in diesem Augenblick wie der Märchen-Hans mein Glück im Weniger.

Am Ende der Veranstaltung rücken die Müllwagen der Stadtreinigung an, denn so scheint es durchaus manchen Teilnehmern zu gehen: Was an dem Tag keine neuen Besitzer fand (und beim letzten Mal vielleicht auch schon liegen blieb), ist die Mühe nicht wert, wieder mitgenommen zu werden. Es wird als Müll eingestuft und nicht als Währung für das nächste Mal. Es ist ein großer Haufen Müll, irgendwann von irgendwem gekauft und doch so wertlos, dass es nicht mal geschenkt mitgenommen wird. Immerhin zeigen die prallen Tüten mit Spielzeug, Kleidung und Nahrungsmitteln, die von anderen stolz nach Hause geschleppt werden, dass die Müllmengen, die im Müllwagen gelandet sind, auch wesentlich beträchtlicher sein könnten.

Um sich ein Bild davon zu machen, was für teils erstaunliche Dinge von den jeweiligen Vorbesitzern als Müll betrachtet werden, muss man jedoch nicht abwarten, was vom Tauschmarkt übrig bleibt. Ein Blick darauf, was hier und da immer wieder als Sperrmüll vors Haus gestellt wird, genügt. Nach der Abholung sind die Dinge noch nicht der Vernichtung geweiht. Wertstoffhöfe sortieren in der Regel aus, was noch brauchbar oder wertvoll erscheint und bieten die Möglichkeit, es gegen ein kleines Entgelt zu erwerben. So kann man bei einem Recyclinghof in Freiburg einmal in der Woche billig an Hausrat wie Möbel oder Geschirr gelangen. Nur Elektrogeräte sind aus Haftungsgründen von diesem Verkauf ausgeschlossen.

Vielleicht hat die Tatsache, dass Passanten aus Sperrmüllhaufen oft spontan noch etwas vor der Abholung durch den Müllwagen retten, dazu inspiriert, weiterzudenken: Vielleicht stellt jemand, der seine Gartenbank nicht mehr benötigt, sie erst mal in der Spielstraße an den Straßenrand anstatt zum Sperrmüll. Er schenkt sie ganz bewusst der Gemeinschaft oder eben dem nächsten, der sie haben will. Es wäre nur logisch, dass unser Überfluss an Dingen zu mehr Generosität führt. Und Generosität ist oft ansteckend: Besagte Gartenbank wird sofort rege genutzt. Ein wenig später hängen die ersten ausgemusterten Kinderklamotten auf der Lehne. Wer mag, kann sie mitnehmen. Klamotten kommen und gehen, dann taucht die erste Kiste mit Spielzeug und Büchern auf. Sitzen, schenken, quatschen – die Spielstraße ist um eine Attraktivität reicher und die Müllhalde um etliche Produkte kleiner.

Inzwischen haben findige Aktivisten diese Art des Schenkens zum Konzept ausgebaut: »Givebox« heißt das Ganze und besteht aus einem liebevoll dekorierten Bretterverhau in der Größe zwischen Telefonzelle und Bushaltestelle, in dem Menschen Dinge deponieren können, die sie anonym verschenken möchten. Die Initiative zur Einrichtung so einer lokalen Station entsteht jeweils vor Ort, es gibt keine übergeordnete Organisation. Das macht das Prinzip unkompliziert. Das bedeutet aber auch, dass die Verantwortung für den Zustand und den Inhalt der Givebox allein bei denjenigen liegt, die sie benutzen – und vielleicht noch bei denen, die die Idee gut finden, auch wenn sie nicht daran teilnehmen. Zwei Wochen haben Gegenstände Zeit, um einen neuen Besitzer zu finden – was dann noch da ist, soll wieder mitgenommen werden. Das Konzept »stärkt die Nachbarschaft, hilft anderen Menschen, befreit von Krempel«, so der Infoflyer. 2011 in Berlin gestartet, gibt es Anfang 2013 bereits über vierzig Giveboxes in Deutschland, in großen und kleinen Städten, und auch in anderen Ländern wird die Idee populär.

Zwischen Tauschmärkten und Verschenkstuben gibt es alle möglichen Zwischenstufen: Die Tradition der Brockenhäuser in der Schweiz, in denen Gebrauchtwaren vornehmlich für sozial Schwächere angeboten werden, die aber generell für einen anderen Umgang mit Gebrauchsgegenständen stehen. Viele Städte in Deutschland haben einen Umsonstladen, der ähnlich funktioniert wie die kleinere, dezentralere Givebox. Diese Läden sind gut, um Notlagen zu mildern, aber auch sie verstehen sich als Beitrag zu einem anderen Miteinander. Der Potsdamer Umsonstladen »Umverteiler« formuliert es stellvertretend: »Wer mit der Umsonstkultur lebt, lernt zu vertrauen: Darauf, dass du, wenn du etwas brauchst, etwas bekommen wirst. Und darauf, dass das, was du gibst, von Menschen genutzt wird, die es brauchen.«[2] Im Internet sind nach dem gleichen Prinzip Portale wie »Alles und Umsonst« entstanden.[3]

Möglicherweise ist eine wachsende Umsonstkultur die typische Begleiterscheinung einer Überflussgesellschaft, die sich vor allem in Bezug auf den Umgang mit dem Zuviel Gedanken macht. Solange in der Kammer noch Platz ist und es vergleichsweise günstig ist, sich eine Bohrmaschine zu kaufen, statt sich über verwickeltere Modelle einer gemeinsamen Nutzung mit anderen Gedanken zu machen, bleibt die Fantasie begrenzt, wie eine obsoleszenzärmere Welt aussehen könnte, in der man nicht alles persönlich besitzen muss.

Innovative Ideen finden sich eher in anderen Weltgegenden, wie etwa in Kolumbiens Hauptstadt Bogotá. Dort hat sich ein ganz neuer Markt für ausrangierte Handys aufgetan. Wer an zentralen Plätzen und Straßenkreuzungen in der Innenstadt unterwegs ist, wird überall junge Männer sehen, die eine ganze Sammlung älterer Handymodelle an ihre Hosengürtel gekettet haben. Diese funktionieren als improvisierte Telefonzellen. Wer einen Anruf tätigen will, nennt das Netz, dem der Angerufene angehört, und der Betreiber der »Telefonzelle« sucht ein Handy heraus, das er bei dem entsprechenden Anbieter angemeldet hat. Der Anrufer zieht dann die Kette, an der das Handy hängt, ein paar Meter mit sich mit und macht seinen Anruf. Der Preis wird in Minuten berechnet. Überall in Bogotá sind Werbeschilder zu sehen, die *minutos* anbieten, einige offiziell und vierfarbig gedruckt, andere mit Filzstift auf Kartons gemalt und notdürftig an Drahtzäunen aufgehängt. Die kolumbianischen Kunden kümmert es herzlich wenig, wie das Handy, das sie für ein paar *minutos* benutzen, aussieht und ob es dem neuesten Stand der Technik oder Mode entspricht; was zählt, ist das Telefonat selbst.

Wo neue Dinge nicht ohne Weiteres erschwinglich oder überhaupt erhältlich sind, ist nachvollziehbar, dass nahezu alles repariert wird. In Indien gibt es ein Wort für die Tradition, alles reparieren zu können, egal, wie kompliziert es ist: *jugaad*. »In Indien findest du immer jemanden, der dir dein Gerät repariert, Drucker, Kamera, Telefon, alles. Ich habe in Mumbai Menschen gesehen, die krumme Nägel von der Straße aufgelesen, gerade geklopft und an Zimmerleute oder Maurer weiterverkauft haben«, sagt Thackara. Es geht ihm keineswegs darum, die Not in exotischen Ländern zu verklären. Wahrscheinlich würden auch indische Zimmerleute krumme Nägel lieber liegen lassen und neue kaufen, wenn sie die Wahl hätten. Der Punkt ist ein anderer: Wir haben die Wahl, aber wir haben in vielen Fällen vergessen, welche Alternativen überhaupt zur Wahl stehen. Ohne den Blick in andere Weltgegenden tun sich unsere konsumberauschten Köpfe schwer, überhaupt Alternativen auszumachen. Sie sind nicht sichtbar für uns. Es ist also nicht überheblich gemeint oder gar mit künftiger Not drohend, sondern als ehrliche Ermunterung, wenn Thackara sagt: »Wir können vom Süden sehr viel lernen.«

Um Ansätze davon vermittelt zu bekommen, muss man mittlerweile nicht mehr unbedingt nach Asien reisen. Es reicht auch ein Gang in die Pariser Rue Montgallet. Dort bieten asiatische Einwanderer Geschäft an Geschäft Smartphone-Reparaturen, Gebrauchthandys und Ersatzteile an.[4] Sein Handy reparieren zu lassen, war lange Zeit eine absolute Ausnahme. In der Regel warf man es vorher weg oder verschenkte es, weil der Mobilfunkanbieter bei entsprechender Vertragsbindung im Schnitt alle 12 bis 24 Monate einen Neukauf subventionierte. Das beginnt sich zu ändern. Seit billige, geräteunabhängige SIM-Karten den Markt erobern, fangen auch die großen Mobilfunkanbieter an, von ihrem Abo-Modell Abstand zu nehmen. Neugeräte werden somit für viele unerschwinglich, und der Transfer von Reparatur-Know-how über Einwanderer in die Kapitalen des Westens ist plötzlich attraktiv geworden.

Nicht nur in Paris. In Barcelona, wo in den letzten Jahren die Schließung einer Reparaturwerkstatt nach der anderen betrauert wurde und es in einigen der umliegenden Kleinstädte keinen einzigen Handwerker mehr gibt, der einen Fernseher oder ein Radio reparieren könnte, weil der letzte vor Kurzem in Rente gegangen ist, sind über die Einwanderungswelle aus Indien und Pakistan neue Fertigkeiten eingewandert, deren Anbieter keine Berührungsängste mit Technik haben, die nicht dem neuesten Stand entspricht. Heute kann man im Stadtteil Raval von Barcelona wieder alles reparieren lassen, inklusive Haushaltsgeräten, Fernsehern und Handys.

Reparieren war vor gar nicht so langer Zeit auch in unserer Wohlstandsgesellschaft noch eine durchaus übliche Option im Umgang mit den Dingen, die man sich im Laufe der Zeit angeschafft hatte. Die Massenproduktion hat allerdings sehr erfolgreich daran gearbeitet, das zu ändern. Ob wir technisch dazu in der Lage sind oder nicht – es ist nicht mehr selbstverständlich, dass wir an Geräte, die durch den Kauf in unser Eigentum übergegangen sind, selbst Hand anlegen dürfen. Elektronische Geräte sind für viele zu einer Art Tabuzone geworden, in die nur besonders Eingeweihte mit dem Schraubenzieher eindringen dürfen. Wer seinem Notebook dennoch eigenmächtig an die Bestandteile geht, wird zuweilen mit durchaus realen Sanktionen belegt: Jeglicher Garantieanspruch geht verloren, selbst wenn es sich nur um eine simple Speichererweiterung handelt.

Kein Wunder, dass es unter diesen Umständen eines Anstoßes von außen bedarf, um an die vergessene Kulturtechnik des Reparierens zu erinnern. Einen dieser Anstöße bieten seit einiger Zeit sogenannte Repaircafés. Die kostenlosen Treffen, bei denen die Teilnehmer alleine oder gemeinsam mit einem Fachmann oder einer Fachfrau Dinge reparieren können, sollen das Bewusstsein wiedererwecken, dass man vieles selber machen kann; bestehende Kenntnisse können reaktiviert, an den Stand der Technik angepasst und an möglichst viele Menschen weitergegeben werden. Werkzeug und Material werden überwiegend gestellt, Experten wie Elektriker, Schneiderinnen, Tischler oder Fahrradmechanikerinnen stehen beratend zur Seite. Dabei geht es durchaus nicht nur um Reparaturen an komplizierten technischen Geräten. Hier werden auch Löcher gestopft, Flicken gesetzt oder Knöpfe angenäht. Für manche ist es überraschend, dass man bei einem Pullover eine aufgegangene Naht zunähen kann, statt ihn zu den Altkleidern geben zu müssen. Bevor jemand freiwillig seine Socken stopft, müssen die Socken vermutlich teurer und Stopfen noch ein bisschen hipper werden. Aber die Repair Cafés arbeiten daran. Sie geben Menschen den Stolz zurück, etwas selber tun zu können und es dann zu tun, weil sie es können, nicht weil sie es müssen.

Als guter Ort für solche Revivals der Reparatur haben sich offene Werkstätten etabliert. Offene Werkstätten sind vom Grundsatz her darauf ausgelegt, alles Nötige fürs Selbermachen zu teilen: Wissen, Materialien, Werkzeuge, Maschinen und Räume. »Offene Werkstätten sind Orte der Möglichkeiten für viele, nicht des Geschäfts für wenige«, fasst Tom Hansing, Mitglied im SprecherInnenteam des Verbundes Offener Werkstätten die Grundidee zusammen. Und er beschreibt auch, was offene Werkstätten, Repaircafés und ähnliche Initiativen vom Do-it-yourself-Hobbykellerbastler unterscheidet: »Nicht nur DIY, sondern DIWO (do it with others),«[5] andere bevorzugen die Bezeichnung DIT (do it together). Die Botschaft ist die gleiche: Stemm dich nicht allein gegen den täglichen Obsoleszenz-Tsunami, mach's mit anderen, such dir Verbündete.

Das Kölner Repaircafé befindet sich in so einer offenen Werkstatt, in der DingFabrik auf dem Gelände der früheren Gasmotorenfabrik Deutz. Die DingFabrik gehört darüber hinaus – wie übrigens auch die Produzenten des »Fair Phone« – zusätzlich dem Verbund von sogenannten FabLabs an, in denen man nicht nur reparieren, sondern vor allem eigene Ideen selber produzieren kann. Diese FabLabs sind in der Regel mit 3D-Druckern, Lasercuttern und diversen computerisierten Werkzeugmaschinen ausgestattet, sodass man sich dort sowohl selbst entworfene Aschenbecher »ausdrucken« als auch nicht mehr lieferbare Ersatzteile für Altgeräte anfertigen kann.

Im Sommer 2012 war der Westdeutsche Rundfunk bei einem Repaircafé zu Besuch und berichtete unter anderem über die Reparatur eines fünf Jahre alten Festplattenrekorders. Im Geschäft hatte man dem Kunden die Reparaturkosten auf 200 Euro geschätzt und zum Neukauf geraten. Die Bastler im Repaircafé fanden den Fehler dagegen im Handumdrehen: Ein defekter Elektrolytkondensator musste ausgetauscht werden. Kosten: ein paar Cent. Was würde man als Publikumsreaktion erwarten? Empörung über die Unverfrorenheit der Hersteller? Sicher, die gibt es auch. Aber nicht untypisch ist auch folgender Kommentar, der auf der Website zur Sendung abgegeben wurde: »Statt weniger zu konsumieren, sollten wir in Zeiten schwächelnder Wirtschaft MEHR konsumieren. Durch ökologische Gutmenschendenke wird kein Arbeitsplatz geschaffen und werden keiner Familie die Bäuche gefüllt. Die Hersteller sollten noch mehr darauf achten, dass Geräte nicht mehr günstiger zu reparieren sind als der durchschnittliche Preis eines Neugerätes.«[6]

Bei solchen Reaktionen ist verständlich, dass die unscheinbaren Keimzellen für innovative Ideen, die sich, wenn man die Augen ein wenig offen hält, fast in jeder Stadt findet, sich nicht nur als Reparaturstätten verstehen, sondern auch als sowas wie Aufklärungszentren. Sie wollen den Konsumenten aus seiner sowohl vom Konsumterror mit all seinen Begleiterscheinungen als auch selbst verschuldeten Unmündigkeit führen und zu einem anderen Verhältnis zu den Dingen anregen. Menschen sollen lernen, Gegenstände neu wertzuschätzen und dadurch eine Mentalitätsveränderung durchmachen. Der Appell klingt noch sanft und ist ganz individuell interpretierbar. Die Internetplattform iFixit geht den Kampf gegen Sollbruchstellen und geplante Unreparierbarkeit systematischer an. Den Selbstanspruch formulieren die Gründer Kyle Wiens und Luke Soules so: »Wir wollen der Welt zeigen, wie man alles reparieren kann. Niemand allein kann alles reparieren. Aber das macht nichts, weil die meisten Menschen wissen, wie man irgendwas repariert.« In diesem Sinne ist iFixit eine große Sammlungsbewegung des Reparaturwesens. Mit beeindruckender Kompetenz. Das kleine »i« im Namen stammt nicht von ungefähr. Wer Probleme mit seinem neuesten iProdukt hat, wir dort sicher fündig. iFixit hat sich gerade beim Durchdringen der Unreparierbarkeitswand, die Apple um sich hochgezogen hat, Meriten erworben.

Wer Konzerne wie Apple knackt, hat größere Ambitionen. Die formuliert iFixit unter dem Logo mit Faust und Schraubenschlüssel im »Self-Repair-Manifesto«. Neben Grundsätzen wie »Reparieren ist besser als Recyceln« oder »Reparieren spart dein Geld« heißt es dort: »Was du nicht reparieren kannst, gehört dir auch nicht. Reparieren verbindet Menschen und Geräte [...] Reparieren macht unabhängig. [...] Wir haben das Recht, Dinge zu öffnen und zu reparieren.« Wie Thackara haben auch die Macher von iFixit sich in den Slums von Kibera, den Elektroschrotthalden in Delhi oder der Müllstadt in Kairo umgesehen und dort ihre persönlichen »Superhelden« gefunden: »Sie leben in ärmlichen Verhältnissen und vollbringen mit den bescheidensten Werkzeugen wahre Wunder.« Für die iFixit-Bastler leisten diese Menschen mehr, als nur Dinge zu reparieren. Sie »geben den Geräten eine neue Seele. [...] Sie sind die Lösung für ein Umweltproblem, das unsere Erde vergiftet.«[7]

Leihläden, Tauschmärkte, Giveboxes, Repaircafés: Es ist kein Zufall, dass all diese Keimzellen der Innovation klein, kaum kommerziell und eher lokal engagiert sind. Die ihnen bei aller Verschiedenheit gemeinsame Idee, Möglichkeiten für viele statt Profit für wenige zu schaffen, fördert diese Art der Organisation. In kleinem Rahmen lässt sich das erhebende Gefühl, sich selbst als kompetent genug zu erleben, die Dinge, die den eigenen Alltag bestimmen, selbst in die Hand zu nehmen, leichter herstellen. Im überschaubaren Umfeld kann sich jeder sichtbar beweisen, dass er sich dem Zwang zum ständigen Wegwerfen in beachtlichem Maß entziehen kann.

In kleineren Strukturen fällt auch der für neue Lösungsansätze in der Regel nötige Perspektivwechsel leichter als in großen, schwerfälligeren Strukturen. Große Strukturen versuchen die Antwortmöglichkeiten möglichst auf das zu reduzieren, was sie innerhalb des bestehenden Apparats selbst anbieten können. Wenn er sich nicht selber abschaffen will, neigt ein Ölkonzern dazu, gegen die durch Erschöpfung der Rohstoffe drohende Katastrophe keine an-

dere Lösung anzubieten als eben doch noch neue Rohstoffe aufzu-
treiben. Eine besonders intensive Förderung von Alternativen, die
nicht auf Rohstoffausbeutung basieren, ist von dieser Seite eher
nicht zu erwarten. In welche Richtung der Wille zur Weiterentwicklung stattdessen weist, zeigt die Tatsache, dass sich seit der aktuellen Diskussion über *peak oil* die Ölreserven durch das Einbeziehen
neuer, bislang aus gutem Grund nicht in Erwägung gezogener Methoden wie Fracking plötzlich so gut wie verdoppelt haben. Die Botschaft ist einfach: Wir können weitermachen wie bisher.

Das sieht Dr. Sascha Peters völlig anders. Der Innovationsberater und
Materialspezialist verkündet auf seiner Website nicht nur, dass siebzig Prozent aller Innovationen auf neuen Materialien basierten, sondern konstatiert zugleich das Ende des petrochemischen Zeitalters.
Für ihn sind die Entwicklungen im Werkstoffbereich die wesentlichen Triebkräfte für technologischen und wirtschaftlichen Fortschritt: »Wir stehen kurz vor […] einem einschneidenden Umbruch
unserer Material- und Produktkultur. Angetrieben durch endliche
Werkstoffressourcen wird mit aller Macht an neuen Materialkonzep-
ten gearbeitet. Das Bewusstsein für den umweltverträglichen Umgang mit Werkstoffen, das Denken in Materialkreisläufen und neue
Energieformen stehen im Fokus der Entwickler.«[8]

Und die Dinge, die daraus hervorgehen, sind in der Tat erstaunlich:
Blumenvasen aus Algenfasern, Handyschalen aus Baumrinde, Särge
aus Mandelschalen, Mosaike aus Kokosnüssen oder Fahrradrahmen
aus Bambus zählt Peters in seinem Buch *Materialrevolution* als pro-
minenteste Indizien für eine Wende zu mehr Nachhaltigkeit auf;
und angesichts von Schaumstoffen aus Rizinusöl, Einweggeschirr
aus Kartoffelstärke oder Kunststoffen mit Karottenfasern blickt er
optimistisch in die Zukunft: »Das Bewusstsein für den umweltverträglichen Umgang mit Werkstoffen und das Denken in Materialkreisläufen ist beim Konsumenten angekommen, sodass sich Investitionen
in nachhaltige Produkte inzwischen lohnen.« Seiner Einschätzung
nach ist es sogar jetzt schon gesellschaftlicher Konsens, »Materiali-
en nachzufragen, die nach Beendigung der Lebensdauer eines Produkts nicht auf einer Deponie entsorgt werden müssen, sondern Aus-

gangspunkt für die Verwendung in einem neuen Produkt sein können«. Nur scheint es an der Verfügbarkeit dieser Stoffe noch zu hapern, und darum hat Peters auch eine realistische Einschätzung des Ist-Zustandes mitzuteilen: »Bis wir es mit Materialien zu tun haben, die keine negativen Auswirkungen mehr auf Klima und Umwelt haben, gilt es vor allem, die vorhandenen Ressourcen bestmöglich zu verwenden und ideal auf den Einsatzzweck auszurichten.«[9]

Erfinderische Kleinunternehmer experimentieren seit ein paar Jahren erfolgreich mit der Möglichkeit, den Nutzwert bereits eingesetzter Ressourcen sozusagen nachträglich zu verlängern. Regitze und Patrick Kerti zum Beispiel haben sich auf Möbel aus alten Berliner Dielenbrettern und Autoschläuchen spezialisiert, aus denen sie schicke Sofas zimmern.[10] Die Direktrecycler aus Münster stellen Briefkuverts aus alten Landkarten, Taschen aus Werbeprospekten und Papierbleistifte aus in alte Tageszeitungen gewickelten Grafitminen her, ohne das Papier zuvor aufzulösen und zu entfärben, wie bei herkömmlichen industriellen Verfahren zur Altpapieraufbereitung üblich.[11] Solche Zweitverwertung von etwas, was sonst direkt im Müll gelangt wäre, wird gerne »Upcycling« genannt, im Gegensatz zum sogenannten »Downcycling«, der bezeichnet, dass das Material bei jedem Wiederverwertungsvorgang eine Qualitätsverschlechterung erfährt – so wie es normalerweise zum Beispiel bei Kunststoff der Fall ist. Mit echtem, vollwertigem Recycling im Braungartschen Sinne hat man es in beiden Fällen noch nicht zu tun.

Bis wir Obsoleszenz also als freudiges Ereignis begrüßen dürfen, weil alles, was wir wegwerfen, kein Abfall mehr ist, gilt das, wofür auch das Bundesministerium für Bildung und Forschung plädiert: Nur eine Kombination aus Effizienz-, Konsistenz- und Suffizienzstrategien hat Aussicht auf Erfolg. Nur in dieser Bündelung präsentiert sich die Umstellung auf ein umwelt- und lebensfreundliches Wirtschaften und Konsumieren als machbar – und nicht als reines Horrorszenario, dessen Bedrohungen von Sonntagsfahrverbot und anderen brutalen Einschnitten in den Wohlstandsalltag bis hin zu Massenentlassungen, Börsencrash und darauffolgendem Rückfall in quasi steinzeitliche Zustände reichen.

Nachhaltiges Wirtschaften erfordert keinen grundsätzlichen Verzicht auf Wachstum, sondern nur in bestimmten Bereichen. Sinnvoll, letztlich sogar unausweichlich wäre er auf jeden Fall bei einem der energieintensivsten industriellen Prozesse, der Aluminiumverhüttung. Und möglich wäre da eine Reduktion, wenn die USA beginnen würden, Aluminium konsequent zu recyceln, zumal Aluminium durch Recycling nahezu keinen Wertverlust erleidet.[11] Wachstumsrücknahme an der einen Stelle kann anderswo Wachstum generieren – zum Beispiel bei den Recyclern in den USA. Oder in der Leichtbauindustrie. Sie könnte sich darüber freuen, dass ein Automobil, welches durch die Verwendung von Aluminium anstatt von Stahlblech 200 Kilogramm leichter wird, nicht erst 60.000 Kilometer fahren muss, bis die Spritersparnis den zusätzlichen Energieaufwand für die Bereitstellung von nicht recyceltem Aluminium kompensiert hat.[12]

Wenn Dr. Sascha Peters Prognose vom Ende des petrochemischen Zeitalters stimmt, würde das auch ein deutlich negatives Wachstum in der Ölindustrie bedeuten, sprich: einen Rückgang. Andererseits ist die Ölindustrie gerade ein gutes Beispiel dafür, wie eng großindustrielle Wachstumsgesellschaften ihren Wachstumsbegriff fassen. Um eine genauere volkswirtschaftliche Rechnung aufmachen zu können, müsste man auch alles miteinbeziehen, was negatives Wachstum in doppeltem Sinn generiert: Man müsste den Blick auch auf das richten, was durch die Aktivitäten der großen Industrien schrumpft. Wenn Bodenschätze, Anbauflächen, Wälder, Fischbestände, Artenvielfalt, Trinkwasserreserven oder die Zahl der überlebensfähigen Kleinbetriebe und Vollerwerbslandwirte zurückgehen, ist das nicht nur bedauerlich, sondern ein konkreter wirtschaftlicher Schaden. Werden also bei der Vorstellung von Alternativen zum Kaufen für die Müllhalde mal wieder die apokalyptischen Reiter auf die Befürworter von Décroissance bzw. Wachstumsrücknahme gehetzt, lohnt ein Blick darauf, wer sie losgelassen hat und wo genau die Wachstumsrücknahme stattfinden soll. Warum sollten wir die Angst vor ausbleibendem Wachstum mit einem Hersteller von Billigklamotten teilen, dem es schon zu viel ist, ein Kleidungsstück um 12 Cent teurer zu machen, um das Lohnniveau der Textilarbeiterinnen in Asien auf ein einigermaßen menschenwürdiges Niveau anzuheben? Warum uns von denen, die Wachstum durchgehen lassen als immer mehr Profit für immer weniger Menschen, Bilder einer möglichen Apokalypse bei ausbleibendem Wachstum ausmalen lassen? Es gibt doch genügend reale, von den Folgen der herrschenden Wachstumswirtschaft produzierte Schreckensbilder, über die man ebensogut sinnieren kann. Eine auf Obsoleszenz in allen ihren Spielarten aufgebaute Wirtschaftsweise würde, wenn sie könnte, alles und alle in einen Zustand hilflosen Treibenlassens hineinverführen, -drängen oder -pressen, in dem nur die ständige Wiederholung des Kaufaktes und das rastlose Schuften, um die Kaufkraft zu erhalten, wiederkehrende Konstanten bilden. Aber eine so mächtige Instanz existiert nicht. Man muss schon einen Schritt zurücktreten, aus anderer Perspektive auf das Szenario blicken, um die eigene Handlungsfähigkeit zu erkennen. Selbst entscheiden. Das Vergnügen an der Unabhängigkeit entdecken, sich aber auch mit anderen zusammentun.

Und wenn wir uns noch radikaler unabhängig machen möchten von den vielen Dingen, die wir für unser Alltagsleben brauchen? Könnten wir aus unserem Verein des Kaufens für die Müllhalde vielleicht komplett austreten? Die meisten Sachen müssen wir schließlich deshalb kaufen, weil wir nicht wissen, wie sie funktionieren oder gar, wie wir sie selber herstellen könnten. Wir sind darauf angewiesen, dass sie uns jemand zum Erwerb bereitstellt.

Sam Muirhead hat sich vorgenommen, auszuprobieren, wie weit sich diese Abhängigkeit aufheben lässt. Der neuseeländische Filmemacher, der in Berlin lebt, macht ein Selbstexperiment: Er versucht, sein gesamtes Leben aus der Umklammerung von patentierten Massenprodukten zu befreien und auf sogenannte Open-Source-Produkte umzustellen.

Unter Open Source versteht man im engeren Sinne kostenlos zur Verfügung gestellte Software, die jeder nach Belieben ausführen, kopieren und verbreiten darf – aber auch untersuchen, ändern und verbessern, denn der Quellcode ist offen zugänglich. Software also, die dazu animiert, sie nicht einfach nur zu konsumieren, sondern auf die eigenen Bedürfnisse zuzuschneiden und mit ihr überhaupt zu machen, was man will, ganz legal und ohne etwas dafür zu bezahlen. Muirhead hat am 1. August 2012 den Versuch gestartet, dieses Prinzip ein Jahr lang möglichst umfassend auf alles auszuweiten, was er für sein Leben braucht, und berichtet auf einem Blog darüber.[13] Konkret bedeutet das, keine Markenjeans mehr zu kaufen, wenn der Hersteller die Schnittmuster nicht allgemein zur Verfügung stellt, und kein Bier mehr, dessen Rezept zum Nachbrauen nicht mitgeliefert wird. Er möchte in gewisser Weise den Schritt vollziehen, den Wachstumskritiker Niko Paech als den Schritt von Konsumenten zum »Prosumenten« beschrieben hat. Statt zu konsumieren, hat sich der Prosument entweder als Selbstversorger oder aber mindestens als Mitproduzent die »ökonomische Souveränität« zurückerobert, »kraft eigener substanzieller, manueller und sozialer Kompetenzen Industrieproduktionen zu ersetzen.«[14]

Praktisch bedeutet das für Muirhead, dass er schon beizeiten Mitglied in einem Kreuzberger Nachbarschaftsgarten geworden ist, um einen Teil seiner Lebensmittel selbst zu erzeugen. Auf anderen Gebieten fällt die Umstellung wesentlich schwerer. Natürlich ist sich Muirhead bewusst, dass sein Experiment letztlich nicht zum hundertprozentigen Ausstieg aus der Konsumgesellschaft führen wird. An gewissen Stellen ist das Scheitern vorprogrammiert. Weder der Computer noch die Kamera, mit der er seinen Selbstversuch dokumentiert, lassen sich vollständig durch Open-Source-Produkte ersetzen.

Aber Ziel des Experiments ist auch eher, einerseits ein Gespür dafür zu entwickeln, wie weit Produktion und Konsum mittlerweile auseinanderklaffen, und andererseits herauszufinden, wie weit man kommt, wenn man neugierig und findig ist – und natürlich mit Hilfe der Vernetzung vieler bereits existierender Initiativen und frei erhältlichen Wissens. Um Rechner und Kamera aus der Abhängigkeit von patentierten Angeboten zu lösen, ist der Umstieg auf offene Software wie Linux nur ein erster Schritt. Aber für manche Produkte gibt es auch hundertprozentige Lösungen. Für das Bier zum Beispiel. Muirhead hat einen Brauer gefunden, der ihm seine Rezeptur zum

Nachbrauen zur Verfügung stellt. Es gibt auch genügend Schneider, die Schnittmuster zum Nachnähen bereitstellen. Es gibt Hacker, die alte Strickmaschinen aus den 1980er-Jahren mit neuer, frei zugänglich gemachter Software zu origineller Schal- und Mützenproduktion wiederbelebt haben. Auch Waschmittel lässt sich selbst herstellen und ist dann sogar billiger als gekauftes. Noch schöner aber als das Gefühl, Geld zu sparen, ist das Gefühl, zu wissen, wie etwas funktioniert, und zu merken, was man alles selber machen kann.

Wenn man Muirheads Blog auf der Suche nach Open-Source-Ideen folgt, eröffnen sich erstaunliche Welten, in denen Menschen mit dieser Begeisterung fürs Selbermachen aus irgendwelchen Resten, Schrott und sonstigen Fundstücken die erstaunlichsten Dinge zaubern. Dabei achten sie immer darauf, sich mit ihren Entdeckungen zu vernetzen und ihr Know-how der Allgemeinheit zur Verfügung zu stellen. Die englischsprachige Plattform knowable.org ist eine der vielen Sammelstellen für dieses Wissen. Sie präsentiert beispielsweise, wie man sich aus einem 20-Liter-Plastikkanister mit Reißverschluss, Festplatte, Motherboard, Netzteil, Kleber, Teppichmesser und einem Bambusrohr einen Rechner basteln kann. Manche versuchen, exemplarisch ein Alltagsgerät von der Rohstoffgewinnung bis zur fertigen Nutzung eigenhändig herzustellen, anstatt ihr ganzes Leben auf Open Source umzustellen. Thomas Thwaites hat seine Anstrengungen in dieser Richtung dokumentiert und präsentiert auf *www.thetoasterproject.org* seinen mäßig geglückten Versuch, sich einen Toaster zu bauen, für den er sogar das benötigte Metall selbst schürfen wollte.

Viele dieser Bastler sehen sich als Teil einer neuen Bewegung, einer digitalen Do-It-Yourself-Bewegung, die sich schlicht »Maker« nennen, Macher. Eine der vielen Zentralen dieser Bewegung ist die Open Design City in Berlin, eine offene Werkstatt, in der man sich von der Herstellung von Naturkosmetik über das Selber-Schmelzen von Plastiktüten bis zu Betonarbeiten in allen möglichen Fertigkeiten erproben kann. Deutschlandradio sieht Berlin schon als neue Hauptstadt der 3D-Bastler, in der die nächste industrielle Revolution heranwächst, durch die der Konsument immer mehr auch zum Produzenten wird.[15] So könnte eine Menge von Kleinherstellern in der Summe zu einer ernsthaften Konkurrenz für die Massenproduzenten werden. »Wir wissen, was so eine Demokratisierung möglich macht und was für eine Wirtschaftsmacht letztendlich dahinter steckt«, meint Chris Anderson, Autor eines Buchs über das Phänomen.[16]

Zum Teil ist die Sehnsucht nach individuellen Produkten sicher Ausdruck des Wunsches, sich selbst zu verwirklichen anstatt nur aus einem vorgefertigten Angebot auszuwählen. Vielleicht ist das Bedürfnis, sich wieder mehr mit der dinglichen Welt zu befassen, auch eine einfache Gegenreaktion auf das, was die industrielle Produktion uns zunehmend vorsetzt: Geräte, in deren Innerem sich etwas abspielt, was wir nicht sehen und was nur wenige wirklich nachvollziehen können, bevölkern unser Leben. *Black boxes*. Je nach Job und bevorzugtem Freizeitvergnügen dominieren sie unseren Alltag sogar.

Misstrauisch interpretiert, könnte man hinter dem Trend zum Selber-Produzierten aber auch etwas anderes vermuten, nämlich eine neue Erscheinungsform psychologischer Obsoleszenz. Zwar wurde geplante Obsoleszenz von und für Großunternehmen perfektioniert. Dennoch: Sie muss nicht darauf beschränkt bleiben. Sie kann mit dem Produkt umziehen. Insofern ist die Frage interessant, ob der »Prosument« wohl den 3D-Drucker abschaltet, wenn er die gewünschte Blumenvase fabriziert hat. Oder greift womöglich auch in dem Fall schon bald (und ganz ohne Reklame) ein Effekt, auf den hin uns die Konsumgüterindustrie jahrzehntelang trainiert hat? Wir haben schließlich gelernt, dass ein Gebrauchsgegenstand uns »langweilen« kann. Darum wollen wir regelmäßig einen neuen oder wenigstens einen in einer neuen Farbe. Der Unterschied wäre, dass wir die Vase dann nicht kaufen, sondern selber produzieren würden.

So wie Farbdrucker irgendwann für den Hausgebrauch erschwinglich wurden und jeder einzelne als kleines Fotolabor oder kleine Druckerei dienen kann, könnte es auch selbstverständlich werden, einen 3D-Drucker zu benutzen. Wir könnten den Überfluss, den Nachschub für die Müllhalde, auf Knopfdruck selber produzieren.

Das heißt, die Individualherstellung muss sich in Sachen Ressourcen-schonung, Entsorgungsproblematik und Energieeffizienz an den gleichen Maßstäben messen lassen wie die Massenproduktion.

Wir sollten uns wahrscheinlich an den Gedanken gewöhnen, dass es nicht die eine absolute Lösung gibt, die immer und überall die richtige ist, am besten mit Gütesiegel als solche gekennzeichnet. Die Frage ist nicht, was falsch ist und was richtig. Wann und was und ob wir etwas kaufen, ob wir es ein halbes Jahr lang behalten oder ein ganzes Leben, und ob wir es dann verkaufen, unseren Kindern schenken oder einer rückstandsfreien Demontage sowie anschlie-ßendem Recycling zuführen wollen – das müssen wir selbst abwä-gen und entscheiden. Aber wir müssen diese Entscheidungsfreiheit nicht als Last empfinden. Ebensogut können wir sie schätzen und darauf bestehen, dass sie uns erhalten bleibt. Bei Schuhen, die nur ein Jahr halten, können wir nicht selbst entscheiden. Und eine Uhr, die für immer stehenbleibt, wenn die ins Gehäuse eingeschweißte Batterie leer ist, wird nicht zum Erbstück.

Um sich gegen geplante Obsoleszenz zu wehren, muss man nicht unbedingt gleich zum Prosumenten werden, indem man nur noch benutzt, was man selber hergestellt hat. Wie die Brüder Neistat, die schon vor der Klage gegen Apple eine Protestkampagne gegen die Wegwerf-iPods des Konzerns lancierten, können sich Verbrau-cher heute besser als je zuvor übers Internet zusammenschließen, um gemeinsame Ziele zu erreichen.

So hat der Berliner Betriebswirt Stefan Schridde auf den Film *Kau-fen für die Müllhalde* hin das Infoblog »Murks! Nein danke« initiiert, auf dem Konsumenten ihre Erfahrung mit Fällen von vorzeitigem Verschleiß posten können.[17] Das Veröffentlichen von solchem Murks kann einerseits Kunden vor falschen Kaufentscheidungen bewah-ren, andererseits die an den Pranger gestellten Hersteller bewegen, nachzubessern. Der Verein »Rank a Brand« bietet auf seiner Website Informationen darüber, wie verantwortungsvoll Markenhersteller mit Ressourcen umgehen und wie transparent sie in Bezug auf die Nachhaltigkeit ihrer Produktion sind.[18] Dennoch können solche An-gebote nur Anhaltspunkte bieten und ist weiterhin Aufmerksamkeit angebracht: Mit zunehmendem Druck auf die Produzenten, nachhaltig zu agieren, wird der Bereich Nachhaltigkeit zum Wachstumsmarkt. Das Gleiche gilt in der Folge für die Anzahl von Labels, die garantieren sollen, dass sich ein Hersteller »grün« verhält. Wenn ein schlechtes Abschneiden nach »grünen« Kriterien dem Image schadet, führt das nicht immer dazu, dass die Ursachen für den schlechten Ruf beseitigt werden. Manchmal bestehen die Anstrengungen zur Imagepflege auch darin, dass die Öffentlichkeitsarbeit ein größeres Budget bekommt. Und wenn es schick wird, wieder Produkte für die Ewigkeit zu kaufen anstatt jedes Jahr neu, dann kann es auch mal sein, dass der höhere Preis nicht nur von den teureren Materialien und der besseren Verarbeitung herrührt, sondern zu einem Teil auch vom Werbeetat, mit dem die neue, besonders edle Produktlinie lanciert wird.

Es ist kompliziert. Doch es gibt ein paar Mittel, die tatsächlich zuverlässig und ganz direkt wirken im Kampf gegen geplante Obsoleszenz. Sie erfordern weder eine Anmeldung in einem User-Forum noch viel Geld, um (hoffentlich) besonders hochwertige, langlebige Produkte zu kaufen.

Respekt vor den Dingen ist eines von ihnen. Sein-Herz-an-Dingehängen muss nichts lächerlich Materialistisches sein. Respekt vor Gegenständen bedeutet Respekt vor der Arbeit von Menschen und Respekt vor der Natur, aus der die dafür eingesetzten Rohstoffe und die Energie stammen. Das gilt genauso für Objekte, die irgendwo weit weg von einem Fließband kommen und uns in einem Paket nach Hause geliefert werden, ohne dass wir ihnen den langen Weg ansehen würden, den sie zurückgelegt haben.

Der nächste Verbündete ist der eigene Verstand. Er kann sehr nützlich sein bei der Befreiung von den Mechanismen der psychologischen Obsoleszenz, die vermutlich am schwierigsten loszuwerden sind. Gegen jahrzehntelange Konditionierung durch Werbung und eine gesamtgesellschaftliche Übereinkunft hilft keine gesetzliche Verordnung – aber ein bisschen Nachdenken; sich mal die Frage stellen, wem eigentlich am meisten geholfen ist, wenn man sich das nächste Gadget kauft.

Und der dritte, eng mit letzterem Verwandte ist ein ganzes Team, bestehend aus den eigenen Sinnen. Wer ihnen traut, muss keinen Joghurt wegwerfen, nur weil er schon zwei Wochen länger im Kühlschrank steht, als wir ihn eigentlich essen sollten. Aus dem »Haltbarkeitsdatum« für Lebensmittel ist im Lauf der Jahre unmerklich ein »Verfallsdatum« geworden. Ein Instrument zum Schutz des Verbrauchers hat sich in eine Art Selbstvernichtungsmechanismus verwandelt, weil die Verbraucher sich daran gewöhnt haben, nicht mehr hinzusehen und zu schnuppern und dann selber zu entscheiden, wie essbar das fragliche Lebensmittel ist. Es gilt nur noch, was schwarz auf weiß geschrieben steht. In dem Moment, wo wir anderen das Urteil darüber überlassen, was wir noch gebrauchen können und was nicht, haben wir jedoch das Prinzip der geplanten Obsoleszenz verinnerlicht.

»Wir sind so fixiert auf Problemlösungen, die darin bestehen, zusätzliche Dinge in die Welt zu bringen, dass wir ein simples Faktum übersehen: Reduktionen und selbstbegrenzende Handlungsmuster haben den Charme, weder Kapital noch Neuerfindungen noch politische Weichenstellungen zu benötigen. Sie sind in aller Regel voraussetzungslos und kosten nichts.«[19] Wachstumskritiker Niko Paech drückt es nicht allzu einladend aus, aber er hat recht.

Es macht Spaß, aus dem Verein des Kaufens für die Müllhalde auszutreten. Das Auto länger zu fahren als die fünf Jahre, nach denen es von der Steuer abgeschrieben ist. Die Nachbarin zu fragen, ob sie einem ihre Nudelmaschine ausleiht, die sie selber vielleicht auch nur einmal in zwei Jahren benutzt. Und die billige kleine Reisetasche, deren Reißverschluss man jetzt schon ansieht, dass er ungefähr zwei Wochenendausflüge lang halten wird, einfach auf dem Sonderangebotstisch liegen lassen, wo wir sie gesehen haben. Wir können selbst die Weichen stellen und mitentscheiden, in welcher Zukunft wir leben wollen.

---

1 www.leila-berlin.de
2 http://umverteiler.de/
3 http://alles-und-umsonst.de

4 vgl. ausführlicher Sarah Belouezzane, Cécile Ducourtieux, »Mon smartphone d'occasion et en pièces détachées«, in: *Le Monde*, 25.9.2012 (zum Link der Online-Ausgabe: http://tinyurl.com/bda48lo)

5 »8 Fragen an … Tom Hansing vom Verbund Offener Werkstätten«, Dawanda Blog, 24.9.2012, http://tinyurl.com/a52albx

6 Andreas Poulakos, »Repair Cafés als Widerstand: Mehr reparieren, weniger konsumieren«, WDR Ratgeber, www1.wdr.de/themen/ratgeber/repaircafe114.html, Kommentar: www1.wdr.de/themen/ratgeber/repaircafe114_compage-2_content-long. html#comment

7 http://ifixit.org, die Helden findet man unter: http://ifixit.org/category/fixers

8 www.saschapeters.com

9 Sascha Peters, *Materialrevolution. Nachhaltige und multifunktionale Werkstoffe für Design und Architektur*, Basel 2011, S. 6ff; S. 34

10 http://kerti-berlin.de, www.direktrecycling.de

11 Eine schöne Geschichte über Wachstumswahn im Zusammenhang mit Aluminiumverhüttung in Island kann man nachlesen in: Andri Snær Magnason, *Traumland. Was bleibt, wenn alles verkauft ist?*, Freiburg 2011

12 »Aluminium: Wie Strom zu Blech wird«, *GEO Magazin* 7/2002

13 http://yearofopensource.net

14 Niko Paech, *Befreiung vom Überfluss. Auf dem Weg in die Postwachstumsökonomie*, München 2012, S. 123

15 vgl. Christiane Giesen, »Die digitale Do-it-yourself-Avantgarde. Die Entstehungsgeschichte der Maker-Bewegung«, *Deutschlandradio*, 30.1.2013, www.dradio.de/dkultur/sendungen /thema/1994513/

16 vgl. Chris Anderson, *Makers: Das Internet der Dinge: die nächste industrielle Revolution*, München 2013

17 www.murks-nein-danke.de

18 www.rankabrand.de

19 Paech, *Befreiung vom Überfluss*, a.a.O., S. 123

Zur Entstehung des Films *Kaufen für die Müllhalde*

Filmideen sind wie winzige, trockene Samen – sie können jahrelang in der Schublade liegen, bevor sie plötzlich anfangen zu keimen. Viel braucht es nicht, um sie zu aktivieren, eine Schwingung in der Luft, einen Zeitungsartikel oder eine Unterhaltung, während man auf den Bus wartet.

Es ist also schwer zu sagen, wann genau sich dieses vage Gefühl, dass wir als Verbraucher an der Nase herumgeführt werden, in das Konzept für *Kaufen für die Müllhalde* verwandelte.

Ich erinnere mich an meine Kindheit, als meine Mutter sich lautstark beschwerte, dass die Ersatzteile für unseren Küchenherd sang- und klanglos vom Markt genommen worden waren, was eine Reparatur unmöglich machte und die Familie zu einer teuren Neuanschaffung zwang. Damals hörte ich zum ersten Mal das Wort »Sollbruchstelle«. Oder an das neu gekaufte – und nicht ganz billige – Kleid, das nach dreimaligem Waschen auf die doppelte Breite ausleierte, während das Flohmarktkleid einer Freundin – ein britisches *utility dress* aus der Nachkriegszeit – noch immer gut aussah.

Als ich anfing zu recherchieren, stieß ich im Internet inmitten unzähliger Verschwörungstheorien auch auf diese skurrile Anekdote:

Es war einmal ein Erfinder, der eine ewig haltende Glühbirne erfand. Aber statt eines Produktionsvertrags bekam er Besuch von ein paar Herren in dunklen Anzügen, die ihm drohten. Und so verbrachte er den Rest seines Lebens auf der Flucht vor den Glühbirnenherstellern, die zu allem bereit waren, um seine neue Birne vom Markt fernzuhalten. Manchmal erzählte er Fremden seine Geschichte spät nachts in einer namenlosen Bar, bevor er abreiste, ohne eine Addresse zu hinterlassen.

In einer anderen Variante der Geschichte bringen die Herren in den dunklen Anzügen einen Koffer voller Geld mit; der Erfinder verkauft sein Patent an die Hersteller und zieht sich auf eine Südseeinsel zurück; die Erfindung verschwindet in den Tiefen des Firmenarchivs und wird nie umgesetzt.

In der düstersten Variante verschwindet der Erfinder.

In mir reifte der Ehrgeiz, diese urbanen Legenden durch Fakten zu ersetzen. Meine Recherche sollte hieb- und stichfeste Ergebnisse liefern und die Frage nach der Existenz oder Nichtexistenz der geplanten Obsoleszenz ein für alle Mal beantworten. Alle Aussagen im Film sollten mit konkreten Beweisen untermauert sein, mit Originaldokumenten, Aussagen von Zeitzeugen oder gerichtlichen Unterlagen. Denn welchen Sinn hätte es, Gerüchte zu verbreiten?

Die konkrete Recherche begann eines Abends auf der Straße. Vor mir stapelte sich der Sperrmüll eines Nachbarn, darunter ein ausrangierter Epson-Tintenstrahldrucker. Ich kannte das Modell von besagten Verschwörungstheorien aus dem Internet.

Ich nahm das Gerät mit nach Hause, um ihn ein paar Tage später Marcos López zu zeigen, einem Informatiker, den ich im Rahmen einer vorherigen Reportage interviewt hatte.

Marcos kannte die Story ebenfalls. Er installierte die Freeware des russischen Hackers, und zusammen fuhren wir den Zähler des Druckers hinauf und hinunter. Jedesmal, wenn wir den Zähler bis zum Anschlag hochgefahren hatten, bekamen wir eine Fehlermeldung, und der Drucker weigerte sich zu drucken. Jedesmal, wenn wir manuell ein paar Punkte abzogen oder den Zähler ganz auf null stellten, druckte das Gerät wieder ohne Probleme. Diese Erkenntnis in eine spannende Filmsequenz zu verwandeln, würde eine Herausforderung werden.

Aber bis zum Dreh war es noch eine Weile hin. In der Zwischenzeit begann die Recherche für den Film Früchte zu tragen. Ich war selbst überrascht von der Vielzahl der Fallbeispiele. Und ich stellte fest, dass die »geplante Obsoleszenz« ein aktuelleres Phänomen war, als ich zunächst geglaubt hatte.

Ursprünglich hatte ich geplant, die Zuschauer mit den Schikanen des Glühbirnenkartells aus den Anfängen der Massenproduktion und mit amüsanten Bildern des Konsumwahns aus dem Amerika der 1950er-Jahre zu unterhalten, mit Einzelbeispielen aus der Vergangenheit also, die zwar aufschlussreich, aber kaum relevant für die Gegenwart sind.

Doch jetzt stellte sich klar heraus, dass geplante Obsoleszenz aktueller denn je ist und in immer neuen Formen auftaucht, vor allem in der Elektronikindustrie. Daraus ergaben sich neue Fragestellungen für das Drehbuch: Inwiefern ist geplante Obsoleszenz in unserem heutigen Wirtschaftssystem verankert? Und wie weit ist der Konsument beteiligt – ist er wirklich nur Opfer?

Das Drehbuch wurde umfangreicher. Statt einer Serie von historischen Anekdoten wollte ich jetzt die Konsumgesellschaft als Ganzes unter die Lupe nehmen. Würde es uns gelingen, dies spannend zu erzählen und visuell interessant umzusetzen? Wie bringt man konkrete Beweise, zum Beispiel Dokumente, auf den Bildschirm, ohne einen Lehrfilm daraus zu machen?

Gleich in den ersten Drehtagen gab es ein unerwartetes Problem. Der Drucker gab den Geist auf, und diesmal lag es nicht am Zählerchip. Im Papiereinzug war ein Stück Plastik abgebrochen und der Mechanismus klemmte. Die Szene zu Beginn des Films, in der Marcos zum Kundendienst geht und um einen Kostenvoranschlag bittet, wiederholte sich. Diesmal nahmen wir das Angebot einer teuren Reparatur an.

Einige Zuschauer haben mich gefragt, ob Marcos ein Schauspieler sei, und warum wir nicht jemanden genommen hätten, der Englisch spricht statt Katalan. In Wahrheit war Marcos derjenige, der mir half, die Internetgerüchte und Postings auf diversen Blogs zu konkretisieren und in Fakten zu verwandeln. In seinem Alltagsleben führt er mit seiner Frau eine Reparaturwerkstatt für Computer – und seit Beginn der Euro-Krise boomt das Geschäft, denn plötzlich gilt Elektronik wieder als reparierbar.

Auch die Geschichte von Bernard London, dem Immobilienmakler, der die geplante Obsoleszenz per Gesetz einführen wollte, um die USA aus der Depression herauszuholen, war nicht leicht ins Bild zu setzen. Ich wollte möglichst vermeiden, dass sich der Abschnitt über den New Yorker Immobilienmakler auf Interviews und Grafiken aus Londons Buch beschränkte.

Joan Úbeda, der Produzent des Films, schlug sich darum mehrere Wochenenden mit wahrer Detektivarbeit um die Ohren. Man darf nicht vergessen, dass zu Londons Lebzeiten – vor Ankunft des digitalen

Zeitalters – die meisten Menschen nur wenige konkrete Spuren hinterließen, die überdauert haben und öffentlich zugänglich sind. Es gab damals kein Facebook und kein LinkedIn, um nur zwei Beispiele von Einrichtungen zu nennen, wo sich heutzutage genug Material findet, um innerhalb von kürzester Zeit ein detailliertes Profil völlig unbekannter Menschen zu erstellen, inklusive Adresse der Grundschule und Name ihres Haustiers.

Joan gelang es, das einzige überhaupt bekannte Foto von Bernard London aufzuspüren. Im Lauf der Verhandlungen über die Nutzungsrechte dafür entdeckte er eine Person, die Bernard London in den 1930er-Jahren in New York persönlich kennengelernt hatte: Dorothy Weitzner.

Am Drehtag lud ein Taxi das Team – wir alle litten unter akutem Jetlag – vor einem eleganten Apartmentgebäude in New York ab. Frau Weitzner war gerade erst eingezogen, und wo Kameramann Marc Martínez die gemütliche Wohnung einer alten Dame mit vielen schönen Sächelchen (wunderbar für Zwischenschnitte!) erwartet hatte, fanden wir ein leeres Apartment voller Umzugskisten vor. Jemand hatte vergessen, den Wasserhahn in der Küche zuzudrehen, und der Parkettfußboden war überflutet.

Wir stiegen um die Pfützen herum, und Dorothy Weitzner zeigte uns, von welchem Wohnzimmerfenster aus das Büro von Bernard Madoff zu sehen war. Da sie gerade eine nicht unerhebliche Summe Geld durch seine Spekulationen verloren hatte, fiel es ihr während des Interviews schwer, sich zu konzentrieren.

Frau Weitzners Pfleger stand die ganze Zeit dicht hinter mir und flüsterte mir Verschwörungstheorien ins Ohr. Unter anderem versprach er mir die Wahrheit über den Tod mehrerer Staatsoberhäupter, angefangen mit J.F. Kennedy. Allmählich fing ich an, mir Sorgen zu machen, ob wir die Kamera nicht in die falsche Richtung hielten. Danach verlor sich Dorothy Weitzner in ihren Erinnerungen an ihre Studentenzeit im New York der Vorkriegsjahre; auch daraus hätte man einen Film machen können. Eine Kamera fängt eben immer nur eine sehr selektive Vision ein!

Einen Monat später flogen wir nach Ghana. Bei der Sequenz auf der Müllkippe ging es vor allem um die Frage, warum die geplante Obsoleszenz eigentlich ein Problem ist. Schließlich sorgt sie für Arbeitsplätze, hält Industrie und Wirtschaft am Laufen, und wenn man konservativen Ökonomen Glauben schenken darf, ist der technische Fortschritt ohne sie nicht denkbar. Die Antwort auf diese Frage ließ nicht lange auf sich warten.

In Agbogbloshie schlug uns beim Aussteigen aus dem Auto sofort eine heiße, stinkende Rauchwolke ins Gesicht, die den ganzen Tag über der Müllkippe schwebt und mit jedem Atemzug in die Lungen dringt. Selbst die besten Bilder und Kommentartexte können das klebrige Gefühl auf der Haut, das sich rasch in einen Ausschlag verwandelte, nicht angemessen vermitteln.

Mike Anane, mit dem wir vor Ort drehten und der jeden Winkel von Agbogbloshie kennt, warf einen zweifelnden Blick auf meine Schuhe. Deren Sohle war immerhin 2,5 Zentimeter dick, aber trotzdem hatte beim Herumlaufen auf der Müllkippe ein Stück glühenden Drahts ein tiefes Loch hineingebohrt. Mit Schrecken stellte ich fest, dass die meisten Kinder und Jugendlichen, die dort arbeiten, nur Plastiksandalen mit dünnen Sohlen tragen.

Im Hotel stellte sich heraus, dass im ganzen Stadtteil die Wasserversorgung ausgefallen war. Im Gegensatz zu den Frauen auf der Straße, die mehrere Tage lang Wasser in schweren Eimern von weit her heranschleppen mussten, durfte ich mir mit einem Eimer voller Trinkwasser den Schmutz der Müllkippe herunterwaschen. Aber ich konnte nicht aufhören, an die Kinder zu denken, die dieser Verschmutzung nicht nur ein paar Tage, sondern jahrelang ausgesetzt sind. Viele sehen krank aus und sind klein für ihr Alter. Der giftige Rauch beeinträchtigt auf Dauer ihre körperliche Entwicklung.

Trotz allem gingen sie sofort neugierig und freundlich auf uns zu, und ich bemerkte einen auffallenden Unterschied zu Europa: Der erste Blick beim Kennenlernen galt immer dem Gesicht und den Augen des Gegenübers und wurde von einem Lächeln begleitet; dadurch entstand sofort ein direkter Kontakt. Als sie erfuhren, dass der Kameramann aus Barcelona stammt, wurden sofort die Namen der Barça-Spieler ausgetauscht und diskutiert.

Als ich wieder in Europa war, vermisste ich dieses freundliche Lächeln direkt in die Augen; stattdessen fühlte ich mich sofort wieder dem abschätzenden Blick ausgesetzt, mit dem die Leute morgens in der U-Bahn die Ausstattung ihrer Nachbarn – Markenkleidung, Handy – mustern, und ich fragte mich, wie weit unsere Angewohnheit, immer das Neueste zu erwerben und anschließend stolz zur Schau zu stellen, uns davon abhält, die wahre Person hinter den Besitztümern zu sehen.

Der erste Rohschnitt des Films war fünfzehn Minuten zu lang. In einer Szene, die der Schere zum Opfer fiel, debattiert Boris Knuf mit einer Gruppe von Designstudenten über die Mechanismen der Konsumgesellschaft. Während der Debatte gaben viele offen zu, dass es bei neuen Produkten oft eher darum gehe, Freunde zu beeindrucken als um die neuen Funktionen des Apparats. Ein Student stellte die Überlegung in den Raum, ob wir uns vielleicht selbst obsolet fühlen, wenn wir nicht immer das Neueste zur Schau stellen.

Es war schade um diese Sequenz, weil sie das Klischee widerlegte, dass gerade junge Leute dem Konsum verfallen seien und die Kurzlebigkeit der Produkte als selbstverständlich betrachten. Sowohl während des Drehs als auch bei den Zuschauerdebatten danach habe ich es oft erlebt, dass gerade jüngere Menschen exzessives Konsumverhalten zunehmend in Frage stellen.

Dann kam die schwierigste Frage von allen: Wer sollte im Film das letzte Wort bekommen? Der Entrepreneur, der glaubt, dass Konsum, Wachstumsgesellschaft und langlebige Produkte miteinander vereinbar sind? Die Autoren von *Cradle to Cradle*, die die geplante Obsoleszenz für vertretbar halten, solange das Design ein problemloses Recyclen ermöglicht? Oder die radikal klingende Aussage der Vertreter der sogenannten Wachstumsrücknahme, die uns auffordern, Reichtum in anderen Werten zu suchen?

Die Wahl fiel schließlich auf Marcos und den Drucker, und damit auf den wachsenden Widerstand der Verbraucher und ihre ersten Erfolge damit. Ich hätte auch einen Film machen können, in dem der Verbraucher als das unschuldige Opfer dargestellt wird, das von den Herstellern seit Jahrzehnten gnadenlos ausgenutzt wird und ihnen machtlos gegenüber steht. Auch das hätte sich belegen lassen, würde uns aber auf lange Sicht kaum weiterhelfen. Ich glaube, dass die positive Haltung zu dem Erfolg des Films beigetragen hat.

In Spanien wurde während der 24 Stunden nach der Fernsehpremiere das Stichwort »geplante Obsoleszenz« zum Twitter Trending Topic und dominierte eine Zeitlang den Klatsch beim Frisör, im Bus und auf der Straße. Wir hatten es geschafft, dem vagen Verdacht der Zuschauer, dass irgendetwas nicht stimmte, einen Namen zu geben.

Andere Auswirkungen des Films waren eher unerwartet. Pirate Bay in Schweden monierte die schlechte Auflösung der Uploads, die sich auf Youtube multiplizierten und bat höflichst um eine Kopie in High Definition. Wenn ich für jede der unautorisierten Internetsichtungen einen Cent erhalten hätte, hätte ich inzwischen einen neuen Film drehen können – aber das ist ein anderes Thema.

Ein kubanischer Fernsehkanal sendete den Film gleich dreimal hintereinander im Rahmen seines Programms »Die Wahrheit über den Kapitalismus«. Am anderen Ende des politischen Spektrums warfen mir Zuschauer vor, dass wir die Existenz der geplanten Obsoleszenz mit keinem einzigen schlüssigen Beweis belegt hätten.

Das Thema geplante Obsoleszenz wurde von Marketing- und PR-Firmen entdeckt, und ein spanischer Geschäftsmann zog mit einer Kiste importierter LED-Birnen und einer erfundenen Story durch die Presse: Er habe Todesdrohungen erhalten, beglücke aber dennoch die Welt mit der Erfindung der ersten modernen Langzeitbirne. Allmählich werden Forderungen laut, dass die Lebensdauer eines Produkts auf dem Etikett stehen solle, damit der Verbraucher eine informierte Entscheidung treffen kann. Sogar ein europäisches Referendum ist angedacht.

Eine andere Frage, die den Rahmen des Films leider gesprengt hätte, geht mir persönlich nicht mehr aus dem Kopf: Was sind die Auswirkungen der geplanten Obsoleszenz auf den Menschen und unsere sozialen Kontakte? Ist die geplante Obsoleszenz mitschuldig an der Auffassung vieler Arbeitgeber, dass auch Menschen als obsolet betrachtet werden können, zum Beispiel Mitarbeiter über fünfzig, trotz all ihrer Berufserfahrung? Halten wir Freundschaften und Beziehungen inzwischen ebenfalls für austauschbar und jederzeit ersetzbar?

Wenn ich mir anschaue, wie Politiker uns angesichts der Finanzkrise unablässig zum Konsum anhalten, weil damit die Wirtschaft gerettet werde, frage ich mich, ob wir nicht mittlerweile an dem Punkt angekommen sind, wo der Mensch mit all seinen Bedürfnissen als obsolet gilt – von seiner Rolle als fleißiger Konsument einmal abgesehen.

Cosima Dannoritzer,
Barcelona, im Februar 2013

Der Film *Kaufen für die Müllhalde* von Cosima Dannoritzer ist eine Produktion von Media 3.14/Barcelona und Article Z/Paris in Koproduktion mit ARTE France, TVC und TVE (Spanien), in Zusammenarbeit mit NRK (Norwegen), RTBF (Belgien), SBS-TV (Australien), TG4 (Irland), Television Suisse Romande (Schweiz) und YLE (Finnland). Mit freundlicher Unterstützung des MEDIA Programms der Europäischen Union und dem Institut català de les industriès culturals (ICEC).

Er wurde bisher in 21 Länder verkauft und auf über 150 Festivals und Veranstaltungen aufgeführt, darunter: Shanghai International TV Festival, United Nations Association Film Festival (Stanford University), World Resources Forum (Davos), Attac Filmfestival (Berlin), Pariscience (Paris), Watch Docs (Warschau), Input International Television Conference (Sydney), Open City Docs Fest (London), Goethe-Institut (Hongkong), DocsDF (Mexico) sowie European Week of Waste Prevention

Preise und Nominierungen | »Bester Dokumentarfilm Technik, Wissenschaft und Bildung«, GZDOC, China 2010 | »Bester Dokumentarfilm«, Spanische Fernsehakademie, Spanien 2011 | »Ondas Internacional«, Spanien 2011 | »Besondere Erwähnung der Jury«, FICMA, Spanien 2011 | »Bester Film«, SCINEMA, Australien 2011 | »Maeda Special Prize«, Japan Prize, Japan 2011 | »Bester abendfüllender Dokumentarfilm«, FILMAMBIENTE, Brasilien 2011 | »Bester sozialer Dokumentarfilm«, Magnolia Awards (Shanghai International TV Festival), China 2011 (nominiert) | Focal International Awards, Großbritannien 2011 (nominiert) | Prix Europa, Berlin 2011 (nominiert) | »Beste Wissenschaftsdokumentation« und »Media-Community Prize«, People and Environment, Russland 2012 | »Bester internationaler Film«, KLEFF, Malaysia 2012 | »Prix Tournesol« für den besten Umweltfilm, Festival du Film Vert, Schweiz 2013

Der Film *Kaufen für die Müllhalde* kann bei *arte* bestellt werden:
> www.artevod.com/pret_a_jeter

Weiterführende Literatur

Glen Adamson | **Industrial Strength Design. How Brooks Stevens Shaped Your World** Cambridge/London 2003

Edward Bernays | **Propaganda. Die Kunst der Public Relations** (übersetzt von Patrick Schnur) Freiburg 2013 (4. Aufl.)

Peter Berz, Helmut Höge, Markus Krajewski (Hg.) | **Das Glühbirnenbuch** Wien 2011

Hans Christoph Binswanger | **Die Wachstumsspirale. Geld, Energie und Imagination in der Dynamik des Marktprozesses** Marburg 2006

Michael Braungart, William McDonough | **Einfach intelligent produzieren. Cradle to cradle: Die Natur zeigt, wie wir die Dinge besser machen können** Berlin 2005

Hans Diefenbacher, Roland Zieschank | **Woran sich Wohlstand wirklich messen lässt. Alternativen zum Bruttoinlandsprodukt** München 2011

Thomas Frank | **The Conquest of Cool. Business Culture, Counterculture, and the Rise of Hip Consumerism** Chicago 1979

Elizabeth Grossman | **High Tech Trash. Digital Devices, Hidden Toxics, and Human Health** Washington 2006

Tim Jackson | **Wohlstand ohne Wachstum. Leben und Wirtschaften in einer endlichen Welt** (übersetzt von Eva Leipprand) München 2011

Kalle Lasn | **Culture Jamming. Das Manifest der Anti-Werbung** (übersetzt von Tin Man) Freiburg 2008 (3. Aufl.)

Serge Latouche | **Farewell to Growth** New York 2009

Donella Meadows, Jorgen Randers, Dennis Meadows | **Grenzen des Wachstums. Das 30-Jahre-Update: Signal zum Kurswechsel** (übersetzt von Andreas Held) Stuttgart 2007 (2. Aufl.)

Vance Packard | **Die geheimen Verführer. Der Griff nach dem Unbewussten in jedermann** Düsseldorf 1958

Vance Packard | **Die große Verschwendung** (übersetzt von Walther Schwerdtfeger) Düsseldorf 1961

Niko Paech | **Befreiung vom Überfluss. Auf dem Weg in die Postwachstumsökonomie** München 2012

Victor Papanek | **Design für die reale Welt. Anleitungen für eine humane Ökologie und sozialen Wandel** (übersetzt von Elisabeth Frank-Großebner) Wien/New York 2009

Sascha Peters | **Materialrevolution. Nachhaltige und multifunktionale Werkstoffe für Design und Architektur** Basel 2011

Robert u. Edward Skidelsky | **Wie viel ist genug? Vom Wachstumswahn zu einer Ökonomie des guten Lebens** München 2013

Giles Slade | **Made to Break. Technology and Obsolescence in America** Cambridge 2006

John Thackara | **In the Bubble. Designing in a Complex World** Cambridge 2005

Manuel Zalles-Reiber | **Produktveralterung und Industrie-Design** München 1996

... und noch weiter führende Links

Die als Reaktion auf den Film *Kaufen für die Müllhalde* gegründete, gemeinnützige Plattform **Murks? Nein Danke!** fungiert als Debattenforum und informiert über Reparaturmöglichkeiten, Garantieregelungen und Servicedienste. In den »Murksmeldungen« werden Fälle von geplanter Obsoleszenz und Produktverschleiß gesammelt; die Verbraucher sind aufgefordert, eigene Beispiele zu melden.
> *www.murks-nein-danke.de/blog*

Der **Regionalverband des BUND (Bund für Umwelt und Naturschutz Deutschland) Südlicher Oberrhein** engagiert sich gegen geplante Obsoleszenz und hat eine Website eingerichtet, auf der verschiedenste Informationen und Überlegungen zum Thema versammelt sind. Unter anderem wird die Frage gestellt, ob das Phänomen nicht auch im Städtebau eine Rolle spielt.
> *vorort.bund.net/suedlicher-oberrhein/geplante-obsoleszenz.html*

Auf der Website **Elektronikforum** kann man sich über Probleme mit Elektro- und Haushaltsgeräten austauschen. In den von Moderatoren gepflegten Foren werden Nutzeranfragen beantwortet sowie Tipps und Techniken ausgetauscht, außerdem sind ein Ersatzteilversand beziehungsweise eine Ersatzteilbörse angeschlossen.
> *forum.electronicwerkstatt.de*

Die Macher der englischsprachigen Plattform **iFixit** finden, dass vieles, was kaputt ist, prima selber repariert werden kann. Sie haben es sich zur Aufgabe gemacht, diese Überzeugung weiterzuverbreiten und unterstützen beim Reparieren: Auf der Website finden sich detaillierte Anleitungen für die Reparatur von elektrischen und elektronischen Geräten und auch Autos. Fragen werden von der iFixit-Community beantwortet, fehlendes Reparaturwerkzeug und Ersatzteile können bestellt werden. Natürlich ist es auch willkommen, eigenes Wissen beizusteuern!
> *www.ifixit.com*

Auf der ebenfalls englischsprachigen Seite von **Inside my Laptop** gibt es ausführliche und bebilderte Step-by-step-Anleitungen für den Austausch von Geräteteilen und die Reparatur von Laptops (PC und Mac). > *www.insidemylaptop.com*

Das österreichische **Reparaturnetzwerk Wien** vermittelt Reparaturleistungen und gibt Reparaturtipps. Außerdem bietet das Netzwerk eine Umweltberatung und Tipps zur Müllvermeidung.
> *www.reparaturnetzwerk.at*

Im **Verbund offener Werkstätten** haben sich Initiativen zusammengeschlossen, die zum Selbermachen anregen wollen und dafür offene Werkstätten zur Verfügung stellen, in denen handwerklich und künstlerisch gearbeitet werden kann. Auf der Website finden sich Hinweise auf Ausschreibungen und werden Veranstaltungen angekündigt; außerdem bietet ein Forum den derzeit rund fünfzig Mitgliederprojekten Gelegenheit zu Austausch (von Informationen, aber auch Maschinen!), Vernetzung und fachlicher Beratung.
> *www.offene-werkstaetten.org*

Auf der Website von **30 Tage 30 Dinge** wird jeden Tag ein neues Objekt präsentiert, das aus alten Materialien und Gegenständen entstanden ist. »Upcycling« nennt sich das Prinzip. Jeder ist aufgerufen, mitzumachen und seine Ideen an die Macher zu schicken, um sein jeweiliges Projekt auf der Internetseite veröffentlicht zu sehen.
> *www.weupcycle.com*

Auf der Suche nach Discokugel, Schlauchboot, Teleskop, Internetzugang? Das Schweizer Projekt **Pumpipumpe** fördert den bewussten Umgang mit Konsumgütern und die soziale Interaktion in der Nachbarschaft. Mit kostenlos zu bestellenden Stickern auf dem Briefkasten können die Hausbewohner anzeigen, was sie verleihen.
> *www.pumpipumpe.ch*

Wer die Nachbarn nicht um Discokugel, Schlauchboot oder Teleskop bitten will, findet auf der englischsprachigen Weblste **knowable.org** vielleicht eine Anleitung, um das Gesuchte selbst zu bauen. Aber auch ein Rezept für etwas so Schlichtes wie Klebstoff ist an dieser Sammelstelle von Inspiration für D.I.Y-Freunde zu finden.
> *knowable.org*

Beim Onlineversand **Einfälle statt Abfälle** sind Hefte und Bücher rund ums Thema Selbstversorgung zu erwerben. Die Bauanleitungen reichen von der Solarkreissäge über das Tretmobil aus Sperrmüll bis hin zur Stromerzeugung aus einem selbstgebauten Windrad.
> *www.einfaelle-statt-abfaelle.de*

Giveboxes gibt es mittlerweile in vielen deutschen Städten: Kleine, improvisierte Stationen, an denen ungenutzte Dinge anonym deponiert und umsonst mitgenommen werden können. Die Internet-URL führt zu einer Facebook-Seite, auf der Erfahrungen ausgetauscht werden. Es gibt Tipps und Unterstützung für die Installation einer Givebox. > *www.givebox.net*

Auf der Website **Alles und Umsonst** kann man anbieten, was man nicht mehr braucht und verschenken möchte – oder suchen, was man braucht, aber nicht kaufen möchte oder kann. Tiere, Häuser (!), Waffen, und noch ein paar andere Dinge sind laut Nutzungsbedingungen ausgeschlossen. > *http://alles-und-umsonst.de*

Das Portal **Foodsharing** bietet die Möglichkeit, überschüssige Lebensmittel mit anderen zu teilen oder sie kostenlos an andere weiterzugeben. Die Idee lieferte der Film *Taste the Waste* von Valentin Thurn, der Mitbegründer dieses Projekts ist. Das Angebot richtet sich gleichermaßen an Händler, Produzenten und Privatpersonen.
> *www.foodsharing.de*

Über die Plattform **Thuisafgehaald / Teiledeinessen** können allzu großzügig eingekaufte Lebensmittel in anderer Form in hungrige

Münder gelangen: In den Niederlanden haben sich innerhalb eines Jahres 4.733 Köchinnen und Köche angemeldet, die privat für einen kleinen Unkostenbeitrag für andere mitkochen. Seit Kurzem gibt es einen österreichischen Ableger der Seite.
> *www.thuisafgehaald.nl | www.teildeinessen.at*

Statt angeblich Nützliches bietet der **Antipreneur-Shop** offensichtlich Nutzloses an: Von Notizzetteln für Not-to-do-Listen über Edel-Feinstaub zur Aufwertung des eigenen Hausstaubs bis zum Selbströter kann man dort alles kaufen, was das Herz (nicht) begehrt. Welches Konzept dahinter steckt, bleibt bis zum Bestellen geheim ...
> *www.antipreneur.de*

Der Kurzfilm **The Story of Stuff** erklärt in gut zwanzig Minuten, wie das Karussell des Konsums inklusive seiner sozialen und ökologischen Folgen funktioniert – oder vielmehr nicht funktioniert.
> *http://vimeo.com/2416832*

Anders als es der Name vermuten lassen würde, ist das Portal **Rank a brand** deutschsprachig. Der Verein sammelt Informationen darüber, wie verantwortungsvoll Markenhersteller mit Ressourcen umgehen und wie weit sie sich in punkto Nachhaltigkeit ihrer Produktion sind in die Karten schauen lassen. > *www.rankabrand.de*

Über die Facebook-Seite zum Film *Kaufen für die Müllhalde* kann man das Filmteam persönlich kontaktieren und sich über Festivalscreenings, Filmdebatten und neue Entwicklungen auf dem Laufenden halten. > *www.facebook.com/KaufenfuerdieMuellhalde*